「湖北近代文学研究」丛书·第二辑

吴禄贞评传

◎程翔章　程祖灏/编著

華中師範大学出版社

新出图证(鄂)字 10 号

图书在版编目(CIP)数据

吴禄贞评传/程翔章,程祖灏编著. —武汉:华中师范大学出版社,2024. 3
("湖北近代文学研究"丛书. 第二辑)
ISBN 978-7-5769-0420-8

Ⅰ. ①吴… Ⅱ. ①程… ②程… Ⅲ. ①吴禄贞(1880—1911)—评传
Ⅳ. ①K827=52

中国国家版本馆 CIP 数据核字(2024)第 021075 号

吴禄贞评传

© 程翔章　程祖灏　编著

责任编辑:梅　杰　　**责任校对:**王　胜　　**封面设计:**罗明波
编辑室:学术出版分社　　**电话:**027-67863280
出版发行:华中师范大学出版社
社址:湖北省武汉市珞喻路 152 号　　**邮编:**430079
电话:027-67863426(发行部)　027-67861321(邮购)
传真:027-67863291
网址:http://press.ccnu.edu.cn　　**电子信箱:**press@mail.ccnu.edu.cn
印刷:湖北新华印务有限公司　　**督印:**刘　敏
字数:257 千字
开本:710mm×1000mm　1/16　　**印张:**14.75
版次:2024 年 6 月第 1 版　　**印次:**2024 年 6 月第 1 次印刷
定价:72.00 元

欢迎上网查询、购书

前　言

湖北位于中国大陆的中部、长江的中游，汉江的大部分流域在湖北境内。境内周边为山地丘陵，中部为辽阔富饶的江汉平原，不仅土地肥沃，物产丰富，乃全国有名的鱼米之乡；而且交通便利，四通八达，有“九省通衢”之誉，地理位置十分优越。自先秦至清代中叶，湖北都是各个朝代文学的重镇，有着优良的文学传统，为中国文学的发展作出过重要贡献。进入近代后，文学创作的成就虽然没有广东、福建、湖南、江苏、浙江等省份突出，但湖北作家继承前辈的优良传统，紧跟时代步伐，勇于探索，积极实践，也取得了可喜的成就，为中国文学的近代化与现代化，奉献了自己的智慧和力量。

这里所说的“近代”，是指自鸦片战争开始至五四运动为止，即 1840 年至 1919 年的这一时期。这一时期是中国历史上一个非常特殊的阶段：由于帝国主义列强侵略的日益加深，使中国的社会遭遇了数千年未有之大变局，原有的封建君主专制制度的封建社会逐渐转变为半封建和半殖民地的社会，故史学界将这一特殊阶段的历史称为“中国近代史”；而发生、发展于这一特殊历史阶段的中国文学，无论是文学观念、文学思想、文学理论，还是文学体裁、文学方法、文学创作，随着社会大动荡、大分化，大变革的历史进程，亦发生了前所未有的变化，故文学界将这一特殊历史阶段产生的文学，称为“中国近代文学”。

改革开放以来，中国迎来了学术研究的春天，尤其是对中国近代文学的研究，可谓兴盛繁荣，一日千里，硕果累累。但与全国其他省市相比，尤其是与福建、广东、湖南、安徽、山东、江苏、上海、北京等省市相比，湖北近代文学的研究相对比较薄弱、落后：不仅研究的学人少，而且研究的成果亦少。

笔者从事中国近代文学的研究，最初接触湖北近代作家的文学创作，始自上世纪八十年代的中期。那时刚大学毕业不久，留在学校从事管理工作，应师友们之邀，在工作之余，跟随林非先生一起编撰《中国散文大辞典》，并被安排负责整个近代部分。从那时起，笔者就发现湖北近代文学是一座富矿，值得花力气去挖掘、开采，并有心在这方面做些努力。随着辞典编撰的深入展开，笔者开始有意收集湖北近代作家的相关资料，并断断续续写过一些湖北作家的研究文章。只是由于各种任务繁重，难以集中精力在这方面下功夫。

进入九十年代后，除管理工作比较繁重之外，承担的教学任务亦很重。根据教学工作的需要，笔者将有限的业余时间几乎都用在了对中国近代文学作整体、全面、深入的探讨和思考上，为撰写能够反映中国近代文学发展整体面貌、又适合教学实际的文学史作准备。

上世纪末与本世纪初，我们编撰的《中国近代文学作品选》《中国近代文学》相继出版面世，并受到社会和学生的普遍欢迎与肯定，年年加印；后又应出版社之邀，曾多次对这套教材进行修订再版和改版，花费了笔者不少时间和精力。直到本世纪二十年代中期，才从繁重的事务中脱身出来，开始对湖北近代作家作整体、全面、深入的研究。尤其是退休后，谢绝了多所学校的聘请，一心一意在家进行湖北近代作家的研究，并在学校出版基金的资助下，相继出版了《湖北近代作家研究》（第一集）、《樊增祥年谱》、《王柏心年谱》等著作，受到朋友和学术界同人的肯定。

尽管如此，笔者总觉得出版周期过长，过于零散，研究成果不能及时面世，故难以产生较大的影响。因此，笔者产生了组织人力编撰一套《湖北近代文学研究丛书》的想法。诸如作家的年谱、评传、佚文、和作家的诗文选、湖北近代文学史等等，均可纳入其中。丛书不求一次整体推出，可以分辑推出，每辑 6—8 本，完成一辑，推出一辑；这样日积月累，十几年下来，也会形成一定规模，产生一定影响。

笔者将此想法汇报告知校出版社的领导，立即得到他们的肯定和大力支持。适值湖北省启动了“2020 年度学术著作专项资金项目”的申报工作，出版社领导遂积极支持和推荐笔者申报了《湖北近代文学研究丛书》（第一辑，8 本）这个项目。感谢各位专家的支持和信任，这个项目最终获得批准。

笔者真诚地希望，《湖北近代文学研究丛书》（第一辑）和以后将陆续出版的各辑，能够引起学人们的关注，都来重视湖北近代文学的研究，促进湖北近代文学的研究更加全面、深入地开展，出现更多、更好的研究成果，共同为繁荣湖北的文化建设作出贡献。

目　　录

引　言

清宣统三年九月十七日（1911 年 11 月 7 日）凌晨一点多钟，直隶石家庄正太铁路火车站站长办公室——眼下已是陆军第六镇司令部的临时指挥部，即朝廷刚任命几天尚未赴任的山西巡抚——亦是北方革命党人刚刚联合成立的“燕晋联军”大都督兼总司令吴禄贞的临时指挥部里，仍然灯火通明。

虽然，此时只是深秋季节，夜空晴朗，星光闪烁；可北方的凌晨，却寒气逼人，冷风刺骨。在指挥部里，却是另外一番景象：气氛热烈而紧张。

吴禄贞身披军大衣，和他的挚友——参谋长张世膺和秘书长周维桢一点倦意也没有，还在伏案仔细地研究、推敲着起义计划中的各个环节，时不时还聚在一起商议、讨论着什么。

这次武装起义的准备还是比较充分的，他们的心里正充满了美丽的憧憬：“再只过几个小时，就会听到一声炮响，把古老沉寂的北国大地，从睡梦中震醒过来，出现翻天覆地的变化；石家庄联军起义的枪声，将会同武昌首义的枪声，‘南北呼应’，交织成一支光荣、胜利的辛亥革命进行曲。”①

突然，夜幕里出现几条黑影，一溜烟地从石家庄车站站台窜进了吴禄贞的临时指挥部；随即一阵枪响，吴禄贞和他的战友遂倒在了血泊之中。

几分钟后，这几条黑影匆匆割下吴禄贞的人头，用布包好，提在手中，又迅速地从指挥部撤退至车站站台，然后迅速消失在夜幕之中，去向他们的主子邀功领赏去了。

朝廷刚任命没几天的封疆大吏吴禄贞被刺身亡，手段极其残忍——头颅被割，身首异处，时年仅 32 岁（虚岁）！

自武昌起义爆发（1911 年 10 月 10 日）起，至吴禄贞被暗杀的这一天

① 吴忠亚：《吴禄贞的一生》，中国人民政治协商会议湖北省云梦县委员会文史资料研究委员会编《云梦文史资料》（第 1 辑，吴禄贞专辑），1985 年铅印本。

（11 月 7 日）止，全国已有湖北、湖南、陕西、山西、云南、江西、上海、贵州、浙江、江苏等省市的革命党人响应，相继举行武装起义，成立军政府，宣布独立（广西的革命党人亦在 11 月 7 日这天举行起义，成立军政府，宣布独立）——清王朝腐朽的封建专制政权即将被全面摧毁，中华民国的新政权即将建立。

吴禄贞的被刺杀身亡，距北方革命党人所组织的“燕晋联军”的正式举义仅隔几个小时；由于吴禄贞的突然去世，致使此次的北方武装起义胎死腹中。

吴禄贞的被刺杀身亡，距武昌起义仅 28 天：由于吴禄贞的突然去世，使武昌起义民军失去了最强有力的后援；也使刽子手袁世凯毫无后顾之忧，从而更加残酷地镇压起义的革命党人。

吴禄贞的被刺杀身亡，距民族民主革命取得最后胜利、中华民国南京临时政府正式成立仅 55 天：这位为民族民主革命奋斗一生并屡建功勋的革命志士，却未能见到黎明的曙光，没有机会和其战友们共享胜利的喜悦。

有时人认为：“他（指吴禄贞）当夜不死，翌晨会同山西军队与张绍曾、蓝天蔚的队伍向北京进攻，清廷即可推倒，不会给袁世凯以进京操纵和谈的机会。”①

有学人认为：如果“绶卿不死，京津大局，必早底定。武汉南北两军亦不致激成恶战。然则绶卿死而因之死者且千万人”，可谓重于泰山②；倘若其不死，袁世凯是不可能顺利取代清朝天下的！

也有学人指出：吴禄贞在直隶石家庄被刺杀，使革命势力在北方无法生根，而成为北洋派的天下；如果吴禄贞不死，“其事业必大有造于中国，并影响及于世界无疑”③。

更有学者断言：武昌起义爆发后，吴禄贞的行动引起全国的关注，革命党人对他更是寄予厚望。如果他不被刺杀，起义正常举行，革命顺利开展，袁世凯怎么可能篡权窃国？那么，“中国的历史也许会呈现出另一种

① 见《辛亥革命回忆录》（第五集），中华书局 1963 年版，第 455 页。

② 张元济：《吴绶卿先生遗诗序》，《吴禄贞集》，华中师范大学出版社 2011 年版，第 254 页。

③ 曹亚伯：《武昌起义真史》，《曹亚伯集》中册，华中师范大学出版社 2019 年版，第 526 页。

局面"①，这一段历史也将会重新书写！

那么，年仅32岁的吴禄贞到底是一个什么样的人物？他怎么会有那么大的能耐而得到人们如此高的评价呢？他的死为什么会引起那么多人的关注？他又有着怎样非凡的人生经历和作出过怎样彪炳青史的业绩呢？

而那些直接杀害吴禄贞的凶手又是什么人？操纵这些杀手行凶的幕后黑手（决策者）又是谁？他们与吴禄贞之间又有着怎样的深仇大恨或存在着怎样不可调和的尖锐矛盾？他们为什么要那么急切、不惜代价地杀害吴禄贞呢？

由于吴禄贞死后长期没有抓到凶手，一百多年来，吴禄贞的死因被一层层神秘的面纱和一串串复杂的谜团所包裹，而变得扑朔迷离，众说纷纭，不知其究竟。

朋友，你想解开这一连串复杂的谜团，揭开那一层层神秘的面纱，还原历史的真相吗？你想明确知道刺杀吴禄贞的真凶与其幕后的黑手（决策者）吗？如果想，那就请你跟随我们一起走进那个金戈铁马、腥风血雨的年代吧！

① 赵宗颇、夏菊芳：《吴禄贞传》，上海人民出版社1982年版，第98页。

第一章　家世与少年生活

我们的传主吴禄贞，生活在十九世纪末至二十世纪初。这是一个英雄辈出的时期，一批先进的知识分子经过艰难的抉择和惨痛的实践，终于觉醒，开始由维新变法转向民族民主革命。即随着民族民主革命运动在全国迅速开展，并很快形成高潮。出生在一个世代书香家庭的吴禄贞，在其少年时代，仍然像当时绝大多数的读书人一样，走的是“学而优则仕”的道路。然而，由于父亲的早逝，少年吴禄贞不得不放弃科举之路，为了自己和家人的生计而过早进入社会，随后又投笔从戎，从而彻底改变了自己的人生航向，也使民族民主革命阵营中多了一名优秀分子。

第一节　吴禄贞的家世

清光绪六年庚辰正月二十六日（1880 年 3 月 6 日），一个新的生命降生在湖北布政使司德安府（今湖北省孝感市）云梦县城西郊吴家台村一个世代书香的家庭，他就是我们的传主——吴禄贞。

这吴氏一族世居云梦县城西郊吴家台村，“先人就其地筑为台，聚族而居，台以是得名。台周掘有深壕，四面环水，俨若小岛，村前建有石桥，以为出入通道，道旁古木参天，壕边翠竹蔽日，远远望去，一片村舍半隐半现翠绿丛中，显得特别幽静。台外四野，皆为平坦农田，临台远眺，阡陌纵横，春天一片翠绿，秋天一片金黄，颇足予人以视野开阔，心旷神怡之感”①。

而且，吴氏一族是当时云梦县城远近闻名的大户望族，“累世以儒学传家，至君（指吴禄贞）始用武显”②。

---

① 吴忠亚：《吴禄贞的一生》，《云梦文史资料》（第 1 辑），中国人民政治协商会议湖北省云梦县委员会文史资料研究委员会编，1985 年刊印。

② 甘云鹏：《潜庐续稿》卷九之《吴禄贞烈士传》，沈云龙主编《近代中国史料丛刊》第 97 辑，文海出版社影印甘氏家藏丛稿崇雅堂聚珍版，1973 年，第 340 页。

也许是笔者缘浅，至今尚未见到吴氏的族谱，无法知道吴禄贞高祖及以上先祖的情况，只能根据今人的材料①得知其曾祖以下的简略情况：

吴禄贞的曾祖父吴鼎元公，为清道光三十年（1850年）的进士②，曾官都察院监察御史，后出为江南常州府知府，甚有政绩，“廉名文名著当时”（见吴忠亚《吴禄贞的一生》）。

祖父吴道亨公，清朝优贡③，曾先后出任黄陂、公安县教谕。为人乐善好施。膝下有子二：曰利彤、利彬。

父亲吴利彬公，亦晚清名秀才④，早年胸襟远大，曾外出壮游四方，并应邀入地方大吏幕府。晚年辞幕归乡后，定居武昌（即夏口，今武汉市武昌区），设立“梦泽书屋”，以教书授徒为业。因奔走、游幕多年，受时风影响，除通经史之外，尚熟悉格致之学。

母亲彭梅仙老夫人，同县南乡人，“出身书香门第，通诗文，熟女红”⑤。

利彬公和彭老夫人膝下有二子：曰禄贞、祜贞。

吴禄贞出生时，按同祖叔伯兄弟排行，位居第三。吴禄贞的降生，在“男尊女卑”的封建专制社会里，在一个以诗书传家的世代书香之家，无疑是吴氏一族的大喜之事。他们迫切地希望，这些吴氏子弟，快快长大，能够承继祖上余辉，并发扬光大，中举人，取进士，为国效力，光宗耀祖。

---

① 云梦县政协文史资料委员会编:《吴禄贞年表》,《吴禄贞集》附录,华中师范大学出版社2011年版,第289～294页。

② 进士:在中国古代科举制度中,通过最后由中央政府所组织的殿试的考试者,称为“进士”。“会试”录取者称为“贡士”,贡士一般须参加“殿试”后才能确定身份。殿试不再淘汰,只是按照考试成绩将应试者分为三个等次,称为“三甲”:一甲三名,即状元、榜眼、探花,赐“进士及第”;二甲若干名,赐“进士出身”;三甲若干名,赐“同进士出身”。后将那些参加殿试取得身份者统称为“进士”。

③ 优贡:由地方贡入国子监的生员中的一种。按清制,每三年由各省学政从儒学生员中考选一次,每省不过数名,亦无录用条例。同治中规定,优贡经廷试后可按知县、教职分别任用。

④ 秀才:按照明清科举制度的规定:童生要取得秀才的身份,必须先参加县试,县试由县令主持;县试通过(录取)者方可参加府试,府试由知府主持;府试通过者方可参加院试,院试由学政(全省主管教育的长官)主持;院试通过者,方才称为“秀才”。

⑤ 云梦县政协文史资料委员会编:《吴禄贞年表》,《吴禄贞集》附录,华中师范大学出版社2011年版,第289页。

第二节　少时的读书习武生活

吴禄贞幼时不仅聪明伶俐，而且勤奋好学。由于父亲长年游幕在外，便由母亲启蒙，教小禄贞识字，背诵简单的诗文。没想到一教就会，且能流利背诵，深得家人的喜爱。

转眼小禄贞已经七岁了。经母亲和父亲商议，便让小禄贞和其二哥、即堂兄祺贞一起，正式入家塾，跟随伯父利彤公——祺贞之父开始学习“四书”“五经”。利彤公“教学生极为严厉，对于自家子侄不徇私原谅”；如果不能完成高祖父布置的“背诵、回讲、提问”时，就要“受罚挨板子”。每当先生“讲授完毕”，其他小孩“都摇头晃脑，苦吟不止，不敢有丝毫松懈”时；而禄贞却“读读玩玩，并不当回事”①。虽然禄贞和大家一样，“每天读书约可千言”②，可别的学生“常常弄得瞠目结舌，不知所答”；而禄贞却“从来没有仓皇失色过”，总能“背诵如流，应对端详”——村里人都夸他“天赋过人，读书能过目不忘”③。

小禄贞好动，年纪虽小，却身手敏捷，无事时“最爱爬树，即使有数丈之高他也不怕，只一会儿功夫他就像个猴子一样爬到树顶。春天掏鸟巢取卵、捉小鸟，都是他的能事，哪怕撕了衣裳、皮破血流也不顾”。有一次，几个小伙伴在一起玩，他又“爬上树”，且“攀至树杪”，不料“高处枝丫太细，不能受力，‘吱拉’一声突然断裂”，“从几丈高处跌下来，腿臂受伤，出血不止，半天不能动弹”。小伙伴们都“惊得手足失措，他却忍住痛”，叫伙伴们“不要告诉家里人。回家后，他又强忍住疼痛，走路起坐如常，声色不露，竟没有被家里人发觉。几天以后，他又去爬树攀高，一如以往”④。

家里人见小禄贞聪明好动，便让他一边读书，一边开始练习家传的“吴门神棍”，挥剑耍刀。于是，每天学习之余，树林、池塘、山丘、平地各处

---

① 吴厚智:《记叔祖父绶卿先生的童少年时代》,《吴禄贞集》附录,华中师范大学出版社2011年版,第272页。

② 国民党中央党史史料编纂委员会:《吴禄贞》,《吴禄贞集》附录,华中师范大学出版社2011年版,第262页。

③ 吴厚智:《记叔祖父绶卿先生的童少年时代》,《吴禄贞集》附录,华中师范大学出版社2011年版,第272页。

④ 吴厚智:《记叔祖父绶卿先生的童少年时代》,《吴禄贞集》附录,华中师范大学出版社2011年版,第272～273页。

都成了他的练武之地。他练得一身好功夫，体格强健，为日后的戎马生涯打下了坚实的基础。

小禄贞在入家塾之前，已由母亲教读了两年，打下了很好的基础；这一年经过伯父利彤公的严格教读，进步很快；不仅伯父所教的内容都能流利背诵、牢记在心，而且已经学会了对对子。

一日，伯父为了测试一下大家，出了一副上联“春风吹绿柳”，请大家对下联。

其他同学听了，“都凝神苦思，久无以对”；当伯父问到小禄贞时，他不假思索地应道：“大泽起龙吟。”

伯父听了，一边夸赞对得好，一边暗暗思忖：“这‘大泽’不正是我们云梦泽（古称）吗？‘起龙吟’是要出惊天动地的人物啊！莫非将应在此子身上？！”

从此，伯父常以此事语人，夸赞小禄贞今后“必有奇志”，“定能作一番虎啸龙吟的事业”①，为吴氏一族争光。

小禄贞由于自幼聪敏过人，又有母亲的启蒙和父亲的偶尔指点，再加上伯父的认真教读，不仅“诵书史，日可千言”②，而且“已能下笔成文”③。只是伯父利彤公因年岁渐大，不能继续授读；小禄贞和堂兄祺贞只好转至云梦县义堂镇一所私塾就读。每天放学回到家后，小禄贞仍坚持练习家传的“吴门神棍”，挥剑耍刀。

一天晚上，皮影班来村里演皮影戏《岳飞传》；看完演出后回到家里，小禄贞满脑子都是岳飞的“精忠报国”“还我河山”的形象；想想眼下中国正处在危难之中，自己一定要学好本领，将来也像岳飞那样，将那些企图吞并、瓜分中国的帝国主义列强统统打倒，以报效国家。于是，他在油灯下写下了一副对联，用以表达自己的志向：“一拳打倒亚细亚，两脚踢翻欧罗巴！”在他那稚幼的心灵中已经种上了爱国、报国的种子。

光绪十六年庚寅（1890 年）初，长期在外地游幕的父亲利彬公结束其

---

① 吴厚智：《记叔祖父绶卿先生的童少年时代》，《吴禄贞集》附录，华中师范大学出版社 2011 年版，第 272 页。

② 阎锡山：《故燕晋联军大将军吴公之碑》，《吴禄贞集》附录，华中师范大学出版社 2011 年版，第 261 页。

③ 国民党中央党史史料编纂委员会：《吴禄贞》，《吴禄贞集》附录，华中师范大学出版社 2011 年版，第 262 页。

幕僚生涯，来到省城武昌（即夏口），设立“梦泽书屋”授读；于是，一家人遂离开云梦吴家台子老家，随父亲来到武昌居住。

离开云梦老家那天，一家人在“白河口乘木船启行，至长江埠停泊了约半个时辰”。小禄贞“登岸玩耍，逾时未返，船家急不可待，开船而去。此处离吴家台约四十里，家里人都以为他见船起航，必返故里。船抵武昌后，家里人正准备写信回云梦询问，却忽见他飘然而至。一家人惊问他何以一个人找到这里。他说：‘这还用问，一直沿着河走，自然就到了，船家还能欺得到我。武昌住处有街道名称和门牌号码，我虽没有来过，但一问就知，这也难不住我。’他说话时神态自若，从容镇定，俨然若成年人”①。

从这时起，小禄贞和弟弟祜贞便和其他一些小伙伴一起进入“梦泽书屋”，由父亲亲自教读。像在家乡一样，小禄贞学习之余，继续坚持练习“吴门神棍”和刀剑。

不久，小禄贞在跟随父亲学习“四书”“五经”和八股时文的同时，又喜欢上了“格致之学”。

所谓“格致之学”，就是格物致知之学。自 1840 年鸦片战争之后，伴随着西方列强的坚船利炮，西方先进的科学技术知识亦被传到中国。于是，中国的知识界就将西方传入的那些物理、化学、天文、地质、高等数学等科学知识统称为“格致之学”。

父亲的学识渊博，不仅通晓经书，深明儒家之道；而且半生奔走四方，熟悉“格致之学”，可以自己制作几何图形讲解几何。但他毕竟受中国传统文化的影响较深，自然希望吴禄贞沿着科举之路一步一步往前行，不想他将时间花费在那些“杂学”上。

小禄贞则不以为然，曾对父亲说道：“当今世界列强，无不在科学上远远超过中国；要想使中国富强，改变贫穷落后的面貌，靠‘四书’‘五经’，八股时文那是不行的，必须学习他们先进的科学技术！”

随着年岁的增长，禄贞的兴趣喜好也越来越广泛：除练习武术、喜爱格致之学之外，禄贞不仅喜欢阅读古代兵书，而且喜欢吟诵古代名家的诗词歌赋，还喜欢练习书法。

光绪二十年甲午（1894 年），年仅 15 岁（虚岁）的吴禄贞，遵父命前

---

① 吴厚智：《记叔祖父绶卿先生的童少年时代》，《吴禄贞集》附录，华中师范大学出版社 2011 年版，第 273 页。

往参加了县试。父亲之意本在让少年禄贞去体验、感受一下，为以后的正式参加考试作准备，不料初试锋芒，竟名列前茅，被选“入邑庠”[①]。

利彬公见儿子初次参加童生[②]的考试就极其顺利，并取得好的成绩，颇感欣慰。自觉这几年的教导没有白费功夫。他希望儿子在此后的府试、院试、乡试[③]、会试[④]上，也一帆风顺，成秀才，取举人，中进士，实现自己未能实现的愿望，以光宗耀祖。

自此以后，利彬公对儿子的学习督促更紧；少年禄贞的学习也比以前更加勤奋、刻苦。学习之余，少年禄贞的兴趣爱好仍然很广泛，其中尤以诗词和行草书见长，被“时人目为文学天才”[⑤]；少年禄贞亦胸怀大志，雄心勃勃，曾自取别名“梦泽雄”以自况。

第三节 家庭变故与初涉社会

正当小禄贞满怀壮志，带着弟弟祜贞准备跟随父亲更加刻苦发愤、努力上进之际，不料父亲利彬公的肺病复发，于光绪二十一年乙未（1895 年）的春间撒手人寰。

父亲去世后，家道中落，家族也正式分家，母亲彭老夫人只得带着禄贞和祜贞寓居在武昌戈甲营（今武汉市武昌区粮道街戈甲营社区）。其始，

---

① 国民党中央党史史料编纂委员会:《吴禄贞》,《吴禄贞集》附录,华中师范大学出版社 2011 年版,第 262 页。

② 童生:按照明清科举制度的规定,凡是习举业的读书人,不管年龄大小,在未考取生员(秀才)资格之前,都称为“童生”或“儒童”。

③ 乡试:按照明清科举制度的规定,乡试每三年在省城举行一次,由朝廷选派大臣二人担任正副主考;阅卷官若干名,在全省官员中选调;通过(录取)者称为“举人”。如遇朝廷有重大喜庆,可另行加试,则不在三年规定之内,称为“恩科”。

④ 会试:朝廷每三年在京城举行一次举人的考试,称为“会试”;会试由礼部主持,故又称作“礼部试”;因其考试在春天举行(乾隆之前在二月举行,乾隆时改为三月举行,偶尔因故在四月举行),又称为“春闱”。会试的主考官(称为“总裁”)有四人,一正、三副,由皇帝钦命大学士、尚书等大臣充任;另有十八名同考官(多的时候增至二十人),大多由翰林院的翰林充任。在清代,每科所取名额自百名至四百名不等(最少的一次九十六名,最多的一次四百零六名)。会试中试(录取)者,称为“贡士”。若乡试有“恩科”,则次年也举行会试,称“会试恩科”。

⑤ 云梦县政协文史资料委员会:《吴禄贞年表》,《吴禄贞集》附录,华中师范大学出版社 2011 年版,第 290 页。

仅靠母亲彭老夫人“做些缝补浆洗的活维持生计，有时困窘至揭不开锅”①。

不久，因为利彬公生前的关系，彭老夫人得以教授两位外国小姐的汉文和教授邻里女红及绣云肩所得报酬来维持一家人的生计，才使一家人不致挨冻受饿。

吴禄贞虽年纪不大，个子亦不高，却非常懂事，见母亲每天忙忙碌碌，十分辛苦，颇不忍心；为了减轻母亲的负担，他便和堂兄祺贞跑到武昌织布局去报名当了一名童工。

吴忠亚曾回忆说：“先三叔早年丧父，家贫至于不能自给，先父（案：指祺贞）亦同因家贫辍学，乃偕入湖北纱布厂为童工。”（见吴忠亚《吴禄贞的一生》）

吴禄贞、吴祺贞两兄弟每天天不亮就起床去工厂做工，到晚上六点才收工，一天要劳动十几个小时，才能得到一角多钱的工钱。工厂的条件很差，经常有事故发生。正如英国曼彻斯特一家报纸刊载的时任湖北织布局总监工的英国人德金生（Dickeason）一封信中所说：

> ……（工人们）离开工厂出去散散步的机会都很少，因为厂中做工是从早晨五点钟直至下午六点钟，每隔一个星期日才休息一天。这些工人很可怜。因为他们瘦到只有皮包着骨头，五十人里面也找不出一个体格健康的人。②

尤其可恨的是，厂里的洋监工、技师非常跋扈，随意打骂工人。加上中国工头的欺负，工人们过着非人的生活。下班时，工人们还要在工厂门口接受搜身检查。

厂里有一个安徽籍的袁姓工头，是“由上海某纱厂请来的技术工人”，他“仗势欺人，对童工百般虐待不说，而且终日以调戏女工为乐，其人实为一道地上海流氓”。

一天放工时，姓袁的工头又“拦在大门口，以检查为名，对女工当众搜身，肆行侮辱”；吴禄贞看见后，忍无可忍，“几步抢上前去，一言不发，就乘袁某俯身搜查之际，一边一个耳光，打得袁的两腮发红，晕头转向”。

---

① 吴厚智：《记叔祖父绶卿先生的童少年时代》，《吴禄贞集》附录，华中师范大学出版社 2011 年版，第 273 页。

② 孙毓棠编：《中国近代工业史资料》第一辑（下），科学出版社 1957 年版，第 1233～1234 页。

姓袁的工头定眼一看，“见是一个小童工对他‘无礼’”，不禁大怒，挥起鞭子就要打吴禄贞。这时，下班的男女工人都向大门口“蜂拥而来”，且齐声喊道：“打得好！打死这个畜生！”姓袁的工头看到周围的工人人多势众，都用愤怒的目光瞪着他；而“自己又丑行败露，不敢公然抵抗”，心想：“等明天上工，再来收拾这个小家伙。”便将举起的鞭子又放了下来，然后“悄悄溜走”。

第二天，禄贞和堂兄祺贞因不愿再去受工头的欺凌，“更不愿看他的兽行”，就愤而离厂而去，从此“结束了苦难的童工生活”①，而寻求新的出路。

彭老夫人本不愿让儿子去当童工，还是希望儿子能够完成其父的遗愿，便让儿子在家里认真温习功课，准备参加今年即将举行的府试和院试。

这一年的十月间，吴禄贞不负众望，终于顺利地通过了府试和院试，成为一名秀才②，也算是吴禄贞对父亲在天之灵的一种告慰。

这里有一件事需要辨正、说明一下。国民党中央党史史料编纂委员会所编之《吴禄贞》说：“十七岁的时候，去赴乡试得中举人。要是一般人中了举人之后，从此可入宦途，夤缘作官，其次可在家充作乡绅，交结官府，借资温饱，但禄贞非此辈人。适逢这个时候，湖北开办武备学堂，禄贞便弃文从武入校就业，另求深造。”按其说法，吴禄贞是考上了“举人”之后“弃文从武”而入武备学堂学习的。此说法明显有误：实际是吴禄贞十六岁时，相继赴府试和院试，考中秀才后，为减轻母亲的生活负担，便去报名参军，并被湖北新军工程营“破格”录取；十七岁时，湖北武备学堂开办，又被指名“破格”调入学堂学习；并不曾参加什么“乡试”，更没有考上“举人”一说。况且，吴禄贞十七岁（虚岁）那一年，即 1896 年八月，朝廷就没有举行过乡试。没有“乡试”，何来“得中举人”之说？如果按实岁计算，十七岁那年应是 1897 年，这一年的八月朝廷倒是有“乡试”；但吴禄贞已于此前的 1896 年底与其堂兄祺贞一起入湖北新军工程营当了兵，无法参加乡试了。没有参加考试，怎么有可能“得中举人”呢？

---

① 吴厚智：《记叔祖父绶卿先生的童少年时代》，《吴禄贞集》附录，华中师范大学出版社 2011 年版，第 273 页。

② 按照明清科举制度的规定：“童生”要取得“秀才”的身份，必须先参加县试，县试由县令主持；县试通过者方可参加府试，府试由知府主持；府试通过者方可参加院试，院试由学政（全省主管教育的长官）主持；院试通过（录取）者，方才称为“秀才”。

所以说，此时的吴禄贞并未“得中举人”，而只是通过府试、院试而考取为“秀才”。

在中国封建社会里，学子有了“秀才”的身份，才能够迈进科举考试新的门槛，也就是有了参加“乡试”的资格；参加“乡试”若被取中，成为“举人”，其选择较多：或继续参加“会试”，中进士，直接走上仕途；或按照朝廷惯例，在参加几次会试未中后，可申请参加朝廷统一组织的考试后入仕；或受聘书院、学堂任教，亦可游幕为地方官吏幕僚，几年后由地方大力荐举走上仕途；若不想为官，自然可成为地方缙绅队伍中的一员，也是为人敬重的地方名流。

吴禄贞考取秀才后，已经具有了进一步在科举之路上行进的资格，这是无数士子梦寐难求之事。他完全可以按照父亲的遗愿去做，继续走科举之路，获得一官半职，从而走上仕途，报效国家，光耀门楣。

然而，吴禄贞当时的家庭经济状况不允许他继续沿着科举之路走下去，历史也给吴禄贞开了一个大大的玩笑。一个偶然的机会，他投笔从戎，就此改变了吴禄贞的人生命运。

第四节　投笔从戎

光绪二十二年丙申（1896 年）正月，署理两江总督张之洞奉朝廷之命从江宁回到湖广总督本任，自强军中已经练成的原江南护军前营 500 人亦随其调赴湖北。张之洞遂将这支仅 500 人的队伍分成前、后两营和工程队 1 哨，组成湖北护军。随即以湖北护军为核心，一边招募扩充，一边编练、改造原有旧式军队，使其逐渐形成湖北新军。

这年春间，湖北护军工程队扩充为湖北新军工程营①，并奉湖广总督张之洞之命，本着“实能识字写字，并能略通文理之人”②的要求以及“入营之兵必须有一半识字”③的目标，在社会上招考新兵。

提到“新军”，我们不能不对清王朝军队的建制、编练、发展作一些简

① “湖北工程营”系清“湖北新军第八镇工程八营”的通称。工程营驻地即武昌首义的发难处，原址在武昌紫阳湖的东侧，即现在湖北省总工会机关大院内，地处武昌解放路与首义路的交会处。

② 张之洞：《拟编练湖北常备军制折》，苑书义等主编《张之洞全集》第 3 册，河北人民出版社 1998 年版，第 1518 页。

③ 张之洞：《筹办练兵事宜酌议营制饷奉折》，苑书义等主编《张之洞全集》第 2 册，河北人民出版社 1998 年版，第 1506 页。

要的介绍：

清朝最早的军队编制，称为“八旗军”，全部由“旗人”组成。但八旗军并非全由满洲人组成，它包括八旗满洲、八旗蒙古和八旗汉军；也就是说，八旗军的组成，既有满洲人，又有蒙古人，还有汉族人。八旗军是清王朝定鼎中原的精锐部队，也是早中期保卫社稷的核心力量。八旗军分为两类：一为驻京八旗（亦称“京营八旗”），一为驻防八旗。驻京八旗的主要任务是保卫京师，驻防八旗则被分派至盛京、吉林、黑龙江、绥远城、江宁、杭州、福州、广州、荆州、成都、西安、宁夏、伊犁、乌里雅苏台、乌鲁木齐、察哈尔、热河等全国各地的战略要地驻守。全国驻防八旗的兵力大约十万人。其中，盛京为清王朝的“龙兴之地”，驻防兵力最多，高峰时达一万七千多人；成都驻防兵力最少，仅一千九百余人。驻防将军是当地驻防八旗军的最高长官，官阶为从一品。

因八旗军的数量有限，为统治“中国”这个庞大的帝国，清王朝又建立了一支人数众多的军队作为八旗军的辅助，那就是“绿营”。而绿营军的士兵全由汉人组成，遍布全国各地，亦成为清王朝的重要军事力量。绿营军以镇为最高军事单位，相当于现在的一个师。每镇大约一万人左右。据《大清五朝会典》中记载：清朝乾隆年间全国有绿营六十六镇，总兵力在六十五万人。绿营的最高长官称“提督”，是各省绿营兵的最高统帅，官阶亦为从一品。

清王朝的中后期，因长期无战事，八旗军和绿营军训练松弛，纪律涣散，且不少士兵染上了烟瘾，已经失去了当年虎狼之师的气象，故战斗力很差。在与太平军的作战中，已是一败涂地，就更不用说与坚船利炮的西方列强作战了。正是在这种情况下，一支新的军队便应运而生，走上历史舞台，那就是“勇营”。其实，勇营在乾隆时就有，只是那时不叫“勇营”，而称“乡勇”。乡勇为一种临时召集、奉命配合正规军作战的武装力量，大多是在战时募集，战事结束后即遣散。咸丰二年（1852 年），在籍丁忧的前礼部右侍郎兼兵部右侍郎曾国藩奉命在原乡勇的基础上创建营制，编练了一只有着独特制度的军队，即“湘勇”，也就是后来大名鼎鼎的“湘军”。湘军是当时所有勇营中最出名的一支军队。此外，尚有李鸿章的淮军，以及各地仿照湘军营制编练的军队。

太平天国起义被镇压后，朝廷出现“中兴”局面，故勇营中的一部分将士被遣送还乡，剩余的部队则被改编成防军，派往各省镇守险要之地。同时，清王朝又从原绿营军中挑选部分将士，亦仿效勇营的各种制度，组建成一只新的军队，称为“练军”。于是，防军和练军变成了朝廷的主要武装力量。

1884年的“马尾海战”（又称“马江海战”），中国败于法国，南洋水师全军覆没；1894至1895年的“中日甲午战争”，中国又惨败于日本，北洋水师全军覆没。此时，李鸿章年事已高，且清王朝已无经济能力再建海军，而朝廷又亟感旧式军队的落后，遂命原李鸿章的部属袁世凯开始在天津小站组建一支新的陆军，称为“定武军”，也就是后来闻名遐迩的“北洋军”。与过去军队改编不同的是，这支新建陆军在武器装备上，全部采用洋枪、洋炮，而在结构、制度等方面，则仿效当时德国军队的建制。士兵入伍的条件亦颇为严格，这就使得军队士兵的整体素质得到大大提高。北洋军起初仅有几千人，后来不断扩充编制，至1905年，已经扩展到六个镇（每个镇12513人）。而各地督抚亦积极效仿，大力编练地方新军。至1911年时，仅北洋军就发展、扩充至14个镇、18个混成协、4个标、1个禁卫军。

张之洞作为湖广总督、洋务运动的后期代表人物，其在湖广所实施的新政，很多方面都走在了全国的前面。

吴禄贞一方面见西方列强纷纷侵略中国，痛感国家越来越贫弱，希望能尽自己一份力量，使中华振兴；一方面不愿母亲过分操劳，希望自己能在生活上为母亲分忧，遂萌发了投笔从戎的念头。

于是，他将自己的想法告诉了堂兄祺贞；哪知堂兄早有此心，只是他见禄贞年龄小、个子亦不高，就劝他不要去。禄贞心意已决，就和堂兄一起前去报名，想碰碰运气。

开始，招募新兵的营官见他个子矮、年纪尚小，不肯收他；吴禄贞一听，顿时“急得涨红了脸，大声争辩说：‘历史上不是早就有过执干戈以卫社稷的爱国童子吗？你们怎能因我小两岁，就不让我投军报国呢？’主募者听他人小口气大，很是惊奇，就破格收留了他”（见吴忠亚《吴禄贞的一生》）。

对于吴禄贞报名入湖北新军工程营当兵之事，还有另外一个说法（徐小玉《盖世之杰——吴禄贞大将军》）：吴禄贞和他二哥祺贞一起去湖北新军工程营招募处报名，负责招募新兵的营官见他个矮、年纪尚小，不肯收他。适湖广总督张之洞前来巡视，在阅读了吴禄贞的应试文章——《投笔从戎争先赴》一文后，颇为欣赏；尤其是对文后所附的一首七绝：“开卷喜读战国策，濡笔爱草从军赋。安得一战定三韩，投笔从戎争先赴”[①]，赞赏有加，当即让手下将此文印出，在新军各营中广为散发，以树立正气。随后，下令破格将吴禄贞录取（按规定，应招者年龄必须满十八周岁，而吴禄贞此时还不满十六周岁）。

不管是哪一种说法，总之，吴禄贞与堂兄吴祺贞最终都如愿以偿，被录取成为湖北新军工程营的一名新兵。

吴祺贞（1877—1958），湖北云梦人。吴禄贞堂兄、同学。1895 年曾与吴禄贞入湖北织布局当童工。1896 年与吴禄贞同入湖北工程营当兵。1903 年转入湖南新军陈其彩部任下级军官。继至湖南武备学堂任教。1914 年退伍带全家回云梦老家居住。1921 年带全家寓居武汉。1938 年随儿子忠亚去四川，居万县。后因战事与家人辗转衡阳、长沙、武汉等地。1949 年回云梦居住。1951 年随儿子忠亚定居武汉。1958 年在武汉家中病逝。

在工程营当兵期间，吴禄贞非常勤奋刻苦，成为新军工程营有名的人物。他常常利用业余时间钻研《西法类编》等兵书，为上官出谋献策。而且课业和营操样样突出，考试都是优等，不仅受到上官的赞赏，更受知于湖广总督张之洞。从此吴禄贞与张之洞结下了不解之缘：吴禄贞成为张之洞的得意弟子，张之洞则成为吴禄贞的“福星”；吴禄贞在其后来人生的每一个关键时刻，都曾得到过张之洞的关心、爱护、提携和帮助，吴禄贞在内心亦对张之洞充满了感激之情。

张之洞可说是晚清政坛上的一位思想开通的、有胆有识而又颇有政绩的风云人物。

张之洞（1837—1909），字孝达，号香涛，亦号芗涛、香岩、壶公、无竞居士，晚号抱冰、抱冰老人，因创办广雅书院，广雅书局，被人称为“张广雅”；又因出任总督二十多年，时称总督为“帅”，故人称“张香帅”。直隶南皮（今属河北）人。咸丰二年（1852），应顺天乡试，中第一名举人（即“解元”）。同治二年（1863）会试，中第三名进士（即“探花”），授翰林院编修。历任翰林院侍读、侍讲、内阁学士，湖北、四川学政，内阁学士，山西巡抚，两广总督、湖广总督，并两度暂署两江总督，累官至体仁阁大学士、军机大臣兼管学部。参政 40 余年，所到之处，大力倡导筹办洋务，积极兴办军事工业和民用性企业，成为洋务派后期的主要代表

① 吴禄贞：《无题》，《吴禄贞集》，华中师范大学出版社 2011 年版，第 253 页。

人物，与曾国藩、李鸿章、左宗棠并称为“晚清中兴四大名臣”。又重视教育，提倡朴学，大力兴办书院和各种实业学堂及师范、科技、军事学堂，对清末的文化教育、科技发展、人才培养影响甚大。光绪二十四年（1898），撰著《劝学篇》，主张“旧学为体，新学为用”，以维护封建伦理纲常，反对维新思想。入军机兼管学部后，又支持同光体诗人，与进步的诗歌创作思潮相对立。工诗，现存诗500余首，诗风宽博厚重。著有《张文襄公全集》229卷。

光绪二十二年（1896年）七月初，湖广总督张之洞为培养新军下级军官，委派王秉恩为总办，钱恂为提调，姚锡光为总稽查，李绍远为估工监造，开始在武昌黄土坡筹建湖北武备学堂：“武备事宜，尤以设立学堂教育将才为首务，比来天津、广东、江南各处，次第仿行，鄂省亦宜亟设武备学堂一区，储练将才，并延聘洋员专司教习。”①

九月初四日（10月10日），湖北武备学堂面向社会正式招考学员，在其《招考武备学生示并章程》②中规定：

> 凡在鄂文武举贡生员、文监生及文武员弁官绅俊秀子弟，如有文理通畅而又身体坚壮愿入四生者，速赴营务处报名候考。待报名约有数，即行示期，派员考试，再由本部堂亲自核定。并察看其身体志趣，听候录取，挑选入堂肄业。

说到创办湖北武备学堂，那也是洋务派积极开展洋务运动的产物。

洋务运动又称“同光新政”，或“自强新政”，是十九世纪六十年代至九十年代，以奕䜣、曾国藩、李鸿章、左宗棠与张之洞等为代表的洋务派官僚所进行的与西方帝国主义列强有密切联系的军事、政治、经济、文教及外交等方面的综合革新活动。其中心内容是以“自强”为标榜的“练兵制器”革新活动和以“求富”为标榜的经济革新活动。咸丰十年底（1861年初），清政府迫于严峻的国内外局势，正式设立“总理各国事务衙门”，作为综理洋务的中央机关，任命恭亲王奕䜣、大学士桂良、户部左侍郎文祥三人为总理衙门大臣。随后，又专门设置了南洋、北洋通商大臣。不久，南

① 《札委王秉恩等筹办武备学堂》二十二年七月初一日，陈山榜编《张之洞教育文存》，人民教育出版社2007年版，第132页。

② 《招考武备学生示并章程》光绪二十二年九月初四日，《张文襄公公牍稿》卷二十八；高时梁编《中国近代教育史资料汇编·洋务运动时期教育》，上海教育出版社1992年版，第510页。

洋通商大臣例由两江总督兼任，北洋通商大臣例由直隶总督兼任；而两江总督长期由湘系的曾国藩、曾国荃、左宗棠、刘坤一等交替占据；直隶总督则长期由淮系的李鸿章独占。于是，上海与天津便成为南北举行洋务活动的重要基地。

在数十年的洋务运动中，洋务派官僚不仅先后创办了江南制造总局、金陵机器局、福州船政局、天津机器局等一大批军事工业和相继创办了轮船招商局、开平矿务局、基隆煤矿、漠河金矿、天津电报总局、上海机器织布局、湖北铁政局、湖北纺织官局等一大批民用性企业；而且还创办了一批新式学堂，以培养洋务人才，著名的如：

方言学堂（外语）：京师同文馆（1862 年）、上海广方言馆（1863 年）、广州同文馆（1864 年）、湖北自强学堂（1893 年）；

武备学堂（军事）：福州船政学堂（1866 年）、广东水陆师学堂（1887 年）、天津水师学堂（1881 年）、天津武备学堂（1885 年）、湖北武备学堂（1896 年）；

实业学堂（科技）：福州电报学堂（1876 年）、天津电报学堂（1880 年）、上海电报学堂（1882 年）、天津西医学堂（1894 年）、江南储才学堂（1896 年）。

同年十月间，湖北境内第一所近代军事学堂——湖北武备学堂，经过层层考选，在四千多报名学子中，定额选录了一百二十名学员，正式开学。

经湖广总督张之洞的特许，吴禄贞又被指名破格（入学者必须年满十八周岁）调入学堂学习，与孙武、傅慈祥、蓝天蔚、沈翔云、万廷献、卢静远、刘赓云、陈宧、王鸿年、陈裕时等人同学。

湖北武备学堂的学生在校除学习中国传统文化和此时已经很盛行的“格致之学”之外，主要接受的是德国式的军事训练。通过学习西方“格致之学”和西方现代军事知识，受时代风潮的影响，使这批新型青年知识分子的眼界大开，亦开始关心国家的兴盛衰败，前途命运。

在同学中，吴禄贞与傅慈祥、孙武关系最为密切。他们都是胸怀大志之人，意气相投，相见恨晚，很快就成挚友。

孙武（1879—1939），名葆仁，字尧卿（摇清），亦作尧钦，又字遥仙，号梦飞。湖北夏口（今汉口）人。1896 年入湖北武备学堂，毕业后任湖南新军教练、岳州威武营管带。唐才常组织自立军时，被任为岳州司令。1904 年加入科学补习所，不久赴日，入成城学校习海军。1905 年归国，加入日知会。1907 年再赴日本，入大森军事学校。共进会成立，任军事部主任，并被推为湖北主盟人。不久回国，在汉口、广州等地从事革命活动，在香港加入同盟会。1911 年 9 月，共进会和文学社联合，共谋武装起义，任起义军参谋长。武昌起义后，任湖北军政府军务部部长，拥护黎元洪，组织“民社”，排斥革命派。1912 年 3 月，遭武汉革命党人指斥，自行引退。1915 年 12 月，任参政院参政。1922 年，鄂督萧耀南委其为汉口地亩清查督办。1926 年夏，任湖北官矿督办。北伐军抵武汉后，孙武退居北平。抗战初，任北京法政大学校长，拒绝日寇拉拢。1939 年 11 月 10 日，病逝于北平。

文化学习和军事训练之余，他们时常相聚一起谈论时事，“每相与论天下事，辄仰天长吁，意气激昂”①。他们亦时常在一起共同钻研《西法类编》，还相互传阅《盛世危言》《天演论》等进步书籍，“尝酒酣耳热，痛论满汉不平”②，其爱国思想初步形成。

进入湖北武备学堂深造的吴禄贞，对前途充满憧憬，希望自己能够学得一身过硬本领，将来驰骋疆场，为国家建功立业。

1897 年开始，湖北武备学堂改聘日本教官来校任教，学生则改而接受日本式的军事训练。

由于吴禄贞自幼就开始习武，加上父亲在世时曾教授过他“格致之学”，故在学堂接受“西学”和军事训练比别人快得多，门门功课都名列前茅。

一天在教室上课，吴禄贞见日本教官在黑板上的几何题演算错了，便站起身来，离开座位，大大方方地走上前去，拿起讲台上的粉笔，毫不客气地在日本教官演算的几何题旁打了一个“×”；然后，他又从从容容地重新将此题在黑板上演算了一遍，得出正确的结论。顿时，教室里响起一阵热烈的掌声。而那位日本教官被吴禄贞“胆大妄为”的举动，弄得目瞪口呆，十分尴尬，又不能发作，只得灰溜溜地离开了教室。

很快，此事传遍了整个学校，大长了学员们的志气，大灭了洋教官的威风。

---

① 冯自由：《革命逸史》第 6 集，中华书局 1981 年版，第 200 页；另见张难先：《湖北革命知之录 · 孙武传》，严昌洪等主编《张难先集》，华中师范大学出版社 2011 年版，第 182 页。

② 高筹观原著、刘望龄辑校：《湖北起义首领孙武传》，《辛亥革命史丛刊》编辑组编《辛亥革命史丛刊》第 7 辑，中华书局 1987 年版，第 93 页。

第二章　赴日留学与自立军起义

湖广总督张之洞顺应时代潮流，成为最早选拔优秀学子赴日留学的地方大吏之一。吴禄贞脱颖而出，成为第一批国家大规模公派留学日本的士官生。此时的日本，风气大开，人才荟萃，相互影响。由于朋友的介绍，吴禄贞得与民主革命的先行者孙中山先生结识。自此之后，受孙先生思想的影响，坚定了从事民族民主革命、挽救民族危亡的决心，并在课余之时，积极参与各种民主革命活动。不久，奉孙先生之命回国参与自立军起义，成为起义领导人之一，为其日后从事武装斗争进行了实践，积累了经验。

第一节　留学日本

中法战争和中日甲午战争的相继失败，宣告了洋务运动的破产，古老的中国面临着亡国灭种的危险。一批先进的知识分子认识到，学习西方，不能只停留在器物层面，更重要的是要系统学习西方先进的科学技术和文化制度，并效法西方，才能救亡图存。于是，一场声势浩大的维新变法运动在全国各地展开，并至光绪二十四年（1898 年）达到高潮。

此时日本政府亦希望缓和中日双方自甲午战争以来紧张的关系，曾让参谋部派遣专使赴中国，分别游说直隶、两江、湖广总督从武备学堂选拔学生 40 人，从书院选拔学生 40 人，送至日本留学，以示“提携”。

光绪二十四年（1898 年）正月，本来就在湖湘积极提倡新学的湖广总督张之洞，受时代风气的影响，派遣姚锡光、张彪、黎元洪等人随日本友人宇都宫太郎赴日本考察学校，为其实施派遣学生留学日本的计划作准备。

四月二十三日（6 月 11 日），光绪皇帝下“明定国是”诏书，宣布开始变法自强，先举办京师大学堂，又命督抚保举人才。“百日维新”（又称“戊戌变法”或“戊戌维新”）开始，这就为随后派遣进步青年出国深造、学习西方、报效国家扫清了障碍。

六月初，都察院山东道监察御史杨深秀上奏朝廷，力陈日本变法取得成功，可资借鉴，请求多派学人赴日学习；他强调指出：“日本变法立学，确有成效，中华欲游学易成，必自日本始。”①光绪皇帝遂谕令总理衙门议奏，而总理衙门经过商议，同意采纳杨深秀的建议，并饬令南、北洋大臣、两广、湖广、闽浙各督抚挑选年幼聪颖、粗通日文的学生，上报总理衙门以便分批陆续派往日本。

九月间，湖广总督张之洞电奏总理衙门，决定两湖选派二十名学生赴日游学，并开始考选留学人员②。

张难先在其《湖北革命知之录·湖北革命之动因》中曾说：时“英异之伦，不羁之士，读石庄、茶村遗书，览异域殊方志乘，勃然兴起，不为所囿。一有感触，按捺不住，或著论以指斥时政，或聚众以威胁权奸。激昂慷慨，不少回避。当道忧之，因择其激烈者，派赴东西各国留学，吾鄂人士，始有亲炙总理之机会矣”③。

对于选派两湖优秀学子赴日留学之事，张难先的这种说法影响颇大。此说似有一定道理，但并不完全如此。这些早期出国留学学子的思想比较复杂，虽然有一些是思想进步激烈的革命者，亦有一些思想倾向立宪的保皇派，也有一些本来就是拥护封建统治的封建皇室的子弟，还有一些学业突出而思想保守或落后者。

十一月中下旬，吴禄贞、傅慈祥、万廷献、邓承拔、文华（字秀峰）、高曾介、吴绍璘、徐传笃、杜仲岷、易甲鹏等武备学堂学生，以优异的成绩完成学业，并受湖广总督张之洞的选派，赴日本公费留学。在这些同学中，虽然吴禄贞的“年事最小，但才气最为纵横，极为同辈所推重”（见吴忠亚《吴禄贞的一生》）。

熟悉中国近代史的学人都知道，由清政府公派留学生出国留学，始于洋务运动期间。同治十一年至光绪元年（1872—1875），在近代著名教育家、外交家和社会活动家容闳（1828—1912）的极力倡导下，在两江总督曾国藩（1811—1872）、直隶总督李鸿章（1823—1901）、江苏巡抚丁日昌（1823—1882）等人的大力支持下，清政府经过较长时间的审慎研究，终于同意分四批派遣一百二十名幼童赴美国留学。

尤其可喜的是，由陈兰彬、容闳率领的蔡绍基、梁敦彦、詹天佑等第一

① 国家档案局明清档案馆编：《戊戌变法档案史料》，中华书局1958年版，第248页。

② 王树枏编：《张文襄公全集》电牍三十六、三十五，北平文华斋1928年版，第2、32页。

③ 张难先：《湖北革命知之录·湖北革命之动因》，《张难先集》，华中师范大学出版社2011年版，第27页。

批 30 名幼童，于 1872 年 8 月 11 日自上海启程赴美；随后的 1873、1874、1875 年清政府又按计划各派遣了一批幼童（30 人）赴美留学。这可说是清政府第一次大规模地向国外派遣留学生。

而清政府第二次大规模向国外派遣留学生，则在十九世纪七八十年代。1877、1878、1885 年，清政府分三批派遣数十名以福建船政学堂学生为主体的学生赴欧洲英、法、德等诸国留学，为中国培养了一批军舰制造和军舰驾驶、海军指挥等专门人才。

清政府向国外第三次大规模派遣留学生，是在光绪二十二年（1896 年）三月。其时，清政府总理各国事务衙门应驻日公使裕庚的要求，为培养翻译人才，在全国范围内选拔了 13 名青年学子，派往日本留学——这也是清政府向日本派出的首批留学生。

此次由清政府总理各国事务衙门统筹组织，各省共向日本派出了 47 名留学生，可谓是清政府第四次大规模向国外派遣留学生，也是清政府第二次大规模向日本派遣留学生。

其时，赴外国留学尚未形成社会风气，尤其是去日本留学，不少同学存在疑虑和抵触情绪，吴禄贞便鼓励他们说："临阵用兵，必须知己知彼，方能百战百胜。"并强调指出："欲雪甲午之耻，亦惟有先了解和学习日本人的长处，方能有济。"①听吴禄贞如此劝说，同学们皆认同其观点，觉得很有道理，这才服从了张总督的选派。

赴日留学生选拔结束后，湖广总督张之洞曾于十一月二十三日（1899 年 1 月 4 日），致电日本驻沪代理总领事小田切，告知其湖广留日学生的出发时间及相关情况：

> 十三日电悉，湖北派往贵国学习武备学生二十名，照料委员一人，邝县丞华定二十六日自汉口行，已饬张观察斯旬（恂）在长崎候。名单即函寄。承派翻译官送往，感谢。湖广总督二十三日（印）（明治 32 年 1 月 3 日午后四点半钟接收）②。

随后，张之洞又用备一信函，专门附录了湖广首批留日学生的名单与学生籍贯：

---

①　吴忠亚：《吴禄贞的一生》，中国人民政治协商会议湖北省云梦县委员会文史资料研究委员会编《云梦文史资料》第 1 辑，1985 年，第 6 页。

②　日本外交史料馆藏：《在本邦清国留学生杂纂》，第一卷；转引自孔祥吉《日本档案中的张之洞与革命党——以吴禄贞事件为中心》，《福建论坛》2010 年第 5 期。

湖北选派游学贵国专习武备学生贰拾名：

刘邦骥　湖北人，吴元泽　湖北人，田吴炤　湖北人，吴茂节　安徽人，卢静远　湖北人，顾臧　广东人，吴祖荫　湖北人，刘赓云　湖北人，铁良　荆州驻防旗人，高曾介　直隶人，吴绍璘　湖南人，徐传笃　江苏人，邓承拔　湖北人，杜仲岷　贵州人，易甲鹛　湖南人，傅慈祥　湖北人，吴禄贞　湖北人，文萃（华）　荆州驻防旗人，万廷献　湖北人，张厚琨　直隶人，制台之长孙。①

十一月二十六日（1899 年 1 月 7 日），吴禄贞与傅慈祥、万廷献、邓承拔、文萃（一名华，字秀峰）、高曾介、吴绍璘、徐传笃、杜仲岷、易甲鹛诸同学，会同两湖书院的刘邦骥、吴元泽、田吴炤、吴茂节、卢静远、顾臧、吴祖荫、刘道仁、铁良（后改名铁忠，字韵铮）及张厚琨一行二十人，自汉口出发，乘轮赴上海。

据陈庆田记载："光绪二十四年十一月二十六日（1899 年 1 月 7 日），两湖书院挑选院生九人至日本学武备，今日首途。各分教师皆衣冠往送至大门外，故余粥后即去也。九人名列后：刘邦骥（字骧逵）、吴祖荫（字念兹）、田吴召（字莜莼）、刘赓云（字百刚）、吴元泽（字惠轩）、卢静远（字惺源）、铁良（字韵铮，旗人）、吴茂节、顾臧（番禺）。"②

又据日本上海代理总领事小田切本年十一月二十五日（明治 32 年 1 月 6 日）致日本外务省的信件称：

机密第二号，关于张总督派遣留学生出发之件。

在上海总领事代理一等领事小田切万寿之助，致外务次官都筑馨六：

此次张总督向本邦派遣武备学生二十名，清历十一月二十六日，即本月七日，由当地汉口出发，本月十四日搭乘日本轮船会社汽船萨摩丸向本邦渡航③。

此次两湖官派前往日本的第一批留学生共计二十人，前十名来自湖北武

① 日本外交史料馆藏：《在本邦清国留学生杂纂》，第一卷（致小田切信函附件）；转引自孔祥吉《日本档案中的张之洞与革命党——以吴禄贞事件为中心》，《福建论坛》2010 年第 5 期。

② 清华大学历史系编：《戊戌变法文献资料系日》，上海书店出版社 1998 年版，第 1289 页。

③ 日本外交史料馆藏：《在本邦清国留学生杂纂》，第一卷；转引自孔祥吉《日本档案中的张之洞与革命党——以吴禄贞事件为中心》，《福建论坛》2010 年第 5 期。

备学堂，后九名来自两湖书院，这十九名留学生先入成城学校学习，毕业后全部进入东京陆军士官学校，为第一期。最后一名张厚琨，乃张之洞之孙，抵日后，即与前十九人分开，进了由近卫文麿主持的日本贵族学校——东亚学习院学习，毕业后亦进入陆军士官学校学习。只是可惜得很，张厚琨从日本陆军士官学校毕业回国后，尚未施展其才学，就坠马身亡，让张之洞肝肠寸断——这是后话。

另，此次清政府选派赴日留学的除湖广的二十人之外，尚有直隶（9人）、江苏（6人）、浙江（5人）、安徽（4人）、广东（2人）、贵州（1人）等省所选派的27名。

十二月初三日（1899年1月14日），吴禄贞、傅慈祥、吴祖荫、刘道仁等一行二十人自上海启程，乘日轮赴日本。

十二月初五日（1899年1月16日），吴禄贞、傅慈祥、吴祖荫、刘道仁等一行二十人抵达日本东京。随后，除张厚琨之外，全部进入成城学校学习日语和现代科学基础知识。于是，吴禄贞正式成为了一名较早的留日学生。

根据中国政府与日本政府协商的意见，中国留日武备学生在日本学习的整体学制是："成城学校一年半，而入联队半年，而入士官学校一年"；士官学校毕业后，再到联队实习三至六个月①。这与日本武官出身的士官教育学制比较，属于一种速成教育。

吴禄贞等学生进入成城学校后，接受的是日常军事化的管理，每天的起居作息都有严格的规定。根据《清国留学生舍内定则》："起床，五点；朝食，六点；诊断有病否，六点三十分；自习，七点至八点；中食，十一点五十分；入浴，午后一点至七点；夕食，四点三十分；散步，自夕食后至六点三十分；自习，自六点三十分至七点三十分；就寝，八点三十分；消灯，九点。"②

不久，赴日本考察兵制和学制的四川提督丁鸿臣，曾到东京成城学校参观、考察，同时看望中国第一期留学日本的武备学生。在其考察《日记》中就记录有这批留学生在校学习的基本情况："中国留学生四十一人，学费

① 丁鸿臣：《四川派赴东瀛游历阅操日记》，王宝平主编《晚清东游日记汇编2·日本军事考察记》，上海古籍出版社2004年版，第337页

② 沈翊武：《东游日记》，王宝平主编《晚清东游日记汇编2·日本军事考察记》，上海古籍出版社2004年版，第390页。

每年三百日元。中国留学生都由湖北、浙江、南北洋所派遣，于此修习普通学科八阅月，大半通东文东语，亦熟体操。”①

清政府第一批公派赴日留学学生于光绪二十六年庚子（1900 年）秋进入东京陆军士官学校学习后，朝廷颇为重视，曾命当时正在出使日本的户部右侍郎那桐，特地至学校看望留学生：“自辰至申，遍览马队、步队、炮队、体操、击剑、光化各学，内有中国学生卅九人，学艺甚精。”②

吴禄贞等中国留日士官生在日本学习的确非常用功，“获得良好的近代军事素质，属于中国最早的近代军事人才群体”。从 1902 年起，“吴禄贞等中国留日士官生开始成批归国”。他们“不仅使中国军事改革走上正轨，而且从干部素质和军事教育等方面，为新型军事制度的确立奠定了基础”③。

第二节　结识孙文与投身革命

日本本是亚洲的一个岛国，与中国一衣带水，为近邻。清同治七年戊辰（1868 年），当清王朝的最高统治者尚沉浸在“同治中兴”的美梦之中时，日本的一群有知者，在西方列强坚船利炮的冲击下，组成“萨长土肥”藩士成立的新政权，在“戊辰战争”中取得胜利，消灭了德川幕府和反抗者，推行版籍奉还，结束了统治日本六百余年的武士封建制度，从而确立了藩阀和资本家相结合的统治政权。随后，便以“富国强兵”“殖产兴业”“文明开化”为口号，在全国开始了全盘西化与现代化的改革运动，并获得了巨大成功。仅仅 30 余年时间，日本便由一个封建落后的贫穷小国，一跃而跻身于世界经济、军事强国的行列。

在日本东京成城学校学习期间，吴禄贞目睹了日本自明治维新以来的飞速发展，更感到了清政府的腐败和国家的落后。他见中国人处处受歧视非常敏感，更激发了其励志图强的决心，学习异常刻苦。

在日本的图书馆里，能看到反映欧美各种新思想、新文化的书籍。于是，吴禄贞利用课余时间，阅读了《美国独立史》《独立宣言》等书籍，思想有了很大的变化，使他认识到：要拯救中国，不仅仅要军事武力，而且要

---

① 丁鸿臣：《四川派赴东瀛游历阅操日记》，王宝平主编《晚清东游日记汇编 2·日本军事考察记》，上海古籍出版社 2004 年版，第 321 页。

② 北京市档案馆编：《那桐日记》上，新华出版社 2006 年版，第 398 页。

③ 王鹏辉：《吴禄贞的社会交游与清末革命》，《清史论丛》2015 年第 2 期。

彻底改革政治。吴禄贞还时常与在日本留学的湖北籍留学生戢翼翚、傅慈祥、吴祖荫等人来往，相互激励。

吴忠亚在《吴禄贞的一生》中亦说："他是怀着爱国抱负和急切的救国心情，前去日本留学的。故甫达彼岸，就如饥似渴地积极投入了学习，并亟谋联络各方志士，共商救国大计。"

从吴禄贞的人生经历和思想发展来看，自1898年12月初抵达日本留学开始，因受西方新思想、新文化的影响，至1899年8月与孙中山先生见面、并加入"兴中会"之前的这一段时间，是吴禄贞思想发展变化的重要时期——是他从朴素的爱国思想逐渐转变为民族民主革命思想的时期，也可以说是他民族民主革命思想逐渐形成的时期。他的这种民族民主革命思想，在他加入"兴中会"后，直至其殉难的十多年中，从来就没有变更过，且思想越来越成熟，意志越来越坚定。

光绪二十五年己亥（1899年）的八月间，孙中山由英国伦敦抵达日本横滨，致力于启发中国留日学生参加民族民主革命。戢翼翚、沈翔云、吴禄贞等几位好友得知消息，立即相约一起前往拜访，共谋治国方略，甚得孙中山先生的赏识。

孙中山先生是中国伟大的民主革命先行者。孙中山（1866—1925），名文，字德明，号日新，改号逸仙；居日时化名中山樵，后遂以中山名世，广东香山（今中山市）人。1892年毕业于香港西医书院，先后在澳门、广州行医，结识有志青年和会党分子。不久弃医，致力挽救国家危亡的政治活动。1894年至天津致书李鸿章，提出变法自强主张，遭拒绝。此后，摈弃改良思想，致力民主革命。不久，前往檀香山，联络爱国华侨，创立"兴中会"。1895年在香港设立"兴中会"总部，策划在广州起义。事败后遭清政府通缉，遂奔走欧洲各国，在华侨中宣传革命，发展组织。1900年10月发动惠州起义，事败后再次流亡国外。1905年在日本东京联合其他革命团体组成中国同盟会，被推为总理；制定了"驱除鞑虏，恢复中华，建立民国，平均地权"的资产阶级革命纲领；创办《民报》，提出"民族、民权、民生"三民主义学说。此后组织联络华侨、会党和新军，发动了一系列武装起义。1911年武昌起义成功，全国响应，清王朝被推翻，被推选为中华民国临时大总统。1912年1月1日在南京就职，组成临时政府，主持制订《中华民国临时约法》。不久，革命果实为袁世凯篡夺，辞去大总统。同年8月将中国同盟会改组为中国国民党，被推为理事长。1913年7月领导发动了"二次革命"，失败后逃往日本。1914年7月组织中华革命党，任总理，与袁世凯进行不懈斗争。1917年在广州召开国会非常会议，成立护法军政府，当选为大元帅，开展护法运动。1919年将中华革命党改组为中国国民党任总理。1921年出任中华民国非常大总统，进行反对南北军阀的斗争。1924年主持召开国民党第一次全国代表大会，制定了联俄、联共、扶助农工的三大政策，将旧三民主义发展为新三民主义。同年11月，抱病北上，提出召开国民会议和废除不平等条约的号召，同国内军阀势力和外国帝国主义作斗争。1925年3月12日，因积劳成疾，在北京病逝。遗著编为《中山全书》《总理全集》《孙中山选集》《孙中山全集》等多种。

在与孙中山先生相处的几天时间里，吴禄贞等人“受孙先生启导之处极多”①，对孙中山先生丰富的学识、深刻的见解、成熟的革命理论、坚定的革命意志更是十分佩服、倾心，无形中受到他的感染、影响。

冯自由在其《革命逸史》初集中记载说：“时孙总理、陈少白、梁启超先后亡命日本，彼此往还相与，研究革命方略，至为透辟。翔云偕同学戢翼翚（元丞）、吴禄贞（绶卿）访之，一见如故，对总理尤倾倒备至。”②

张难先在其《湖北革命知之录·湖北革命之动因》中亦说：“吴禄贞、傅慈祥、戢元丞、刘成禺、居正、田桐、石瑛、胡柄柯诸志士，一闻总理之主义及计划，倾诚归响，如七十子之服孔子。”③

《吴禄贞》中更说：“国父孙中山先生从欧洲到日本运动革命，禄贞同（钮）永建、（傅）慈祥等，便同时受了革命的洗礼，他潜伏很久的思潮，得革命真理的撼动，更为汹涌而澎湃，禄贞以后的事业，可以说是奠基于这个时期。”④

在横滨小住期间，应孙中山先生的邀请，这几位充满革命激情、意气风发的有志青年，一起加入了“兴中会”。

从此，吴禄贞、戢翼翚、沈翔云等人便正式成为革命组织中的一员，成了一名自觉的民主革命战士，为挽救中华民族的危亡，推翻腐朽的清政府、

---

① 胡鄂公：《辛亥革命北方实录》，中华书局民国三十七年（1948年）八月版，第146页。

② 冯自由：《革命逸史》初集，中华书局1981年版，第81页。

③ 张难先：《湖北革命知之录·湖北革命之动因》，《张难先集》，华中师范大学出版社2011年版，第27页。

④ 国民党中央党史史料编纂委员会编：《吴禄贞》，《吴禄贞集》附录，华中师范大学出版社2011年版，第263页。

建立民主共和国，义无反顾，勇往直前。

戢翼翚（1878—1908），字元丞，湖北房县人。出身行伍家庭，随父迁居武昌。早年考入自强学堂学习。1896年赴日留学，先后入亦乐书院、东京专门学校学习。1899年秋与吴禄贞、沈翔云等赴横滨拜见孙中山，加入兴中会。1900年春，与吴禄贞、沈翔云等发起组织“励志社”，并任干事。七月，回国至汉口，参与自立军起义。起义失败后化装逃往上海，随即仍亡命日本。同年与杨廷栋等创办《译书汇编》月刊，译载欧美政治名著，宣传民主思想。1901年5月，与沈翔云、秦力山、杨廷栋、杨荫杭、王宠惠等于东京创办《国民报》月刊，鼓吹民族主义、天赋人权，自由平等，驳斥保皇论调。1902年春回到上海，与蔡元培创办中国教育会，被举为干事。并在孙中山的支持下，集资在上海创设“作新社”，并设图书局、印刷局，编印出版西方著作，启迪民智，暗中联络同志。1905年参加留学生考试，赐政治经济科“进士”出身。1907年被革职押解回籍，交地方官严加管束。1908年在武昌郁郁而终。

沈翔云（？—1913），字虬斋，浙江乌程（今吴兴市）人。早年肄业武昌自强学堂。1899年以优异成绩被派赴日留学。在日本结识孙中山，并介绍戢翼翚、吴禄贞等人赴横滨拜访孙中山，加入“兴中会”。1900年春，与戢翼翚、吴禄贞、沈邦平、章宗祥、吴振麟、傅慈祥等组织发起“励志会”。同年8月，回国参加自立军起义；起义失败后，仍逃亡日本。1901年与秦力山、戢翼翚、冯自由等在东京创办《国民报》（月刊）。1902年办报诸人星散，遂回湖州故里隐居数年。1911年应陈英士之邀赴沪，成为陈英士的得力助手。11月上海都督府成立，任沪军参谋部外务科科长。成立“军饷协济会”，为都督府募集经费。孙中山从海外归来，沈翔云代表陈英士乘兵轮至吴淞口迎接。1912年南北议和告成，又遁迹乡间。“二次革命”失败后，迁居上海。1913年，袁世凯令护军使杨善德大兴党祸，将其杀害。

大约也是在这个期间，受湖广总督张之洞的选派，两湖第二批官费留学生十九人（湖北17人，湖南2人）抵达日本，进入东京成城学校学习，吴祜贞和蓝天蔚名列其中；其他各省今年选派进入成城学校学习的尚有十一人，爱新觉罗·良弼（直隶选派）和冯耿光（广东选派）亦为其中之一。

由于弟弟吴祜贞的关系，吴禄贞很快与进入东京成城学校学习的两湖第二批官费留学生结识，往来密切；并与其他省所派同期入东京成城学校学习的爱新觉罗·良弼、冯耿光等人一见如故，时相往还，成为挚友。

光绪二十六年庚子（1900 年）春，吴禄贞曾与在东京留学的戢翼翚、沈翔云、章宗祥、吴振麟、傅慈祥、吴祖荫等人，在留学生中发起组织“励志会”（亦称“励志社”）。“励志会”亦成为中国留日学生创立的第一个社会团体。

张宗祥（1879—1962），字仲和，浙江吴兴人。早年留学日本东京帝国大学，归国后在清政府民政部任职。1912 年任袁世凯总统府秘书。1914 年任司法总长。1916 年出任驻日公使，在段祺瑞指使下，多次与日本政府签订秘密协定，出卖国家主权，取得大量借款，激起全国人民的愤怒。1919 年五四运动中，与曹汝霖、陆宗舆被斥为卖国贼，北洋政府被迫将三人免职。1920 年出任中日合办的中华汇业银行总经理。1925 年任北京通商银行总经理。1928 年后，寓居青岛。1942 年任伪华北政务委员会谘询委员。抗日战争胜利后，迁居上海。1962 年病逝上海。著有《东京三年记》《日本留学指南》《任阙斋东游漫录》等。

吴振麟，生卒年不详，字止欺，浙江嘉兴人。1898 年自费赴日留学，入东京帝国大学法科；后通过汪康年、钱恂等人协助，转为浙江官费。曾主编《译书汇编》。毕业后归国，在清政府商部、外务部任职。曾任清政府驻日本代理公使。民国初，曾任驻秘鲁代办等外交职务。精通法律，亦善书法。著有《局外中立国法则》《普通古籍》等。

“励志会”制定的章程有五条，并宣称“以联络情感策励志节为宗旨，对于国家别无政见”①。该会会员的政治倾向有激进和稳健之分，冯自由与唐才质就曾强调：“庚子七月汉口一役殉义之黎科，傅慈祥、蔡承煜、郑葆晟及脱险之戢元丞、秦力山、吴禄贞诸人，皆此会会员也。”②吴禄贞在会员中毫无疑问属于激进一派。光绪二十八年（1902 年），“励志会”曾对章程进行过修改，其第一条就规定“研究实学，以为立宪之预备”③，表达的是立宪派的政治主张。当然，此时吴禄贞已经离日回国了。

随着西方列强侵华战争的进一步加剧，中华民族亡国灭种危机的逐步加深，以及赴日留学学生数量的日益增加，留日学生“游子乡关，情何以堪，

---

① 冯自由:《革命逸史》初集，中华书局 1981 年版，第 98～99 页。

② 冯自由:《革命逸史》初集，中华书局 1981 年版，第 99 页；唐才质:《自立会庚子革命记》，杜迈之等编《自立会史料》，岳麓书社 2009 年版，第 66 页。

③ 《励志会章程》，《译书汇编》第 2 年（1903 年 3 月 13 日）第 23 期；转引自王鹏辉《吴禄贞的社会交游与清末革命》，《清史论丛》2015 年第 2 期。

谁不惊心动魄者哉。向之东西南北不相往来者，至是无不奔走相告”[1]。为方便留日学生群体之间的联络、沟通和组织化活动，“清国留学生会馆”的组建成立，便提上了议事日程。吴禄贞认识到此事对留日学生的意义，因而积极参与“清国留学生会馆”的筹备工作。

光绪二十八年壬寅正月初三日（1902 年 2 月 10 日），清政府驻日公使蔡钧在东京九段坂之偕行社举行春节团拜会，宴请留日学生二百七十多人；留学生代表将“拟创办会馆意见书示之公使”[2]，蔡公使表示赞同。宴会即将结束时，“公使复督”吴禄贞“演说开办会馆之事”，“其后又有数人演说”，并推举了八名会馆章程起草员，吴禄贞是其中之一[3]。由此可见，吴禄贞是“清国留学生会馆”的发起人之一。

二月初七日（3 月 16 日），中国留日学生在东京神田区之锦辉馆举行“清国留学生会馆”的预备会议，“会议会馆章程并选举干事”：金邦平（伯屏）“首述开会辞”，通过了章程并选出十二名会馆干事，吴禄贞是其中之一，任招待干事[4]。

随后经过充分协商，“清国留学生会馆”总长由驻日公使蔡钧担任，副长由湖北留日学生监督钱恂担任；另外推选有干事二十人，则均由留日学生出任：如书记干事范源濂、蔡锷、钱承志、吴振麟，会计干事陆世芬、王璟芳，庶务干事金邦平、章宗祥，书报干事曹汝霖、张绍曾（回国后由蓝天蔚接替），招待干事吴禄贞（回国后由冯阅模接替）、高逸。

驻日公使蔡钧，生卒年不详，字和甫，浙江仁和（今杭州市）人。1897 年官上海道。1898 年受两江总督刘坤一委任，又督办吴淞开埠工程总局。在任期间，对列强提出扩张公共租界的要求坚拒；后清廷迫于驻沪领事团的压力，于 1899 年将其撤职。1901 年，以四品候补京堂派任驻日本公使。1903 年，为防止知识界受民主思想的影响，电请清廷停派留日学生；同年被清廷召回，在上海办《南方报》（为中英文合刊），1908 年 2 月停刊。

---

① 丁景唐、倪墨炎：《鲁迅留日初期若干史事述略——读〈清国留学生会馆第一次报告〉及其续编》，北京师范大学中文系编《纪念鲁迅诞辰百周年文学论文集及鲁迅珍藏有关北师大史料》，北京师范大学出版社 1981 年版，第 243 页。

② 《清国留学生会馆第一次报告》，《会馆纪事》，第 4 页。

③ 《清国留学生会馆第一次报告》，《会馆纪事》，第 7、21 页。

④ 《清国留学生会馆第一次报告》，《会馆纪事》，第 22 页。

湖北留日学生监督钱恂（1853—1927），字念劬，浙江吴兴人。钱玄同同父异母兄。早年投入薛福成门下，曾随薛福成出使英、法、意、比等国。回国后跟随张之洞办洋务，曾任湖北自强学堂、湖北武备学堂提调。1898年冬，任为湖北留学生监督。1905年任赴东西洋考察宪政大臣参赞官。1907年，以江苏省补用知府出任驻荷兰大臣。次年改出使意大利大臣。宣统元年（1909年）回国。入民国，曾任浙江图书馆总理、首任馆长、北京政府参政院参政等职。钱氏不仅是著名外交官，也是一位学者。著有《天一阁见存书目》《二二五五疏》《中俄界的疏注》《壬子文澜阁所存书目》等。

蔡锷（1882—1916），原名艮寅，字松坡，湖南邵阳人。14岁中秀才。1898年入长沙时务学堂，师事梁启超。变法失败，入南洋公学。1899年赴日留学。1900年回国参加自立军起义，失败后赴日本，先后入成城学校和东京陆军士官学校。1904年毕业回国，历任江西、湖南、广西军事学堂教官、监督及广西新军总参谋官、标统、协统等职。1911年初调云南任新军第十九镇第三十七协协统。武昌起义后，被昆明革命党人推为总指挥；昆明光复后，任云南军政府都督。“二次革命”时，曾暗中援助四川熊克武讨袁。1913年被袁世凯调至北京，任全国经界局督办、陆军部编译处副总裁、参政院参政等职。1915年袁氏谋划称帝期间，在妓女小凤仙的协助下逃出北京，潜至云南，通电反袁，与唐继尧、李烈钧等组织护国军，任第一军总司令，进军四川，与袁军激战。袁世凯死后，任为四川督军兼省长。同年赴日就医，逝于日本福冈医院。遗著被编为《蔡松坡先生遗集》。

曹汝霖（1877—1966），字润田。祖籍浙江，生于上海。早年毕业于汉阳铁路学堂，1900年赴日留学，如东京法政大学。1904年归国后，任职商务部、外务部，官至外务部副大臣。辛亥革命后，改任律师。1913年被袁世凯起用，任为外交部次长，后历任交通总长、外交总长、交通银行总理、财政总长等职，成为新交通系首领。抗日战争中，不与日本人合作，保持了晚节。1949年去台湾。1957年迁居美国。1966年死于底特律。

二月二十一日（3月30日），中国留日学生在东京浚河台铃木町十八番地举行“清国留学生会馆”（亦称“中国留学生会馆”）的开馆仪式。首先由干事总代表范源濂（静生）致开馆辞，接着由接待干事吴禄贞和书报干事张绍贞（敬舆）作为来宾代表致祝辞，随后由湖北留日学生监督钱恂宣读驻日公使蔡钧的祝文，金邦平、陆仲芳（世芬）、刘赓云等相继报告了会馆开办及经费等方面的事务，又举行了“卒业归国告别辞”——吴禄贞和张绍曾作归国告别辞，最后推举冯阅模（历甫）和蓝天蔚（秀豪）接替吴禄贞和张绍贞为代理干事①。

范源濂（1875—1927），字静生，湖南湘阴人。早年就学湖南时务学堂。戊戌变法失败后逃往日本，入东京弘文学院速成师范科和日本法政大学。1904 年归国后，任清政府学部主事、参事、参与创办清华学堂，同时在京师大学堂任教。入民国，任教育部次长、总长。1913 年任职上海中华书局。1916 年参加护国之役，不久出任段祺瑞内阁教育总长兼内务总长。1917 年赴美考察教育。1920 年至 1921 年任靳云鹏内阁教育总长。1922 年任北京高等师范学校校长。1926 年任北京师范大学校长。次年病逝于天津。

陆世芬（1881—？），字仲芳，浙江仁和人。早年就读于求是书院。1898 年 4 月赴日留学，入高等商业学校学习。1900 年参与创建“励志会”。1902 年参与中国留学生会馆的创办。1902 年与友朋在东京成立教科书译辑社，组织译辑了大量的中小学教科书。

冯阅模，生卒年不详，江苏崇明（今上海市崇明区）人。早年就学于崇明学宫。1896 年三月，与唐宝锷、戢翼翚、朱光忠 12 人一起被清政府公派赴日留学，先后入亦乐书院、东京专门学校学习。1900 年参与创建“励志会”。1902 年参与中国留学生会馆的创办。回国后曾任学部主事。

吴禄贞在开馆仪式上致词时，号召留学生们加强联络，团结奋进，为振兴中华而努力；最后，他宣称“此会馆之于中国，无异美国之独立厅”②，可说是对留日学生群体的自我期许，而朋友们则称誉其为华盛顿。

自此，各省留日学生得以常常在“清国留学生会馆”聚会，纵谈政治，切磋学问，交朋结友。“清国留学生会馆”亦成为凝聚各省留日学生力量的纽带。

第三节　参与策划自立军起义

光绪二十五年（1899 年）十月，孙中山先生邀请部分“兴中会”会员和各地会党首领至镰仓（日本神奈川县的一座临海城市）举行会议，商议在国内发动武装起义的事情。经过讨论，孙中山接受了吴禄贞在长江流域发动

① 《清国留学生会馆第一次报告》，《会馆纪事》，第 22 页。

② 冯自由：《革命逸史》第 4 集，中华书局 1981 年版，第 99～100 页。

武装起义的建议——以武汉为发难基地，迅速控制南北要冲，然后再出师北伐，并决定趁北方义和团反帝斗争蓬勃发展的有利时机，在珠江、长江两流域同时举行起义，随即派郑士良至香港组织起义机关，派史坚如回长江流域联络会党。

郑士良（1863—1901），原名振华，字安医，号弼臣，广东归善（今惠阳）人。1881年至广州入德国教会所办礼贤学校学习，加入基督教。1886年毕业后转入博济医院附设南华医学校与孙中山同窗。1888年辍学，回家开设同生药房，暗中联络三合会众，被推为三合会首领。1895年加入“兴中会”，参与策划广州起义，事泄后随孙中山逃往日本。1900年奉命回国领导惠州三洲田起义，激战两旬，屡败清军；后因弹尽援绝，遂将起义军解散，逃往香港。次年8月，在赴友人宴会时被清吏派人下药毒死（一说中风而死）。

史坚如（1879—1900），原名文纬，字坚如，广东番禺（今广州）人。中日甲午战争后，见清廷腐败，国家危亡，立志民主革命。1899年加入“兴中会”，曾赴日本拜访孙中山，商讨革命方略；回国后变卖家产，在广东、湖南、湖北一带联络会党，策划武装起义。1900年10月受孙中山委派，为配合郑士良发动惠阳三洲田起义，以炸药置地道轰炸广东抚署；又掘地道谋炸两广总督德寿，未成；10月29日被捕入狱。11月9日在广州英勇就义。

又经过商议，则将组织长江流域起义的具体任务交给了吴禄贞和林圭、傅慈祥等人。只是起义经费成了突出的问题，大家十分焦虑。适同志毕永年探知，有华侨捐赠巨款（华侨邱菽园捐款二十万）用于保皇派的“勤王”起义，唐才常已从康有为处得到二万元先行启动，余款将陆续拨到；并已将这位康、梁派的革新人物唐才常说服，愿意与孙中山领导的革命派联合举行此次长江流域的起义。

不久，经好友毕永年的介绍，唐才常曾至横滨拜见孙中山，向其通报了自己的起义方案，并商议在长江流域举行起义的具体事宜。孙中山对唐才常提出的方案表示赞同，并派吴禄贞和林圭、傅慈祥加入唐才常的队伍，协助其组织此次起义。

毕永年（1869—1902），字松甫，亦字松琥，湖南善化（今长沙）人。出身军人家庭。少读《船山遗书》，受民族思想影响。1897年考取拔贡，与唐才常、谭嗣同交往密切，忧国忧民，从事联络会党活动，宣传维新变法。1898年8月，随谭嗣同至北京观察政局，访康有为，语多不合；参与谋划“围园杀后”计划，指出袁世凯不可恃。变法失败后，东渡日本，会见孙中山，加入兴中会，走上革命道路。1900年回国，参加自立会；唐才常在上海张园召开国会，他认为其主张自相矛盾，力劝其与康有为断绝关系，唐不从，两人不欢而散。随即南下参加惠州三洲田起义，失败后赴广州，入罗浮寺为僧。次年在惠州病逝。

时在日本的保皇派首领梁启超，正在为“勤王”起义缺少人手而着急，闻知其事，乐见革命党襄助起事，亦默许唐才常与革命党往来、合作。

梁启超是中国近代著名的政治家、思想家和文学家。梁启超（1873—1929），字卓如，号任公，别号沧江，又别署饮冰室主人。广东新会人。1889年中举。1890年入万木草堂，拜康有为为师。1895年赴京会试，与康有为发动“公车上书”。同年8月，参加强学会，任书记员。1896年在上海主编《时务报》，宣传维新变法思想。1897年11月，受聘为长沙时务学堂中文总教习，鼓吹变法，培养变法人才。1898年春，入京协助康有为组织“保国会”。戊戌变法期间，受光绪帝召见，以六品衔专办京师大学堂译书局。戊戌政变发生，逃往日本、南洋等地发展保皇会组织。先后创办《清议报》《新民丛报》，与革命派论战，宣传保皇思想。辛亥革命后回国，参与组织进步党，出任袁世凯政府司法总长、币制局总裁。袁世凯复辟帝制，策动蔡锷组织护国军反袁。后曾出任段祺瑞政府财政总长。五四运动时，反对尊孔复古、复辟帝制。曾倡导文体改良的“诗界革命”和“小说界革命”。晚年入清华学校，以讲学、著述终老。著作宏富，编为《饮冰室合集》。

吴禄贞亦曾奉孙中山之命，前往面见唐才常，向其表达了革命党人将全力支持他发动起义的意愿。两派都鼎力支持唐才常发动“勤王”起义，这让唐才常感到十分兴奋，也对此次起义充满了信心。

由于唐才常本人亦肄业于岳麓书院和武昌两湖书院，故在日本期间，通过同学、友朋与“为数众多的在日本的留学生，均建立了非常密切的关系”，并“邀约他们回国筹划举兵起义”，以致后来他回国组建自立军，“身边有不少留学日本的青年学子”①。

十一月间，梁启超曾在东京芝区“红叶馆”为唐才常、林圭、吴禄贞、

① 孔祥吉：《日本档案中的张之洞与革命党》，《福建论坛》（人文社会科学版）2010年第5期。

傅慈祥等人设宴饯行，并请孙中山、陈少白等人前来作陪[①]。宴席上，梁启超举杯豪言，预祝两派起事成功，会师北京！双方都力捧唐才常，一时间，革命党和保皇党亲密合作，气象一新。吴禄贞还曾举杯高唱《易水歌》助兴，以抒发其报国的豪情壮志。

陈少白（1869—1934），原名闻韶，又名白，号夔石，广东新会人。1888年入广州格致书院学习。1890年入香港西医书院，与孙中山结拜为兄弟。1895年加入“兴中会”。参与策划广州起义，事泄后逃往日本，成立横滨兴中会分会。1897年在台湾设立兴中会分会。戊戌政变后，曾代表孙中山与康有为、梁启超谈判，劝其改变保皇立场。1900年受孙中山之托，在香港创办兴中会机关报《中国日报》，任主编，与保皇的《商报》论战，宣传革命思想；并积极协助孙中山策划、组织惠州起义。1905年香港同盟会分会成立，任会长。1911年武昌起义爆发，在广东组织响应，广州光复后，出任广东都督府外交司长。不久辞职，创设“粤航公司”。1921年孙中山在广州任非常大总统，被聘为总统府顾问。晚年，致力于家乡建设，并著有《兴中会革命史要》《兴中会革命史别录》等。

随后，在梁启超、孙中山的支持下，唐才常、吴禄贞、傅慈祥等人便积极行动，在东京发起成立“富有票会”[②]，在旅日华侨和留学生中发行“富有票”。

1900年春，唐才常回到国内，在毕永年、林圭等人的帮助下，开设富有山堂，广泛散发“富有票”，联络长江沿岸各省哥老会众，为发动勤王起义作准备。

吴禄贞的同乡好友、时在武昌两湖书院学习的刘成禺后来曾回忆说：

> “富有票”之役，保皇党为主体，负筹款之责，发动以唐才常为主办，狄楚青在上海督饷项。留学生属中山派，则湖北陆军学生吴禄贞、傅良弼，海军广东黎科，工科福建蔡承煜，而湖南拔贡毕永年、龚超等，皆两湖书院出身也。戢元丞由中山先生派往主持策应革命之负责人，元丞赍中山先生手函与予，以革命驱胡为宗旨，请同志勿为保皇伪说所诱惑。中山先生《旧德录·戚遇篇》曾云：“庚子之变，说江、鄂督独立不遂。唐才常、龚超等，以‘富有票’名义，纠合长江哥老会

---

① 陈少白：《兴中会革命史要》，中国史学会主编《辛亥革命》第1册，上海人民出版社1957年版，第62页。

② 吴禄贞：《致孙武函》，《吴禄贞集·函电》，华中师范大学出版社2011年版，第217页。

党，在武汉举事。唐、龚皆两湖书院肄业生，与予同院，谚谓‘秀才造反’是也。”一日，鄂留日学生戢翼翚投刺来谈，手出孙先生亲函一通，谓吴禄贞言：鄂中友人，只刘问尧一人，可商大事（问尧为成禺原名）。今派戢元丞翼翚回鄂，特修函请就商，亦因友及友之义。①

武昌起义时孙武的私人秘书高筹观在其《孙武传》中也说："时吴、傅与唐才常在海外组织‘富有票会’，相与回国，暗布党羽，联络各界同志乘时举事。"②

春夏之际，唐才常希望此次勤王起义能够少流血、或不流血，曾专程赴汉，通过日本友人暗中联络湖广总督张之洞，向他表明自立军愿意拥戴他据两湖而宣布独立。只是久历官场、头脑清醒、老谋深算的张之洞反复思量、权衡，犹豫不决，且迟迟不作答复。而对保皇派、革命党将要举行的勤王起义活动，明明早就知道，亦视而不见，听之任之——他要继续静观局势的发展变化，不到关键时候决不轻易表示自己的态度。

冯自由在其《中华民国开国前革命史》中就曾说：

唐至汉，以北方无政府为辞，借日本人通殷勤于鄂督张之洞，讽以自立军将拥之挈两湖宣布独立。张犹疑莫决，然对于党人之活动虽有所闻，未尝予以发觉，似非全无好意者。唐设法促张自决多次，张无表示。③

五月十四日（6月10日），英、德、俄、法、美、日、意、奥等八国组成二千多人的联军，由英国海军中将西摩尔率领，从天津向北京进发，抵达杨村（位于天津市武清区境东南部，京、津、塘高速公路与京山铁路之间，夹河成镇）。

五月二十五日（6月21日），慈禧太后愚昧无知、一意孤行，竟下旨向帝国主义列强同时宣战。其诏书略云：

朕今涕泣以告先庙，慷慨以誓师徒，与其苟且图存，贻羞万古，孰若大张挞伐，一决雌雄。连日召见大小臣工，询谋佥同。近畿及山东等省义兵，同日不期而集者，不下数十万人，下至五尺童子，亦能执干戈以卫社稷。彼仗诈谋，我恃天理；彼凭悍力，我恃人心。无论我国忠信

① 刘成禺著，钱实甫整理：《世载堂杂忆》，中华书局1960年版，第153页。

② 高筹观原著、刘望龄辑校：《湖北起义首领孙武传》，《辛亥革命史丛刊》编辑组编《辛亥革命史丛刊》第7辑，中华书局1987年版，第93页。

③ 冯自由：《中华民国开国前革命史》(上册)，上海书店1990年版，第76页。

甲胄，礼义干橹，人人敢死，即土地广有二十余省，人民多至四百余兆，何难翦彼凶焰，张我国威。①

接到朝廷谕旨后，两江总督刘坤一、湖广总督张之洞、江苏巡抚鹿传霖、安徽巡抚王之春、湖北巡抚于荫霖、湖南巡抚俞廉三等疆吏仍联名致电总署，逐条阐述对义和团应该“速剿”“痛剿”，而不是“招抚”②。由此可见，张之洞等疆吏对清廷统治集团上层顽固派所推行的、利用义和团来对抗西方列强政策的极为不满。正因于此，随后刘坤一、张之洞等疆吏不仅没有遵照朝廷谕旨率兵向列强开战，反而与朝廷政策相对，暗中与帝国主义列强结成统一战线，积极推行所谓的“东南互保”政策。这也是张之洞明知保皇派、革命党在积极策划自立军勤王起义活动而视而不见、听之任之的原因之一。

五月中下旬，吴禄贞从东京成城学校毕业进入东京陆军士官学校后，遂乘暑假期间自日本潜回上海参加唐才常组织的武装勤王活动。

吴禄贞一回到上海，听说他武备学堂时的同学、挚友孙武因与唐才常意见不合，负气离去，遂立即给他写信，即《致孙武函》（又名《致尧卿学兄函》），希望他能摈弃前嫌，速“至汉皋与唐才常、傅慈祥二君，商量大计，速兴义师，殄彼丑虏”，以实现夙愿。

尧卿学兄足下：

湘水吴山，时切相思，惟祝别来无恙是幸。盖自弄沙儿（案：此指清廷）窃居宝位，同胞辗转暴虐之下久矣！今兹联军（案：此指八国联军）入京，帝后西奔，国本动摇，万机废理，正吾人收拾之日；若袖手放弃（案：此指在汉约定七月十五日举义，孙因与唐才常不合，遂偕史坚如离去），则山河万里，沦归异姓，同胞四百兆，变为牛马，神器即焚，俎肉且脔，每下愈况，奴籍必更难脱。言念及此，能不惊惧痛哉！弟亦黄帝苗裔，何忍坐视阽危？特在东京组织富有票会，分布会员多人，回国联络义士，溉植同志，期图大举，俾出斯民于水火，而复汉族之故物。兄素切痛国仇，誓为祖宗雪耻，借此机会，料能同仇敌忾，牺牲与谋。因上一尺，希即至汉皋与唐才常、傅慈祥二君，商量大计，速兴义师，殄彼丑虏。时机不再，稍纵即逝，大仇棘心，前盟在耳，幸勿犹疑，自误以误苍生，并乞擘划秘密，将

---

① 故宫博物院明清档案部编：《义和团档案史料》（上），中华书局1959年版，第163页。

② 见《刘坤一张之洞等致荣禄电稿》（未刊稿），此电稿原件今藏中国科学院近代史研究所。

事慎重，不胜企望之至！临楮泣下，祇叩雄安。

同学弟吴禄贞百拜①

通过这封书函，我们可以看到吴禄贞当时激进的民主革命思想和忧时伤世的强烈的爱国主义情怀。孙武正是受到吴禄贞强烈爱国思想的影响，不久就重新加入自立军起义队伍中，并被推为岳州司令。

在上海期间，吴禄贞与时在上海南洋公学译书院任职的张元济结识。通过张元济又与时在上海南洋公学任数学教习的陈锦焘和时在天津海关道任翻译的温宗尧结识。在唐才常的自立军组织系统中，陈锦涛和温宗尧是自立军的驻沪代表，具体负责上海的外交事务②。

其时，北方义和团提出“扶清灭洋”，势头正盛；而清政府也支持义和团灭洋，并向各国宣战；八国联军大举侵华，京津地区一片混乱，中华民族已面临生死存亡的危急关头。一日，张元济邀吴禄贞、陈锦涛、温宗尧等朋友至自己虹口隆庆里的寓所聚会③。这群革命志士目睹危局，都忧心国事，相聚一起，乃情不自禁，各抒己见，“谋所以安定之策”④。

张元济（1867—1959），字筱斋，号菊生，浙江海盐人。光绪十八年（1892）进士，选庶吉士，曾任刑部主事、总理各国事务衙门章京。中日甲午战争后，常与文廷式、黄绍箕、陈炽、汪大燮、徐世昌、沈曾植、沈曾桐等人至北京陶然亭聚会，议论朝政，提倡西学，筹商救国之策。又广求新书送呈光绪帝阅览。戊戌政变后被革职，从事教育工作，出任南洋公学译书院院长、南洋公学校长。光绪二十七年（1901）投资商务印书馆，并主持该馆编译工作。先后任该馆编译所所长、商务印书馆经理、监理、董事长。他推出严复翻译的《天演论》、林纾翻译的《茶花女》等大批外国学术、文学名著，产生了广泛深远的影响。曾应邀出席中国人民政治协商会议。新中国成立后，任上海文史馆馆长，继任商务印书馆董事长，直至去世。著有《校史随笔》《中华民族的人格》《涵芬楼烬余书录》等。

陈锦涛（1871—1939），广东南海人。幼时就读于香港皇仁书院，

① 吴禄贞：《致孙武函》（又名《致尧卿学兄函》），《吴禄贞集》，华中师范大学出版社2007年版，第217页；另见皮明庥《唐才常和自立军》，湖南人民出版社1984年版，第86～87页，文字稍有出入。

② 唐才质：《自立会庚子革命记》，杜迈之等编《自立会史料》，岳麓书社2009年版，第78页。

③ 张树年主编，柳和城等编著：《张元济年谱》，商务印书馆1991年版，第34页。

④ 张元济：《吴烈士遗诗·序》，《吴禄贞集》，华中师范大学出版社2011年版，第254页。

1897 年任北洋大学堂教习，曾组织王宠惠等翻译西方数学教科书交汪康年出版。1901 年赴美，入哥伦比亚大学、耶鲁大学攻读，获博士学位。1906 年归国参加学部考试，获第一名，授法政科进士。后历任度支部预算司长、统计局局长、币制改良委员会会长、大清银行副监督、度支部副大臣。1912 年 1 月出任南京临时政府财政部总长，1916 年 6 月任北洋政府财政总长，兼任外交总长。1917 年 4 月因受贿罪入狱，1918 年获赦免。1920 年 5 月任广东护法军政府财政部部长。1925 年再任北洋政府财政总长。1930 年任清华大学经济系教授。抗战爆发后，投靠日本，沦为汉奸，出任伪维新政府财政部长兼伪兴华银行总裁，1939 年病逝于上海。

温宗尧（1876—1947），字钦甫，广东新宁（今台山）人。幼入香港中央书院（后改皇仁书院）读书，1892 年加入杨衢云创办的“辅仁文社”。后留学英国，入剑桥大学。1897 年任北洋大学堂教习。1900 年唐才常组织“自立军”，以温宗尧为驻沪外交代表。1906 年入两广总督岑春煊幕府，任广东将弁学堂总办。1908 年，授驻藏帮办大臣。1911 年 11 月，任南北议和南方参赞，协助伍廷芳工作。1912 年参与将同盟会改组为国民党。1916 年讨袁军兴，任两广护国军都司令部外交局长。1918 年 5 月，任广东军政府总裁。1938 年投敌，1940 年任汪伪司法院长，抗战胜利后被国民政府逮捕，判处无期徒刑。1947 年病死狱中。

在旅居上海期间，吴禄贞还与江浙维新派的代表人物汪康年和叶瀚结识，时相往还，成为好友。汪康年和叶瀚曾是湖广总督张之洞的幕僚，分别执掌过武昌两湖书院、湖北自强学堂的教习，且二人都是“中国国会”的主要成员。故吴禄贞在沪期间，二人曾给过他一些帮助，提供过一些方便。

汪康年是著名的中国近代资产阶级改良派报刊出版家、政论家。汪康年（1860—1911），初名灏年，字梁卿；后改名康年，字穰卿；中年号毅伯，晚年号恢伯 、醒醉生。浙江钱塘（今杭州市）人。光绪十六年（1890 年）入张之洞幕，兼两湖书院史学斋分教。二十年（1894 年）进士。受维新思想影响，愤励变法图存，欲化愚弱为明强。二十一年（1895 年），应邀赴上海参加“强学会”。次年，与黄遵宪创办《时务报》，自任经理，延梁启超主编。曾著文宣传资产阶级民权思想。后改办《昌言报》，不久停刊。二十三年（1897 年），与友人创办《农会报》。二十四年（1898 年），在上海创办《时务日报》，旋易名《中外日报》，以洋务派的立场，从表面标榜维新转向反对维新。戊戌政变后，攻击康梁为要犯，并将矛头对准革命派。二十七年（1901 年），《辛丑条约》签订后，俄军久驻奉天（今沈阳）不撤，他愤然通电中外，慷慨力争。三十年（1904 年）入京，任内阁中书。三十三年（1907 年），在京创办《京报》，任社长兼总编辑。宣统二年（1910 年），又在北京创办《刍言报》，宣传立宪保皇言论，到辛亥革命爆发前夕停刊。辛亥革命爆发，避居天津。不久病逝。著有《汪穰卿遗著》《汪穰卿笔记》等。

叶瀚不仅是清末民初江浙的著名维新派人物，而且是中国近代教育的先驱。叶瀚（1861—1936），字浩吾，浙江仁和（今杭州市余杭区）人。早年取秀才，入上海格致书院学习，并赴日本留学，学习师范教育。张之洞督湖广，入其幕。1893 年聘为湖北自强学堂教员。1895 年与汪康年创办《蒙学报》，1897 年又发起成立“蒙学公会”，1898 年在上海创设速成教习学堂。1900 年，在上海参加保皇活动，是“中国国会”（后改“自立会”）的重要成员。1901 年在浔溪公学担任校务主任，主持校务。1902 年，与蔡元培、章太炎等发起成立中国教育会，在爱国女学和爱国学社担任教员。次年，积极参加拒俄运动。1905 年，与蔡元培、杜亚泉等创办理科通学所。民国成立后，出任北京大学历史系教授兼研究所国学门导师，又被蔡元培校长聘为北京大学国史编纂处纂辑股纂辑员。1923 年加入北大考古学会。著作颇多，均收入其《晚学庐丛稿》。另有自传《块余生自记》。

六月初五日（7 月 1 日），唐才常以“保国保种”为号召，邀集容闳、严复、章太炎、文廷式等社会名流与正气会员在上海张园召开会议，号称“中国国会”（后改为“中国议会”），将原来的“正气会”改名为“自立会”（又称“独立协会”），容闳被推为议长，严复为副议长，唐才常任总干事，总会设在上海。此外，又正式将“勤王军”改为“自立军”。而“富有票”成为加入“自立会”的凭证。

当时，社会上甚至出现了“讨贼勤王”的布告：

> 中国自立会会长以讨贼勤王事，照得戊戌政变以来，权臣秉国，逆后当朝，祸变之生，惨无天日。至己亥十二月二十四日，下立嗣伪诏，几欲蔑弃祖制，大逞私谋，更有义和团以扶清灭洋为名，贼臣载漪、刚毅、荣禄等阴助军械，内图篡杀，不得，则公然与中立为难。用敢广集同志，大汇江淮，清君侧而谢万国。传檄远近，咸使闻知。
>
> （宗旨）一、保全中国自立之权。二、请光绪帝复辟。三、无论何人，凡系有心保全中国者，准其入会。四、会中人必当祸福相依，患难

相救，且当一律以待会外良民。

（法律）一、不准伤害人民生命财产。二、不准伤害西人生命财产。三、不准烧毁教堂，杀害教民。四、不准扰害通商租界。五、不准奸淫。六、不准酗酒逞凶。七、不准用毒械残待仇敌。八、凡捉获顽固旧党，应照文明公法办理，不得妄行杀戮。九、保全善良，革除苛政，共进文明，而成一新政府。①

六月上旬，吴禄贞、傅慈祥曾与唐才常、林圭等人会议，并根据唐才常的建议，此次长江流域的起义定名为“自立军起义”；“自立军”共分为前、后、左、右、中五路；起义时间议定在农历七月十五日（8 月 9 日）。会后，大家便各自分头加紧开展组织联络工作。

大家在聚议会商时，吴禄贞根据兵法，对整个起义布局提出了自己的看法：“默相天下大势，自以生产楚地，悉江汉间情势，谓夏口（汉口）兵冲要地，襟带江河，依阻湖山，左控庐、淝，右连襄、汉，南北二途，有如绳直，一旦骤有变，则河洛震惊，南服俱阻。”②他的看法也得到了多数人的赞成。

七月上旬，为加紧武装起事的准备，林圭、傅慈祥、戢翼翚等人根据会商的意见，在汉口英租界宝顺里 4 号设立了“自立军”的机关总部，并将各地“自立军”的勤王武装分为前、后、左、右、中各军及总会亲军、先锋营，共 7 军，兵力约 10 万人。林圭、黎科和戢翼翚还起草了《自立军现在布置及其将来兵事》，作为此次自立军起义的行动纲领③。当时，在唐才常“所组建的自立军中，不少骨干是从日本回国的留学热血青年”④。

其间，吴禄贞的同乡好友、同入日本东京成城学校留学的吴祖荫乘学校放假之机潜回国内，来到汉口参与起义的组织活动。

湖北同乡、时在东京弘文学院学习的周维桢，亦乘学校放假之机潜回国内，直接来到安徽大通参加自立军起义，与吴禄贞结识。

---

① 此“讨贼勤王”布告，见《苏报》1900 年 8 月 18 日《大通揭帖》；又见于张难先《湖北革命知之录·庚子汉口之役》，《张难先集》，华中师范大学出版社 2011 年版，第 30 页。

② 钱基博：《吴禄贞传》，严昌洪等主编《张难先集》，华中师范大学出版社 2011 年版，第 45 页。

③ 冯自由：《自立会起事始末》，杜迈之、刘泱泱、李龙如辑《自立会史料集》，岳麓书社 1983 年版，第 11～23 页。

④ 孔祥吉：《日本档案中的张之洞与革命党》，《福建论坛》（人文社会科学版）2010 年第 5 期。

傅慈祥则积极“联络（湖北）武备学堂同学而操兵柄者钮永建、孙武、艾忠琦等数十人，以谋策应”①。

钮永建（1870—1965），字惕生，江苏上海人。早年就读江阴南菁书院。1894年恩科举人。1896年考入湖北武备学堂。1898年至上海南洋公学任教，1899年保送赴日留学，入东京陆军士官学校。1903年参与组织“拒俄义勇队”。1904年归国，赴广西，任龙州边防大营总文案兼边防教导团总理。1905年秘密加入同盟会，暗中从事革命活动。1906年任桂林兵备道帮办兼筹办广西讲武堂及陆军小学总监等职，为广西培养政治、军事人才甚众。1909年事泄遭通缉，逃亡德国。1911年松江光复，军政分府成立，任都督。1912年任南京临时政府陆军参谋次长，代行总长职务。“二次革命”失败，逃往日本。1914年参加中华革命党。1917年任广州大元帅府参谋次长兼兵工厂厂长。1926年赴广州任中央政治会议秘书长。1930年起，先后任内政部部长、立法院军委会委员长、考试院副院长等职。1947年任总统府资政。1949年任考试院代理院长。后病逝于美国。

艾忠琦，生卒年不详，新军军官，后累升迁至暂编二十三混成协协统，驻守江苏苏州。“江浙联军”攻打南京时，不同意起义，连夜潜逃。

时正在两湖书院学习的黄兴闻知其事，亦积极协助自立军组织“运动清军中的湘籍军人不加阻碍”②。

时在两湖书院学习的湖北同乡、好友刘成禺，亦时常与吴禄贞相过从，积极参与自立军起义的筹备活动。从刘成禺在《世载堂杂忆》中的记载来看，吴禄贞与孙中山的关系十分密切，倾向革命的立场极为鲜明③。

正是在各位革命志士尤其是在留日学生的共同努力下，“自立军起义”的准备工作正在有条不紊地向前推进。

第四节　领导大通起义

根据唐才常等人和孙中山的代表商定的结果，双方同意联合起事，并将

---

① 张难先:《湖北革命知之录·庚子汉口之役》,《张难先集》,华中师范大学出版社2011年版,第28页。

② 周震麟:《关于黄兴、华兴会和辛亥革命后孙黄关系》,中国人民政治协商会议全国委员会文史资料委员会编《辛亥革命回忆录》第1集,文史资料出版社1981年版,第331页。

③ 刘成禺著,钱实甫点校:《世载堂杂忆·述戢翼翚生平》,中华书局1960年版,第153页。

“自立军”七军的具体负责人和起义地点作了分工：前军驻安徽大通，由秦力山、吴禄贞统领；后军在安徽安庆，由田邦璿负责；左军在湖南常德，由陈犹龙统率；右军在湖北新堤（洪湖县城关），由沈荩统率；中军为“自立军”本部，设在武汉，由林圭、傅慈祥、安庆澜统领。总会亲军和先锋营亦在武汉，则由唐才常亲自指挥；同时，唐才常任总粮台，并负责节制诸军。黎科、蔡承煜、黄白福、郑葆晟则负责政务、文书事宜。

经最后商定：自立军起义于七月十五日（8 月 9 日）在汉口发动，湘、鄂、皖各地五路兵马同时响应。

离举行起义的日子越来越近，康、梁等人允诺的起义汇款却迟迟未到，“自立军”粮饷无着，起义日期只得后延。

而此时，吴禄贞和秦力山等人早已按照会议分工来到安徽铜陵的大通镇作起义准备，并与当地会首首领符焕章、秦老耀联络好，共同组成了“自立军前军”。

秦力山（1877—1906），原名鼎彝，别名遯公、巩黄，字力三。湖南长沙人。1897 年入长沙时务学堂，从谭嗣同学习，并参加南学会。戊戌政变后流亡日本，分任《清议报》笔政。1900 年回国，先赴天津联系义和团不果；乃至武汉与唐才常组织自立军，被任为前军统领。大通起义失败，赴新加坡，知康有为贪污公款劣迹，乃与之绝交。复至日本，往见孙中山，投身民主革命。1901 年与戢翼翚、沈翔云等人在东京创办《国民报》，任总编辑，大倡革命排满学说。1902 年与章太炎等人组织发起“支那亡国二百四十二年纪念会”。同年冬回上海参与作新社的工作，不久创办《少年中国报》，宣传革命思想，遭清廷通缉。1905 年自香港经新加坡至缅甸仰光，在华侨中从事革命宣传；不久，自仰光进入云南干崖，任军国民学堂校长。次年病逝。著有《说革命》等。今人辑有《秦力山集》。

安徽大通曾有“江南大通，靠山临江，上接两湖，下通苏杭”的民谣流传，足以说明安徽大通是长江下游的交通枢纽。自立军起义将前军设在安徽大通，就是采用的以两湖为后盾，从而控御长江下游的方略。

符焕章、秦老耀等哥老会首领则采用散发“富有票”的形式来发展组织。时间不长，南陵、青阳、裕溪等地的会党亦暗中组织起来，秘密向大通靠拢。随后，秦力山通过同年好友、哥老会会员、时在安徽抚署任管带的孙道义，获得了起义所用的军械。

七月十三日（8 月 7 日），自立军前军“以长江沿岸戒严，未得军报，仍进行不辍”[①]，命令各地起义兵马向江北原桐城县境内的周家团（现属枞阳县）、铁板洲、和悦洲（现属铜陵县）等地集结。清军长江水师驻大通的一营士兵（大多数人是哥老会会员），亦已联络妥当，只待举义开始，即阵前倒戈。起义前军的总指挥部就设在和悦洲的“生生庵”，而前线指挥部则设在和悦洲的大关口。

七月十四日（8月8日），驻安徽大通起义军仍未接到起义延后的通知。

然而，因事机不密，此时起义的消息已经泄漏，若不当机立断，起义军将有全军覆灭的危险。

箭在弦上，不得不发。吴禄贞、秦力山、符焕章、秦老耀等人当即率自立军起义前军在江北的桐城县郊祭旗盟誓，宣布起义！随后，吴禄贞率领所部直奔大通，并于当晚乘船自大通南岸登陆。秦力山、符焕章、秦老耀则率所部为后应，负责联络南陵、青阳、裕溪的会党，向大通靠拢。

七月十五日（8月9日），按照既定计划，当大通起义的第一枪打响后，四艘长江水师的炮艇同时倒戈，一起调转炮口，联合轰击大通督销局、厘金局和药械局。

吴禄贞负责指挥攻打大通厘金局，跟随他参与战斗的有“吴得胜、谢青山、古世春及古得标、徐得生、景志魁、夏得祥、周士长”等人[②]，攻占厘金局后，起义军缴获“钱店银五千”[③]。

督销局是专收盐务税的机构，厘金局是专门筹措军饷的机构，药械局则是驻军存放弹药、军械的要地。倒戈水师炮艇很快击沉督销局的平差轮，又俘获了厘金局哨卡的炮艇八艘。起义军迅速登岸，相继攻下督销、厘金、药械三局和一些仓库及官府衙门，进而占领整个大通镇。义军声势大振，大通附近的数万民众亦加入到起义的队伍中来。他们一鼓作气，又分兵攻占青阳、南陵、芜湖。

秦力山、吴禄贞率领自立军前军占领大通后，为迅速稳定地面社会秩序，建立根据地，当即便吩咐手下张贴安民告示（即《安徽大通勤王军布告

① 冯自由：《革命逸史》第6集，中华书局1981年版，第21页。

② 王之春：《擒诛票匪首要并解散胁从请奖折》，《王之春集》第1集，岳麓书社2010年版，第61页。

③ 王之春：《王抚台来电》，苑书义主编：《张之洞全集》第10册，河北人民出版社1998年版，第8217页。

文》）：

中国自立会会长，为讨贼勤王事：照得戊戌变法以来，权臣柄政，逆后当朝，祸变之生，惨无天日。至己亥十二月廿四，下立嗣伪诏，几欲蔑弃祖制，大逞私谋。更有义和团以扶清灭洋为名，贼臣载漪、刚毅、荣禄等阴助军械，内图篡弑，不得，则抗然与外人为难。用敢广集同志，大会江淮，以清君侧而谢万国。传檄远近，咸使听之。①

很显然，这个布告明确表示保护西方国家人员的性命安全和财产利益，对外打消了西方各国担心“灭洋”的顾虑；对内则坚持“讨贼”“勤王”的宗旨，力主光绪皇帝复辟改革，可获众多爱国者的同情。除此之外，他们还发布了《大通合埠商人出名布告》：

大通于七月十五日八点钟，省自立会义兵起事，大通、悦洲沿河两岸居民，秋毫无犯。其宗旨系为讨贼勤王，不比寻常土匪滋事。我等甚为感激，为此特行通知，免至他处居民纷纷逃避。②

两江总督刘坤一、安徽巡抚王之春闻知大通起义消息，急调湖北、安徽两省清军全力进剿、镇压，另派3艘兵轮驶入大通江面进行堵截。长江水师提督黄少春亦迅速调来三营水师协助“会剿”。在敌军潮水般涌来之时，起义军只得边战边撤，向南陵方向退却。

七月二十四日（8月18日），自立军前军已与清军激战多日，损失惨重。原打算退至南陵等待援军再作打算，哪知由于康有为迟迟不拨款项，致使两湖方面整个起义时间推迟，根本就没有援军！于是，起义前军便陷入了孤军作战的危险境地。秦力山、吴禄贞等人率领起义军且战且退，在横港、杨家山、汀家洲、南陵一带与清军激战。终因众寡悬殊，兵少不敌，弹尽援绝，他们在浴血奋战七昼夜后，终于将所剩不多的人众解散——起义宣告失败。

“大通起义”失败后，秦力山、吴禄贞、周维桢等人遭到清廷通缉，只得各自潜伏，分散逃亡；后分别虎口脱险，潜回上海，避入法租界“留日学生会馆”。

大通起义的失败，使武汉的局势紧张起来，唐才常、林圭、傅慈祥等人

① 康有为：《驳后党逆贼张之洞、于荫霖诬捏伪示》，姜义华、张荣华编校：《康有为全集》第5集，中国人民大学出版社2007年版，第280页。

② 康有为：《驳后党逆贼张之洞、于荫霖诬捏伪示》，姜义华、张荣华编校：《康有为全集》第5集，中国人民大学出版社2007年版，第280页。

迫于当时形势，亦加快了武装起义的步伐，决定于七月二十九日（8 月 23 日）举行起义。

此时，八国联军已经攻占北京，慈禧太后挟持光绪皇帝潜出京城，经太原逃往西安，清政府得以苟延残喘。随即命直隶总督兼北洋大臣李鸿章为全权大臣，出面收拾残局，致电各参战国，要求停战议和。八面玲珑的张之洞敏锐地意识到，通过议和、赔款，清朝的政局很快就将稳定下来，要不了多久，慈禧太后将会重返京都。如果自己继续听任自立军活动，再不采取果断措施，对自立军起义予以重击，就会引火烧身，带来严重的后果，自己的政治生命或许就此结束。于是，张之洞向自立军举起了屠刀。

七月二十七日（8 月 21 日），由于参加起义士兵的“出首”，湖广总督张之洞知悉武汉自立军起义的整体计划，遂勾结英国驻汉领事傅磊斯（1859—1922），在汉口破获“自立军”机关总部，唐才常、林圭、傅慈祥等二十余人被逮捕，并于第二天（8 月 22 日）在武昌紫阳湖畔惨遭杀害。于是，各地“自立军”溃散。

由于参加自立军起义，吴禄贞、唐才常和林圭等人成为战友。唐才常（1867—1900），字黻丞，又字伯平，号佛尘。湖南浏阳人。贡生出身。早年肄业岳麓书院和两湖书院。中日甲午战争后，恨政府腐败，致力变法图强。1897 年与谭嗣同在浏阳兴办算学馆，提倡新学。不久至长沙，参与创办时务学堂。与谭嗣同并称“浏阳二杰”。先后创办《湘学报》和《湘报》，宣传变法维新思想。1898 年准备赴京参与维新活动，行至汉口，政变发生，逃往日本，与康有为、梁启超等策划“勤王”。1900 年回国，发起成立“自立会”，组织“自立军”，自任总司令，设总机关与汉口，计划于同年 8 月 9 日同时在湖北、湖南、安徽等地起事。因等待康有为汇款接济，起义时间屡延。8 月 21 日，湖广总督张之洞与英国领事勾结，被捕，次日遇害。遗著辑为《觉颠冥斋内言》《唐才常集》。

林圭（1875—1900），又名锡圭，字述唐，号悟庵，化名林杰。湖南湘阴人。1898 年入湖南时务学堂，究心经世之学，犹醉心卢梭、孟德斯鸠诸学说，尝以美洲之共和，法国之革命相号召。戊戌政变后，与毕永年留学日本，入横滨大同学校，力戒空谈，以革命施行者自任。其间数次潜回上海、湖南、湖北等地，结交会党，招纳贤豪，图谋举事。1900 年与唐才常回国，在上海参与发起“正气会”，不久改为“自立会”，任会党中的总堂。旋与傅慈祥赴汉口，在汉口英租界李慎德堂设立“自立军”起义秘密机关，运动长江沿岸各省会党和防军，组成“自立军”七军，任中军统领，督办南部各省军务，定期起兵。后因事泄被捕，与唐才常、傅慈祥等人在武昌紫阳湖同时遇害。

傅慈祥不仅是吴禄贞的同乡好友，而且是吴禄贞在湖北武备学堂、日本陆军士官学校的同学。傅慈祥（1872—1900），名元臣、慈群，字良弼，湖北潜江人。幼聪慧，一目十行，10岁即读毕四书五经，有大志。1894年入两湖书院就读，后转入湖北武备学堂。不久，赴日入东京成城学校、陆军士官学校。曾会见孙中山，接受民主革命思想，加入“兴中会”，从事排满革命活动。旋与吴禄贞等在东京创立“励志会”。1900年唐才常由日本归国，谋自立军起事。他与吴禄贞等受孙中山指示，参与长江流域的武装起事。回国后，他一面在新军中活动，一面联络武备学堂同学，以期大举，并从日本运回枪支一千多支，武装会党人员。又与林圭在汉口组建自立军，同林圭一起统领中军。同年8月，因经费短缺，起义时间一再延迟。8月20日，与唐才常、林圭一起被张之洞逮捕。22日被杀害。后葬于武昌洪山西北麓之庚子烈士陵园。擅武术，工诗文，著有《南斋诗文集》二卷。

吴禄贞从报纸上得知唐才常、林圭、傅慈祥等人已在武昌被捕并遇害的消息后，悲愤不已；他为大通起义的失败感到遗憾，并暗自发誓：以后一定要向敌人讨还这笔血债！

吴禄贞见“自立军”已经溃散，短期内亦无法再起，遂决定仍回日本继续学业。于是，他躲过密探的多次盯梢，终于登上一艘日本客轮。立在船头，吴禄贞暗暗下定决心：等自己学成以后，一定要回到祖国，以自己的血肉之躯，救国救民，为革命事业奋斗到底，以实现自己的理想和抱负！

整个自立军起义，由唐才常主导，康有为、梁启超和孙中山只是不同程度的参与。尽管唐才常在长江中下游发动的“讨贼”“勤王”起义的整体谋略曾“与孙先生订殊途同归之约，与康先生时通声气，共图起义”①。然而，康有为勤王举义的方略，一直是以东南沿海边疆的广东、广西为中心，并不以唐才常的此次举义而改变；孙中山发动革命起义的策略亦在以广东为中心的东南沿海，自然也不会因唐才常的此次起义而变更。在得不到康有为保皇派和孙中山革命派主力资源的支持，加上清政府东南督抚实施的“东南互保”的战略与实力，唐才常领导的自立军起义的失败是不可避免的。

“自立军起义”的失败，亦促使革命党人认真总结其经验教训，清醒地

① 唐才质：《唐才常与自立军》，湖南人民出版社1984年版，第69页。

认识到“党派复杂，康梁与吾党之臭味，素来差池，虽经毕永年之启发，才常偶有转变；然彼等经济命脉，仍操于康有为之手”；故“以革命大业，聚意志错杂者以图之，希有不偾事者”！并从中“获三大教训：一、不能专靠会党作主力；二、组织要严密，决不能取便一时，以容纳异党；三、绝对从士兵学生痛下功夫，而不与文武官吏为缘”①。

“大通起义”是“介于戊戌变法和辛亥革命之间的一次全国性起义，规模虽然不大，但却具有特殊的影响”②；它既是“武昌起义”的源头，更是吴禄贞踏上武力推翻清王朝、建立中华民国革命征程的开始，表现出大无畏的英雄气概，时年仅二十一岁（实岁二十）。对于大通起义，他日后与“同志谈及此事”，“常叹功败垂成，引为一生的憾恨”③。此次起义虽然失败了，但它却使资产阶级改良派开始分化，让民主革命派渐渐觉醒，对以后的革命斗争，尤其是武装斗争有着深远的影响。

回到日本东京后，吴禄贞遂正式进入陆军士官学校学习；周维桢则仍回弘文学院继续学业。此后，两人时相往还，成为挚友。

当时日本学校实行的是分科教学，所有中国留学日本东京陆军士官学校的学生，入校后，可在步兵科、骑兵科、炮兵科和工兵科四种兵科中任意自选一科学习，如吴禄贞选择了骑兵科，陈其采、吴祐贞、良弼、冯耿光选择了步兵科，张绍曾选择了炮兵科，蓝天蔚选择了工兵科等。所有学生“虽独精一门，然必兼通各术”④。

---

① 张难先:《湖北革命知之录·庚子汉口之役》,《张难先集》,华中师范大学出版社2011年版,第30页。

② 张珊:《论大通自立军起义》,《安徽大学学报》1979年第4期。

③ 《吴禄贞》,《吴禄贞集》附录,华中师范大学出版社2011年版,第264页。

④ 丁鸿臣:《四川派赴东瀛游历阅操日记》,王宝平主编《晚清东游日记汇编2·日本军事考察记》,上海古籍出版社2004年版,第337页。

第三章　创建革命团体　推进革命运动

大通起义失败后，吴禄贞潜回日本继续学业，于光绪二十七年（1901年）十二月以优异的成绩毕业于日本东京陆军士官学校，并于次年（1902年）三月离日回国。但他刚回到武昌，就因领导“大通起义”之事，被湖广总督张之洞以“谋反叛逆”之罪，下令扣押起来，囚禁于将弁学堂；后又亲自审讯，严加训斥——可谓爱之深，恨之切。后张之洞为吴禄贞的申辩和讲解救亡图存的爱国道理所感动、折服，不仅没有治他的“罪”，反而委以重任，出任多种要职，成为总督督署的“红人”。吴禄贞亦充分利用自己身份的便利，四处奔走，暗中联络革命同志，积极从事民主革命活动，宣传民主革命思想，创建革命组织，很快就使武汉成为全国民主革命的中心之一。

第一节　从囚徒变爱将

大通起义失败后，吴禄贞潜回日本一边继续学业，一边继续暗中联络同志，从事民族民主革命活动；并与湖北同乡、“兴中会”会员、曾一起参与自立军起义活动的战友、自香港来日本东京入成城陆军预备学校学习的刘成禺相聚，成为挚友。

刘成禺（1875—1953），本名问尧，字禺生，笔名壮夫、汉公等，人称刘麻哥。湖北江夏（今武汉市武昌区）人。出身官宦之家。早年曾入两湖书院、自强学堂肄业。1900 年参加自立军起义，失败后逃往香港，加入“兴中会”。不久赴日留学，入成城学校。与孙中山结识，往来密切。1904 年，奉孙中山之命，赴美国旧金山重办《大同日报》，加入同盟会，与保皇派论战。辛亥革命爆发回国，被黎元洪委派为南北谈判代表、湖北军政府驻南京代表、参议院议员。1914 年参加中华革命党。1917 年赴广州襄助孙中山。1920 年任广州大本营宣传局局长。1923 年为孙中山的驻鄂豫代表。1927 年后，出任国民党政府监察院监察委员。1946 年出任两广监察使。1949 年初，居重庆，就任国民党国史馆总纂修兼副馆长。1950

年回鄂，任湖北省参事室参事、第一届省人大代表等职。工诗文。著有《太平天国战史》《洪宪纪事诗》《世载堂杂忆》等多种。

光绪二十七年（1901 年）五六月间，因东京陆军士官学校的同学、好友钮永建的介绍，吴禄贞与刚来日本东京留学不久的吴稚晖结识；并偕吴稚晖，在钮永建、程家柽等好友的陪同下，一起前往横滨拜访、看望了孙中山先生，对吴稚晖后来投身民主革命，具有一定的促进作用。

吴稚晖在其《孙中山先生年系》中记载说："予三月去东京，五六月间钮惕生偕吴禄贞、程家柽去横滨晤先生。我虽未以为甚合，却认见见亦不妨矣。及闻惕生言彼气度如何之好，我始惊异。"①

吴稚晖（1865—1953），原名眺，亦名朏，后改名敬恒，字稚晖，曾署朏庵。江苏武进人。早年曾入江阴南菁书院学习。1891 年举人。1894 年入苏州紫阳书院深造。曾任天津北洋学堂教习；后至上海任南洋公学学长。1901 年春赴日留学，入东京高等师范。1902 年回上海参与创办爱国学社，任学监兼国文教员。1903 年与章士钊等同办《苏报》，撰文抨击清廷。"苏报案"发生，走香港，旋转赴伦敦。1905 年冬加入同盟会。1906 年赴法国，与李石曾等在巴黎成立世界社，发刊《新世纪》杂志宣传无政府主义。武昌起义后回国。"二次革命"失败，与蔡元培等再赴欧洲。1915 年与李石曾等发起组织留法勤工俭学会，提倡以工兼学。1916 年回沪与钮永建创办《中华新报》。1921 年率学生一百余人赴法国，出任里昂中法大学校长。1924 年国民党改组后，反对孙中山的三大政策，历任国民党中央监察委员、国民政府国防最高委员会委员、中央执行委员会委员、常委、中央评议委员、总统府资政等职。1949 年赴台湾，1953 年 10 月在台北去世。著有《吴稚晖先生全集》。

同年十月上旬，吴禄贞顺利完成学业，从东京陆军士官学校结业，进入日本东京近卫骑兵联队见习，以"训练模拟实战环境下所学的现代军事知识和技术"，并完成见习期间的作业，而"作业类型有野外两军对抗的设计""中队、大队、联队、旅团的战法区别""侦察部署和攻击部署等"②。

关于吴禄贞毕业东京陆军士官学校的具体时间和毕业后的打算，吴禄贞

① 曹亚伯:《武昌革命真史·前编》,《曹亚伯集》(上),华中师范大学出版社 2019 年版,第 121 页。

② 王鹏辉:《吴禄贞的社会交游与清末革命》,《清史论丛》2015 年第 2 期。

在其《致汪穰卿函》①中讲得很清楚：

穰卿先生大人赐鉴：

旅沪时承蒙过爱，感谢靡谊。东渡以来，善状毫无，又愧学鲜进步，无可慰告。是以每欲致书左右，而辄止者，职是故也。想先生之期望于禄贞者远，谅不以罕通音问见责也。敬维道体迪吉，以祷以颂。

禄贞于十月初旬卒业陆军士官学校，当即入彼近卫骑兵联队，教彼新兵。归国之期，大抵在二三月间耳。禄贞学问既浅，阅历毫无，即返国亦无补于时局也。是以欲再留学五年陆军大学校。明春归国一行与否，尚未定。张香帅疑禄贞甚深，前日钱先生东来时寄言禄贞，将来学成归国，湖北之保举差事不可作想，若留学亦不出经费云云。保举也得之何用，差事也受之何益，名也利也，禄贞决不为所累也。然燕雀之心，宁知鸿鹄；天空鸟飞，翔而后集；无数琼林玉树，无数瑶草奇花，任我心息，任我飞鸣，与彼羁留于黑暗世界者，盖不啻昼夜之别也。敢请先生可为我一贺。至于留学不出经费，亦不足为禄贞病。明年所以拟回国者，筹经费作自备生计故也。

日前阅《中外日报》，内载有侮辱东游学生一条，如此无稽之谈，不知得自何处，稍知日本军队及学校之规模并我东游学生之气概者，万不至出此糊言。主持报馆者无不自命为经世人才，而不能辨区区之真伪，可笑可鄙。上此报也，为害于东游学生者微微，为害中国实不小，将来东游学生绝迹，必《中外日报》馆所赐也。伟矣哉报馆之势力，诚哉报馆之有益于中国。呜呼！噫嘻！是望先生为我转达《中外日报》馆主人为幸。

浩吾先生闻已归沪，见面时乞代为致意，所托之举，当尽力图之。即此，敬叩道安，并贺年禧。湖北游学生吴禄贞谨上。

如蒙时赐教言，则幸甚幸甚。又及。

在这封书函中，吴禄贞首先对前辈好友当年在上海给予自己的帮助表示感谢，紧接着对自己一直未给前辈致函汇报自己的情况表示歉意；随后，向前辈好友报告了自己目前的学业情况以及毕业后的担忧和打算。接下来，他在书函中直言批评了前辈好友经营的《中外日报》所刊载的侮辱留日学生的文章，是“糊言”，是不辨“真伪”，实在是“可笑可鄙”，这样做亦危

① 吴禄贞：《致汪穰卿函》，上海图书馆编《汪康年师友书札》(一)，上海古籍出版社1986年版，第367～368页。

害国家前途，望前辈好友转告“主持报馆者”。最后请前辈好友代向好友叶瀚转达自己的问候，并告知自己不会有负所托（可见叶瀚此前曾有书函托其办事）。

十一月上、中旬，吴禄贞的弟弟吴祐贞与第二期留日武备学生蓝天蔚、良弼、冯耿光等 25 人自成城学校毕业后，进入东京陆军士官学校学习。

同年底、次年（1902 年）初，吴禄贞结束了在日本东京近卫骑兵联队的见习，正式毕业，本打算及时回到国内。但同志们担心他的安危，都劝他先不要急于回国，还是先观察观察局势，然后再做打算。

光绪二十八年壬寅三月（1902 年 4 月）间，吴禄贞见湖广地区暂时没有特别的举动，遂谢绝好友们的劝告，不顾个人安危，偕吴祖荫、万廷献、刘道仁、卢静远、田吴炤等留日毕业学生一起回到武昌①。

然而，当吴禄贞刚一抵达武昌时，就因其领导“大通起义”之事，被湖广总督张之洞以“谋反叛逆”之罪，下令扣押起来，囚禁于将弁学堂。而与吴禄贞一道学成回国的其他留日学生，并未受到非难，都受到张之洞的接见，且都顺利安排了职位。

据吴禄贞的堂兄、儿时的同学、好友、时任湖北工程营哨官的吴祺贞后来回忆说：“绶卿刚从日本回来，还未见过张之洞的面，就被关进将弁学堂，一时举家惶然，全都为他的生命安全担忧。”②

吴禄贞刚一踏上家乡故土就被关押，一家人心急如焚，吴祺贞非常着急，曾打通关节，悄悄到将弁学堂去探望吴禄贞。

吴忠亚对此情形曾有详尽回忆：“按照当时规定，中国留日士官学生毕业后，皆须返回原籍，由当地政府委用。时张之洞仍任鄂督，预料先三叔将因大通之役，惧不敢回。不意回鄂报到的留日学生名单中，仍赫然有‘吴禄贞’三字。张一见之下，怒不可遏。竟于召见这批回国学生时，独拒不见他。并命将他禁闭于将弁学堂，等候另行发落。时先父在武昌工程营充任哨官（排长），方喜其学成归来，门户生辉。突闻此讯，惊惶失措。先叔祖母尤终日以泪洗面，忧伤不已。因为家里的人，对他领导的‘大通起义’一事，是都清楚知道的。这时，大家都害怕张之洞算这笔旧账，用对傅慈祥等人的毒辣手段，来对付他。而当时‘朝内无人’，不只

① 《民国人物传》第二卷，中华书局 1980 年版，第 12 页。

② 吴忠亚：《吴禄贞与辛亥革命》，政协武汉市委员会文史学习委员会编：《武汉文史资料文库第 7 卷（历史人物）》，武汉出版社 1999 年版，第 71 页。

想不出营救门路，就连一点真实的消息，也无从打听得到，一家人焦急不安的心情，自然是可想而知的。先父想方设法，打通关节，得潜于将弁学堂探视，却见他独坐禁闭室中，手捧书卷，凝神观看，显得神情泰然，若无其事。及见先父入室，照常亲切地叫了一声‘二哥’，便从容说道：‘我现在一切都很好，你不用害怕，也不用再来看我，回去告诉家里，都不要为我担心。这并没有什么了不起，过几天我就会回来的。’先父见旁边有人监视，不便多说多问，只好暗自心酸，无言而退。”（见吴忠亚《吴禄贞的一生》）

其实，早在镇压自立军起义的过程中，张之洞得知刘赓云、吴祖荫、程家柽、王璟芳、卢静远等留日学生联络会党，参与民主革命活动，尤其是吴禄贞竟是大通起义的领导人之一后，他感到很是痛心，也非常生气——自己费尽心血培养，并对他们寄予厚望的这群青年，在出国仅短短的一年半时间里，竟然都站到了清王朝的对立面，“公然进行反政府活动，而且人数之多”，足以使他“感到震惊”①。于是，他曾让江汉关道岑春蓂（1868—1944，字尧阶，又字瑞陶，号馥庄，广西西林人）代自己给日本驻汉口领事濑川浅之进发了一份照会，专门谈了自己对这批学生的处理意见：希望日本政府、学校对刘、吴、程、王、卢等学生“严加管束，恺切训诫”；而对吴禄贞、沈翔云两人的处理意见尤重：“又吴禄贞一名，闻其托故潜行回华，并未回到湖北，曾在大通滋事，现又潜回日本学校”；“又沈翔云一名，本系湖北武备学生，因事革除，旋自备赀斧，前往日本亦入学校肄业，凡乱谋悖论，皆该生所倡首，尤为险○之徒”；“以上两名万万不可教训，应请日本学校查明，即行斥除”，以示惩戒；“所有革退学生空额，湖北当即日另派学生前往补数，经此次声明在先，俾中外各国，皆知系湖北已经查明屏逐之人，将来即使别有悖乱之事，亦不与湖北相涉，务望日本学校军队，勿再使其逗留生事，引诱善类，惑众败群，是为至祷”②。

不久，日本驻汉口领事濑川浅之进就将湖广总督张之洞请江汉关道岑春蓂代递之照会转呈给了日本外务省大臣加藤高明。

---

① 孔祥吉：《日本档案中的张之洞与革命党——以吴禄贞事件为中心》，《福建论坛》（人文社会科学版）2010年第5期。

② 日本外务省外交史料馆藏：《在本邦清国留学生关系杂纂》“留学生监督等”；转引自孔祥吉《日本档案中的张之洞与革命党——以吴禄贞事件为中心》，《福建论坛》（人文社会科学版）2010年第5期。

而日本外务大臣加藤高明、政务局长内田康哉等人收到驻汉口领事濑川浅之进转呈的张之洞的照会后，对张之洞的要求非常重视，他们在一起进行了反复商议、研究后，起草了一份机密公文（即处理意见），随即将这份公文分别送呈参谋总长、陆军大臣和文部大臣；同时，他们将这份公文亦发给驻汉领事濑川浅之进：

外务大臣加藤高明致在汉口濑川浅之进领事函（明治34年1月27日起草，明治34年1月28日发遣）

本月七日来函及所附第一号文件有关该地海关道转达湖广总督张之洞之照会收悉。起初，日本政府为清国培养留学生提供方便，希望他们在文、武学业上，各有成就。张之洞对此中情形应该是早已知道的。其照会中所提出，有些留日学生政治上走入邪路，是原来未曾预料的，我们不能承担责任。日本政府及有关部门，只能对于留学生的学业教育负责。至于他们内心的政治主张，非常难以了解，而且很难改变他们的政治主张。因此，对于留学生所采取的政治立场及其行动，日本政府也难以进行干涉和监督。对于留日清国学生的政治思想及其活动进行干涉与监督，应该是在本邦驻扎的清国公使以及张之洞所任命的留学生监督的事情。我国政府，不想担负对于留日学生的思想与政治行为进行监督的责任，也不想过问此事。你可口头将此意见，传达给汉口海关道并转达张之洞。①

由此可见，日本当局拒绝了张之洞对留日学生的有关政治限制和惩罚的要求。不得已，张之洞乃通过湖北留日学生监督钱恂对吴禄贞等人进行了当面警告，明确告知：此后无论是归国当差，还是继续留学日本都将失去保障②。

此外，与沈翔云关系甚密的两广总督陶模在听说张之洞曾照会日本驻汉领事濑川浅之进、要求其转呈日本政府从严处置吴禄贞、沈翔云等涉足自立军起义案学生的消息后，亦曾致电张之洞，非常婉转地为这些留日学生求情：

---

① 日本外务省外交史料管藏：《在本邦清国留学生关系杂纂》“杂之部”；转引自孔祥吉《日本档案中的张之洞与革命党——以吴禄贞事件为中心》，《福建论坛》（人文社会科学版）2010年第5期。

② 孔祥吉：《日本档案中的张之洞与革命党——以吴禄贞事件为中心》，《福建论坛》（人文社会科学版）2010年第5期。

闻吾师将调回出洋学生。少年尚气，不可遏抑，彼未必尽信康梁。恐召回无以自活，转铤而走险，乞酌。[①]

陶模（1835—1902），字方之，一字子方，原籍江西浔阳（今九江市），先世定居浙江秀水（今嘉兴市）。同治七年（1968）进士，选庶吉士。初任甘肃文县、皋兰知县。光绪元年（1875）后任秦州知州、甘州知府。十年（1884）署理甘肃按察使，次年擢升直隶按察使。十四年（1888）迁陕西布政使，不久署理陕西巡抚。十七年（1891）擢新疆巡抚，不久护理陕甘总督。二十六年（1900）调任两广总督。为官极干练，有政绩。工诗文。死后赠太子少保，谥号"勤肃"。著有《陶勤肃公奏议遗稿》十二卷、《养树山房遗稿》二卷等。

同僚、地方大吏关心此事，张之洞不能置之不理，曾回电予以解释云："并无将出洋学生全调回之说。学生助乱者甚多，皆予以自新。逆迹尤著者三人，只不送入学校，不代出学费，声明此三人将来善恶成败，不与湖北相涉耳，可谓极宽矣。"[②]

自庚子年（光绪二十六年，1900 年）开始，张之洞作为封疆大吏，对清王朝上层统治集团的封建落后、顽固保守颇有看法，尤其是对他们利用义和团来对抗西方列强的愚昧政策，更是极其不满，曾暗中联络一批疆吏，与西方列强结成统一战线，对抗朝廷谕令，积极推行"东南互保"策略，几乎站到了清政府的对立面。正因如此，张之洞自己也不能不考虑：这些留日的热血青年学生反对以慈禧为首的顽固保守、腐败无能的清王朝的行为，是否也有正当、合理的一面？于是，这位久历官场、老谋深算、思想开通而又八面玲珑的封疆大吏张之洞对自己原先的决定，不能不作重新的思考。

几天后，张总督思前想后，反复斟酌，还是亲自在总督府审问了吴禄贞，并对吴禄贞的行为予以严厉训斥。岂料吴禄贞不仅不认罪，反而毫不畏惧，口若悬河，滔滔不绝，指斥世界列强亡我之心不死，而清廷朝政腐败，致使国家濒临危亡的罪行，并历陈天下改革之大势和只有革命才能救亡图存的道理以及自己不计个人生死成败的决心。张总督听了吴禄贞的这番宏论，颇感震惊，亦甚觉有理。因而不仅没有怪罪吴禄贞，反而被他的一腔爱国热忱所打动、所说服。随后，张总督不仅称吴禄贞为"奇才"，将他释放；而且相继委任他为湖北学务处会办、营务处帮办、将弁学堂护军总

① 苑书义等编：《张之洞全集》第 10 册，河北人民出版社 1998 年版，第 8513 页。

② 苑书义等编：《张之洞全集》第 10 册，河北人民出版社 1998 年版，第 8513 页。

教习和湖北武普通学堂会办等要职。吴禄贞的被委以重任，且身兼数职，一时间轰动了武汉三镇。

吴忠亚曾回忆说："那天召见，他（案：指张之洞）满以为只会由他大开教训，严词斥责。而吴禄贞则只有俯首认罪的份儿。并打算禄贞认罪悔过后，再对他名正言顺地加以惩治，以为大逆不道者戒。哪知禄贞昂然进前，了无畏惧之色，只等张说了一句：'我派你去日本留学，你却胆大妄为，干的好事！'禄贞即侃侃痛陈世界大势，及列强必欲亡我的种种侵略阴谋与野心；日本明治维新后的各种重大改革与成就以及我国应锐意改革，方能救亡图存的道理。口若悬河，滔滔不绝，头头是道，理直气壮。张之洞越听越出神，不住点头称是，最后不禁失声叫好，连说：'奇才！奇才！'本是奉命坐在一旁的梁鼎芬，也不禁高声附和，连赞：'真是奇才！真是奇才！'便立身拱手，对张之洞大献殷勤说：'督帅提倡新学，煞费苦心，今日得此奇才，请受卑职一贺。'……（在门口的张彪一见此情形）进入客厅，向着张之洞施礼讨好说：'标下军中，正是缺少人才，就请督帅把这位"奇才"，赏给标下使用！'张之洞含笑点头，表示同意。张彪称谢之后，就拉着禄贞一起，退了出来，并请他一起上马车，亲自把他送回了家。从第二天起，一份接着又一份的委札，雪片似的向禄贞身边飞来，'将弁学堂总教习''护军全军总教习''武备学堂会办''学务处会办'等等头衔，旬日之内，加官不下十次。阶下囚一变而为座上客，一时轰动了武汉三镇，街头巷尾，传为美谈。"（见吴忠亚《吴禄贞的一生》）

张难先在《湖北革命知之录·庚子甲辰间鄂人思想之演进》中亦记载："吴禄贞回鄂，之洞以大通之事，禁锢于将弁学堂，历三日，招之严加训斥；岂料禄贞口如悬河，慷慨论天下事，为南皮倾倒，突失声曰：'奇才！奇才！'即派充学务处会办、营务处帮办、将弁学堂护军全军总教习、武普通学堂会办。旬日之间，阶下囚忽变为席上珍。是当日之官吏，亦无形为之屈服矣。禄贞既恢复自由，寓水陆街十三号，学生志士，争愿一亲风采，而领取其新智识。江汉士风，为之一变。"①

湖广总督张之洞本来要严厉处罚吴禄贞，后来又为什么不仅没有惩罚、反而重用吴禄贞呢？究其原因主要有三：其一，时过境迁，此时湖北编练新军急需现代军事人才，他希望吴禄贞能改过自新，知恩图报，为己所用。

① 张难先：《湖北革命知之录·庚子甲辰间鄂人思想之演进》，《张难先集》，华中师范大学出版社2011年版，第50页。

其二，张之洞心里很清楚，在此前，日本政府和同僚大吏（如陶模）对吴禄贞等人的态度都很明确；不久，留日陆军士官生的学生监督、日本人福岛爱惜人才，亦曾向张之洞说情："禄贞练习成材，弃之可惜。公如不用，吾将留归日本籍。如用之，不得借故杀害。"[①]连日本人都如此看重他，自己弃之不是太可惜？其三，这也与张之洞自庚子以来对具有革命思想的留日青年学生"网开一面，暗中怜悯，设法保护，把他们当成栋梁之才而加以任用"[②]的开明思想和做法相一致。正因如此，张之洞才宽免了吴禄贞，并予以重用。

第二节　组织"花园山聚会"

吴禄贞回国后不仅没有受到处罚，反而受到重用，可说是因祸得福。自此，他与梁鼎芬、张彪、黎元洪这些张之洞的心腹属下成为同僚。梁鼎芬、张彪、黎元洪这些湖北的重要人物见张总督如此欣赏吴禄贞，亦对吴禄贞另眼相看，倾力结交。

当时的梁鼎芬和张彪可谓张之洞的左膀右臂。梁鼎芬（1859—1919），字星海，一字心海，又字伯烈，号节庵，又号夕庵，别号不回山民、藏山、夕厂、冬厂、病翁、葵霜、鹿翁、清士、痛夫等；室名有耻堂、葵霜阁、栖凤楼、抗愤堂等，世称"节庵先生"。光绪六年（1880年）进士，授翰林院编修，历官知州、知府、道员、按察使、布政使等。甲午战争时期，因弹劾李鸿章误国，被朝廷降五级调用，名震朝野。后受张之洞聘，先后主讲广雅书院、钟山书院和两湖书院。后重新起用，出任湖北汉阳、武昌知府、湖北按察使。辛亥革命后，以遗老自居，被废帝溥仪召为毓庆宫行走，成为帝师。1917年曾参与张勋复辟。卒后谥"文忠"。工诗词，善书法。著有《梁节庵先生诗》等。

张彪（1860—1927），字虎臣，山西榆次人。少家贫，后投军入伍，因武功出众，办事踏实，被张之洞拔为随身侍卫，颇受宠信。后历任巡捕、巡防哨官、湖广督标中军副将等职。1906年升任四川松潘镇总兵。1908年授湖北提督，总办湖北讲武学堂。1911年任为湖北新军第八镇统制。然甚贪腐，每逢生日嫁娶，必向属官索礼，又贪污军费百余万两。而以搜

---

① 刘体智：《异辞录》卷4，中华书局1988年版，第245页。

② 孔祥吉：《日本档案中的张之洞与革命党——以吴禄贞事件为中心》，《福建论坛》（人文社会科学版）2010年第5期。

刮所得在武昌大东门外、保安门外、文昌门内等处广置房地产。曾残酷镇压革命党人和罢工工人。武昌起义后，他拥兵顽抗。在第八镇司令部被攻破后，又率残军在汉口刘家庙一带抗击民军。南北议和，卸职赴日本。次年回国，被政府聘为高等顾问，授陆军中将衔，从此居住天津，并在日租界地置田二十亩，修建花园住宅，取名“张园”。去世时，废帝溥仪前来为其送终。

黎元洪亦是张之洞极为器重的人物。黎元洪（1864—1928），字宋卿，湖北黄陂人。1883 年入天津北洋水师学堂。毕业后在海军服役。曾参加中日甲午战争，落海得救。1895 年至南京投奔署理两江总督张之洞，深受器重。1896 年应张氏之邀回湖北，随德国教官编练新军，由护军马队营管带升任第二十一混成协协统。曾多次镇压革命党人活动。1911 年武昌起义爆发，被拥为湖北军政府都督。南京临时政府成立，任副总统。袁世凯篡权，伙同袁氏屠杀湖北革命党人。1914 年袁世凯解散国会，篡改约法，设参政院，出任参政院院长。1916 年袁氏死，继任大总统。1917 年被段祺瑞利用张勋将其赶下台。1922 年在直系军阀支持下，复任大总统。1923 年又被直系军阀赶下台，乃赴日养病。1924 年回天津闲居。1928 年 6 月病逝于天津。

大约也是在此期间，黄兴、李书城将赴日留学，偕好友周维桢、程家柽前来看望吴禄贞。吴禄贞感到很高兴，遂建议他们：到日本后不仅要学文，而且要习武，以适应革命形势发展的需要。

吴禄贞先后以“教习”“总教习”的头衔执教于武昌各学堂及各营队军官军士讲习班。他也充分利用这种“护身符”，开始深入湖北军、学界，秘密开展民主革命思想的宣传，培养革命骨干，“弟子”甚众。

吴忠亚曾回忆说：“先三叔志不在官，但对于‘总教习’之类的头衔，却大感兴趣，正好以此为护身符，深入各军事学校和军队，接触青年群众，开展革命宣传活动。这种合法身份，既为他广泛结交革命志士，大开了方便之门；也为一些青年知识分子，同他这个著名的‘大通叛逆者’，公开往来联系，扫除了障碍，打破了顾虑。”（见吴忠亚《吴禄贞的一生》）

吴禄贞不仅利用“总教习”“会办”等身份深入军、学界，秘密开展革命活动；就是其居所也成了宣传革命思想的阵地：“每天登门拜访者络绎不绝，其中大多数是青年学生。吴禄贞满腔热情地接待每一个来访者，并与他们畅谈时局，向他们宣传革命道理，同时还不厌其烦地回答他们提出的每一个问题。受吴禄贞的宣传，来访者日益剧增，几至门庭若市，狭小的寓室容纳不下，后来者只得侧立窗外或席地就坐阶前。”①

吴忠亚曾回忆说：早在吴禄贞“回国之前，人们对大通起义，就已有了多种神话式的传说。（吴禄贞）简直被描绘成了三头六臂式的传奇人物，而为人们所向往。及至回国之后，又因‘将弁’之囚，‘奇才’之誉，而更加增添了他的传奇色彩。一些富于好奇心的年轻人，皆争欲一睹风采，听他讲述革命故事和救国道理。所以，当时他的武昌水陆街十三号寓所，就成了青年们衷心向往的地方，和经常聚会、畅谈革命的场所。湖北辛亥革命前辈李书城、耿伯钊、朱和中、刘静庵等人，就都是其中的积极分子。”（见吴忠亚《吴禄贞的一生》）

此期间，为了扩大革命革命阵营，聚集革命力量，吴禄贞采用各种方式，保持着与国内、外各方面的广泛联系。

吴禄贞利用自己的身份、地位，在武汉“组织德安府各属同乡会，自为会长”②；同乡好友耿伯钊（觐文）则任文书，一起暗中联络同乡中有志者参加革命活动。

光绪二十九年正月初一日（1903 年 1 月 29 日），留日学生湖北同乡会以“输入东西之学说，唤起国民之精神”为宗旨，在东京创办《湖北学生界》月刊。吴禄贞人在国内，不能出席，但作为月刊社的“名誉赞成员”，曾“捐洋二十元”；《湖北学生界》社亦曾发表启示表示谢意：“本社倡办伊始，荷蒙内地诸君热心赞助，惠寄多金，谨此致谢。”③

同年四月中旬，吴禄贞见自己原来的寓所太小，又地处闹市，天长日久容易“惹人注目”，“有意寻找一僻静之所”；经与“好友李步青先生商量，得到李的大力支持”；于是，吴禄贞便将寓所从武昌水陆街十三号“搬迁至武昌花园山孙森茂花园李寓”——这里“庭院宽敞，地段幽静，是聚众宣传革命之好处所”④。

李步青即李廉方（1878—1959），原名步青，字福廷，号莲舫，湖北京山人。幼聪慧，15 岁中秀才。1896 年入湖北经心书院读书。1902 年 5 月

① 王腊成：《吴禄贞与“武昌花园山聚会”》，《湖北文史资料》2001 年第 4 期。

② 耿伯钊：《革命先烈吴禄贞先生略史及其遗笔》，辛亥首义同志会编《辛亥首义史迹》，武汉日报印务部 1946 年版，第 19 页。

③ 湖北学生界社：《本社名誉赞成员题名》，《湖北学生界》1903 年第 1 期，“中央”文物供应社，第 165 页。

④ 王腊成：《吴禄贞与“武昌花园山聚会”》，《湖北文史资料》2001 年第 4 期。

赴日留学，入弘文学院师范部。1903 年 4 月因参与创办《湖北学生界》，宣传社会改革，被清政府勒令回国。归国后，协助吴禄贞在其寓所秘密联络同志，宣传革命主张。同年底，被调任长沙明德学堂堂长等职。1906 年调任两湖总师范学堂教员，因宣传革命思想，被调任安陆府初级师范学堂监督。武昌起义爆发，回武昌任都督府秘书。1912 年出任襄阳卫戍司令。不久去职，任中华书局、商务印书馆编辑。1916 年起，相继出任教育部视学主任、山西、河南省教育厅长等职。抗战爆发，入川任国民参政会参政员。抗战胜利后回湖北，任湖北通志馆副馆长兼总纂。新中国成立，历任中央文教委委员、中南教育部副部长、湖北省政府委员、湖北省政协副主席等职。

搬家后，吴禄贞时常邀集爱国知识青年至武昌花园山孙森茂花园（留日归国学生李廉方寓所）聚会，宣传民主革命思想。因吴禄贞出国留学较早，在日本时就加入了“兴中会”，又曾领导过大通起义，现在又是张之洞身边的红人、身任要职，自然成为众人所依的中心。“迁去不久，先后来花园山聚会的知识青年和进步人士就达四百之多”，其“主要成员有吕大森、朱和中、胡秉柯、曹亚伯、时功璧、时功玖、冯特民、徐祝平、耿伯钊、孔庚、刘静庵、胡瑛、张难先、蓝天蔚、周维帧、张荣楣等”[①]；后来回国的留日学生李书城等，也都加入花园山聚会的行列。因此，“武昌花园山”逐渐成为武昌革命党人的秘密机关。

胡秉柯（1882—1914），字质斋，湖北潜江人。早年经心书院、两湖书院深造。1903 年赴比利时留学。1905 年春与游欧的孙中山相见，加入兴中会。后转到巴黎大学学习法律，获法学博士学位。武昌起义爆发回国。南京临时政府成立，任总统府秘书，南京临时参议院议员。1913 年国会参议院议员。宋教仁被刺，呼吁袁世凯辞职。“二次革命”失败，患咳血症，于 1914 年冬在上海病逝。

时功玖（1879—1940），字季友，湖北枝江人。1903 年 5 月，与其兄时功璧及吕大森、李书城等人积极参加花园山聚会活动。不久，自费赴日留学，入东京弘文学院，继续参加革命活动。1905 年加入同盟会，被推为湖北分会主盟人。南京临时政府成立，选为临时参议院议员。1913 年被选为国会议员。1917 年参加护法运动，任广州大元帅府参议。后曾任清理汉冶萍湖北债捐处主任、荆南中学董事长、国民政府湖北省政府委员等

① 王腊成：《吴禄贞与“武昌花园山聚会”》，《湖北文史资料》2001 年第 4 期。

职。1940年在武昌病逝。

冯特民（1883—1913），原名冯超，字惕庵，后改名冯一，字特民，湖北江夏人。早年入湖北自强学堂深造。曾游学国外。1904年加入科学补习所，后又参与组织日知会，任会中评议员。1905年避祸日本，加入同盟会。1906年加入群治学社，不久，随杨缵绪赴伊犁，办《伊犁白话报》鼓吹革命。1912年率新军光复伊犁，任外交司长。1913年，被授予陆军少将；同年同盟会改组，被推选为国民党伊犁支部长。不久，被新疆都督杨增新派人将其杀害于伊犁惠远城。

徐祝平，生卒年不详，字竹坪，湖北荆门人。与刘静庵同在文华书院任教，秘密从事革命活动。1905年日知会成立，被推为干事。后曾参与辛亥襄河起义。后至东北，娶一日本女子芳子为妻，居北京，与袁世凯等往还，通过其妻获取日本情报。1921年回汉创办《湖广新报》，任总经理。1928年，芳子病逝；日本领事曾至家致祭，且为其举行隆重葬礼；至火化时，徐氏才发现，其妻身上藏有日本高级特务证章一枚，始知其妻为日本间谍。

张难先（1874—1968），谱名辉澧，字义痴，湖北沔阳人。早年曾在乡设馆授徒。1903年赴武昌，投工程营当兵。参加组织科学补习所。1905年加入日知会。1907年谋响应萍浏醴起义，与刘静庵等被捕入狱，旋因病保释。辛亥革命时参与各种革命活动，曾任安襄陨荆招讨使季雨霖的顾问。后又参加反对北洋军阀的斗争。赞成国民党改组，支持孙中山的联共政策。1927年任广东省政府委员兼土地厅长。1928年任湖北省政府委员兼财政厅厅长。1930年任浙江省主席。抗战爆发，积极投身救亡活动。抗战胜利后，支持人民解放战争。1949年后，历任中央人民政府委员、中南军政委员会副主席、全国人大一、二、三届常务委员、政协全国常委等职。著有《湖北革命知之录》《义痴六十自述》等。今人辑有《张难先集》。

曹亚伯（1875—1937），原名茂瑞，字庆云，入基督教，礼名亚伯，湖北兴国州（今属大冶市）人。1897年考入武昌农务学堂，补博士弟子员。1900年考入两湖书院就读，与黄兴、周震麟等人同学。1904年与吕大森等组织革命团体“科学补习所”。同年10月参加长沙起义，事泄，冒险护送黄兴潜逃。1905年2月，与刘静庵等成立“日知会”，不久赴日留学，加入同盟会。1906年赴英国留学，并秘密从事革命活动。1912年回国，曾在上海创办亚林嗅水厂。“二次革命”失败，复亡命日本，加入中华革命党，并赴海外各地募款支持革命活动。1921年受聘为总统府顾问，参与北伐戎幕。后因遭排挤离粤赴沪，随又赴昆山经营农业。1926年起专心著述《武昌革命真史》，历数年书出，遭攻击毁禁。自此心灰意冷，吃斋念佛，不问世事。抗战爆发，激于民族大义，四处奔走呼号，力主抗战。不久病逝。今人编有《曹亚伯集》。

胡瑛（1886—1933），原名祖懋，字敬吾，后改名瑛，字经武，号宗琬。祖籍浙江绍兴，父候补湖南，遂迁居桃源。1898年赴长沙求学。1903年入经政学堂，黄兴弟子。同年冬刺杀劣绅王先谦未遂，逃避武昌，不久入工程营当兵。参与组建“科学补习所”。1904年与王汉等刺杀铁良未遂，赴日留学，入早稻田大学。1905年参加同盟会，被推为评议员。1906年奉命回国参加萍浏醴起义，至武昌，与张难先同时被捕。武昌起义爆发，获释。旋与詹大悲等组织汉口军政分府，任外事部长。不久，以湖北军政府都督名义参加南北议和。1912年被任命为山东都督。袁世凯篡权，辞都督职。1915年与杨度等成立“筹安会”，为袁世凯复辟帝制效劳。后曾参加护法战争、北伐战争。1933年病逝南京。遗著编为《胡都督选集》。

王保民曾回忆说：吴禄贞在公务之余，“联络武汉有志革命之士，在武昌花园山孙茂森花园李廉方（步青）寓所，与耿伯钊、方（万）声扬、时功玖、刘道仁、王元烈、徐祝平、陈问淦等，经常秘密集会，宣传革命”①，培养革命骨干。

在花园山的聚会活动中，吴禄贞无疑处于中心位置，“倡谈革命，隐然以领导自任”②。

经吴禄贞的组织和宣传，“花园山聚会”的影响不断扩大，全国各地的仁人志士和留学归国的学生，也常慕名来到花园山聚会。

武昌花园山孙森茂花园的主人李廉方曾回忆说：“学界往来者颇多，凡以后留学东西各国者十之八九曾到是处。禄贞常由小朝街本寓至是处与朋友纵谈，尚无具体组织也。”③

武昌花园山聚会骨干成员之一的朱和中亦曾回忆说：花园山的聚会人

---

① 王保民：《吴禄贞首先参加革命的见闻录记》，《吴禄贞集》附录，华中师范大学出版社2011年版，第276页。

② 胡祖舜：《武昌开国实录》上册，武昌久华印书馆1948年版，第9页。

③ 李廉方：《辛亥武昌起义记》，湖北通志馆1947年版，第2页。

员，“近至沪杭，远至东京，莫不与余等通声气”；“此外，各省志士之至武昌者，莫不赴花园山接洽，而各同志之在营校者，亦每星期来报告运动经过，及其发展之状况”①。

比如，光绪二十九年癸卯（1903 年）四月下旬，黄兴自日本回湖南长沙，闻“花园山聚会”之名，就特地至武昌拜见好友吴禄贞，了解湖北革命的开展情况。

黄兴是吴禄贞的挚友，也是革命党人的领袖之一。黄兴（1874—1916），原名轸，字廑午，号杞园，又号克强，湖南善化人。早年入城南书院读书，曾中秀才。后保送进两湖书院学习。1902 年赴日留学，入东京弘文学院。与杨笃生等创办《游学译编》杂志。次年参加拒俄义勇队，不久回国策动反清革命。1904 年与陈天华、宋教仁等在长沙成立“华兴会”。同年发动长沙起义失败，复逃往日本。1905 年协助孙中山创立“中国同盟会”。1907 年起，参与领导或直接领导多次反清起义。武昌首义爆发后，赶赴武昌，被推为湘鄂革命军战时总司令，指挥对清军作战。南京临时政府成立，任陆军总长。临时政府北迁后，任南京留守。1913 年协助孙中山发动“二次革命”，出任讨袁军总司令。失败后流亡日本。1914 年与孙中山意见分歧，出走美国，揭露袁世凯帝制野心。1916 年 7 月回国，与孙中山重新和好。同年 10 月 31 日在上海病逝。遗著编为《黄兴集》。

同年五月间，应四川总督锡良之邀赴四川入其幕并就任四川武备学堂会办的陈宧，途经武昌（即夏口）时，特地前往花园山拜见吴禄贞、耿觐文、张阆材、吕大森、张春霆、陈问淦等亲朋和革命志士；并与诸位革命志士相约，有机会一起携手推翻清政府。

陈宧不仅是吴禄贞湖北武备学堂的同学、同乡，亦是民初的风云人物。陈宧（1869—1939），原名仪，又名宽培，字二庵，号养钿，湖北安陆城关人。早年就读汉东书院。1887 年考取秀才，不久升为廪生。1888 年考入经心书院。1896 年考入湖北武备学堂。1897 年考取拔贡。1898 年毕业，入读京师大学堂。“庚子事变”时，赴荣禄部队当兵，官至管带。八国联军攻入京城，率部下护卫两宫西狩。1903 年入锡良幕府，赴四川、云南、辽宁辅助其军政，官至陆军第二十镇统制。1911 年入黎元洪幕府。袁世凯篡权后，成为其智囊，赴京就任参谋部次长。1915 年被任为会办四川军

① 朱和中:《革命思想在湖北的传播与党人活动》,武汉大学历史系中国近代史教研室编《辛亥革命在湖北史料选辑》,湖北人民出版社 1981 年版,第 532 页。

务兼四川巡按使，率北洋军第三混成协入川。1916 年蔡锷率护国军入川，他被迫宣布四川独立。旋为川军驱逐出境。1917 年，被北洋政府授予“明威上将军”的称号，从此淡出政坛，闲居北京，过着寓公生活。

由于“花园山聚会”“在军、学界的影响力相当之大”，“自然引来清廷的关注和不安”，乃“下令湖广总督张之洞追查此事；张之洞也害怕事态扩大，革命形势无限蔓延，影响到自己的利益，决定采取釜底抽薪的办法，逐步将‘花园山聚会’的骨干遣离”：“激进者派往西洋，纯谨者派往日本，只剩下吴禄贞和各营中的同志”。为保存革命力量，“吴禄贞指示各营校同志不得再到花园山聚集，各营校的活动转入地下进行”①。

从武昌花园山聚会交游平台的出现以及其发展、形成的过程，都可以明显看出，它与吴禄贞引领革命青年风潮的民主革命思想和杰出组织能力密不可分。

对“武昌花园山聚会”的认识有一个过程：起初，它只是一个“没有任何名称和任何组织形式的聚会”，随后发展成为湖北地区第一个初级形态的革命团体②，后来才“逐渐形成了一个隐密的革命团体——‘武昌花园山聚会’”。鉴于它“在当时的确培养和造就了一大批革命英杰，后来都成为辛亥革命骨干。因此，史学界根据其历史，肯定‘武昌花园山聚会’为鄂省第一个革命团体”③。

第三节　推进革命运动开展

光绪二十九年三月（1903 年 4 月），俄国撕毁中俄《东三省交收条约》，并提出七项无理要求，引发了海内外大规模的拒俄运动。受东北边疆危机的刺激，青年学生反对帝国主义的民族主义思潮勃发，对清政府的腐朽无能更加不满，从而汇集在拒俄运动的大旗下。吴禄贞利用这一契机，亦在湖北学生中组织拒俄活动，力争东北边疆主权。

对于动员革命者的策略，吴禄贞与朱和中等人开始存在分歧。吴禄贞曾认为“长江之哥老会无用，惟东三省之马贼可用”④。经过反复讨论，大

---

① 王腊成：《吴禄贞与“武昌花园山聚会”》，《湖北文史资料》2001 年第 4 期。

② 刘建一、李丹阳：《“武昌花园山机关”初探》，湖南省历史学会编《纪念辛亥革命七十周年青年学术讨论会论文选》上册，中华书局 1983 年版，第 115 页。

③ 王腊成：《吴禄贞与“武昌花园山聚会”》，《湖北文史资料》2001 年第 4 期。

④ 朱和中：《革命思想在湖北的传播与党人活动》，武汉大学历史系中国近代史教研室编《辛亥革命在湖北史料选辑》，湖北人民出版社 1981 年版，第 532 页。

家最终达成一致意见，那就是改换新军的思想，并开始有意识地组织、介绍那些具有民主革命思想的青年读书人、知识分子进入军队当兵，以提高军人的整体文化素质，汇聚革命力量。朱和中曾回忆说：

> 吴禄贞独执予手而谓之曰："君性诚刚，虽然，成事不在会场，不在口说也，能与我一谈乎?"予曰："可。"遂携同学吕君大森往访之。时吴住大朝街十二号，予等三人谈至天明而止。予等当时所筹议者三事：一在武汉应设立秘密机关，俾得与各地之同志联络。二为应将革命之同志，介绍入军界。清例当军官不容易，即先当兵。由吴禄贞之介绍入营者，前后三十余人，均由予等所请求，大半为秀才。从前秀才当兵为稀有之事，数月之间，已成为一种风气矣。三为寻孙逸仙，期与一致。①

由此可见，吴禄贞在积极宣传民主革命思想、秘密联络革命同志的同时，颇为注重介绍那些知识青年进入军队当兵，并"利用职务之便，先后派送和介绍革命党人入营者达 30 余众"②，使得湖北"秀才当兵"成为一种风气。

吴忠亚曾回忆说："'好铁不打钉，好男不当兵'的传统旧说，在当时是颇为流行的。为了冲破这种思想障碍，他（案：指吴禄贞）一面现身说法，深入动员其身边的一些青年志士，如朱和中等人，为之多方物色人材；一面更利用其特殊地位，为知识分子入营，创造有利条件。当时，湖北新军中，自统制张彪以下的各级军官，咸皆震于张之洞的'奇才'之誉，争相望风承旨，对他敬若神明，奉若导师。只要他随便开张条子，介绍人入营，他们皆无不奉命惟谨，更无不另眼相看。如当时一些军官，对由他介绍入营当兵的知识分子，都尊称为'先生'，而不敢视同一般兵卒。甚至，连下操上课，也都悉听'尊便'，不加勉强。是以风声所播，一般青年知识分子，皆趋之若鹜，争以能得他介绍，入营当兵为荣。一时，像这样不在招兵期间，而由他开张条子，得以破格入营者，达数十之众。由于他们这些人都是革命知识青年，入营后又受到各种优待，得以自由开展革命活动，扩大影响，所以很快就在湖北新军中，形成为革命骨干力量。后来，'科学补习所''日知会'等重要革命团体的组织者和领导者，如刘静

---

① 朱和中：《革命思想在湖北的传播与党人活动》，武汉大学历史系中国近代史教研室编《辛亥革命在湖北史料选辑》，湖北人民出版社 1981 年版，第 531～532 页。

② 王腊成：《吴禄贞与"武昌花园山聚会"》，《湖北文史资料》2001 年第 4 期。

庵、胡瑛、张难先等人，就都是其中的著名人物。而更为重要的，则是他们的这种带头行动，有力地冲破了读书人鄙视当兵的旧传统。‘秀才当兵’蔚成风气。”（见吴忠亚《吴禄贞的一生》）

王腊成在《吴禄贞与“武昌花园山聚会”》中亦说：“吴禄贞通过长期深入军营生活的实践，掌握了堡垒最容易从内部攻破的弱点，从而逐渐形成了‘抬营主义’革命战略思想：就是动员和输送革命党人和进步知识青年入营当兵，扎根军营基层，形成强大的革命暗流。一旦时机成熟，举行起义，就能把敌人的军营一举抬过来，变成革命党人的军事力量……吴禄贞多次与‘花园山聚会’的同志磋商，一方面继续宣传孙中山的民主革命思想；一方面贯彻‘抬营主义’战略，把发展新军中的革命势力作为工作的重点。辛亥革命之所以能一举推翻清廷，其重要原因就是得益于实施了‘抬营主义’战略。”①

四月下旬，黄兴自日本归国，至武昌花园山看望吴禄贞，了解湖北革命活动情况；朋友们听说黄兴回国，都赶来与之相聚畅谈。就此机会，黄兴亦向同仁们介绍了东京留学生成立“拒俄义勇队”的情况；并告诉各位同仁，他此次回国就是作为“运动员”，奉命和陈天华在国内开展革命活动的，今后可加强彼此间的联系。

五月间，在吴禄贞等人的大力支持下，黄兴在长沙创办了一所日语学校——“东文讲习所”，作为宣传民主革命思想、联络革命同志的秘密机关之一。

同月里，根据革命活动的需要，“‘花园山聚会’进行了粗略的分工：李步青、耿伯钊、万声扬常住机关，负责日常事务与对外联络；李书城秘密联系军队；孔庚主管革命书报的发行；李步青、朱和中、张荣楣等负责筹集经费”②。

吴禄贞和革命党人还十分重视利用各种革命书报和进步刊物来宣传、发动民众，启迪民智，以激发民众的爱国热情。他曾与“吕大森、朱和中等在武昌印行《猛回头》《革命军》《警世钟》《黄帝魂》等革命书籍，散发军、学各界，播下革命种子，由是湖北的革命青年都深深地受到影响，倾向革命”③；吴禄贞还“撰写了一本名为《孙逸仙》的小册子，率先用书面的

① 王腊成:《吴禄贞与“武昌花园山聚会”》,《湖北文史资料》2001 年第 4 期。

② 王腊成:《吴禄贞与“武昌花园山聚会”》,《湖北文史资料》2001 年第 4 期。

③ 王保民:《吴禄贞首先参加革命的见闻录记》,《吴禄贞集》附录,华中师范大学出版社 2011 年版,第 276 页。

形式向国内宣传孙中山及其革命思想”①。

据文献资料的记载：国内最早出现的宣传孙中山早期革命思想的小册子《孙逸仙》，是吴禄贞的朋友章士钊（笔名“黄中黄”）于1903年8月编译的。该书是以孙中山的朋友、日本人宫崎滔天（原名虎藏，别号白浪滔天）所著之前半生自传《三十三年之梦》为底本编译的。全书共28节，前半部分主要叙述自己的家世、所受教育、思想变化和在南洋从事移民的活动；后半部分则详细记述了自己投身中国革命的过程，包括与孙中山结识和受日本政府之命与平山周一起到华南营救康有为、梁启超以及受孙中山派遣帮助菲律宾革命志士运送武器，促成华南、华中等地哥老会、三合会和兴中会的合作，参与策划惠州起义等等。该书于1902年初版，刊行后为革命志士广为关注、翻印，并先后发行了10多版，并未听说过吴禄贞曾写有这样一本小册子，不知有何根据。或许是作者的记忆之误，抑或像《猛回头》《警世钟》《革命军》一样，是翻印的黄中黄《孙逸仙》也未可知。

国民党中央党史史料编纂委员会所编之《吴禄贞》中亦记载：吴禄贞“在武昌花园山天主教堂设秘密机关，联络各地同志，互通声气。此外则派遣同志投入清军，造成革命势力；运动会党造成各地社会力量；翻印《猛回头》《警世钟》《黄帝魂》各种书籍，易名为《寓言》《群学肄言》等名称，散布到军学各界，用作宣传。那时武昌学生，因受清廷对俄外交失败的刺激，都存排满革命的思想，因之陆续加入花园山组织的人，非常踊跃”②。

为了增强民主革命思想宣传的效果，他们又托湖北留日武备学生趁毕业归国途经上海之机，除购置了幻灯机之外，还购买了不少世界民族运动与反压迫斗争的幻灯片子，一起携带回武汉。吴禄贞等人遂借用现代传播技术，前往学校、军营巡回放映，扩散时代思潮：“时功璧管理机片，耿覲文（伯钊）说明，间参以讲解，吴禄贞、刘伯刚、金华祝、余德元等常往讲演者也。凡片中涉及世界民族运动与被压迫情事，必尽量发挥。此片在各处放演，往观者甚众，于激发思潮，亦颇有效。”③

---

① 黄飞英、黄建东：《共和未成身先死　一腔孤愤血映红——辛亥革命元勋吴禄贞将军小传》，《党史文汇》2011年第12期。

② 《吴禄贞》，《吴禄贞集》附录，华中师范大学出版社2011年版，第264页。

③ 李廉方：《辛亥武昌首义纪》，湖北通志馆编印，1947年，第4页；耿覲文：《革命先烈吴禄贞先生略史及其遗笔》，辛亥首义同志会编《辛亥首义史迹》，武汉日报印务部1946年版，第19页。

大约在光绪二十九年（1903 年）十一月间，因受吴禄贞思想的影响，经心书院学生贺子才倾向革命，积极从事民主革命活动；而湖北巡抚兼署湖广总督端方爱惜人才，不愿予以惩处，遂派遣其与杨荫藻、魏宸组、史青等 24 人赴比利时学习实业。

贺子才（1887—1958），亦名之才、诚甫、笃修，字培之，湖北蒲圻人。1901 年考入湖北经心书院。1903 年底赴比利时留学，入比利时京城大学。1905 年曾与史青、魏宸组等筹资迎孙中山到布鲁塞尔，赞成孙中山关于组织革命团体的主张，并宣誓加盟。1912 年应召回国，历任实业部二政司司长、国民党总务处干事、工商部工业司科长等职。1913 年去职从教，先后在北京大学、交通大学、北京师范大学、国立湖北师范学院任教。曾在汪伪政府任职。晚年被聘为湖北省文物整理保护委员会委员、湖北省人民政府文史研究馆馆员。著有《法文名词辨类》，翻译有罗曼・罗兰的作品《群狼》《丹东》等。

光绪三十年（1904 年）初，吴禄贞见好友李书城之弟李汉俊聪慧好学，年少志高，就积极鼓励他赴日留学；当赴日事情办好后，又慷慨解囊，“帮助他的旅费和学费”①。

李汉俊（1890—1927），原名书诗，又名人杰，号汉俊，湖北潜江人。1904 年赴日，入东京帝国大学，年仅 14 岁（虚岁 15）。留日期间受日本著名马克思主义经济学家河上肇的影响，开始信仰马克思主义。其通晓日、德、英、法四国语言，十分勤奋地学习马克思原著，并用以指导解决中国的实际问题。1918 年回国，在从事翻译和撰写工作之余，积极参与中国共产党的创建活动，为中共一大代表。1927 年被反动军阀杀害。

在从事民主革命思想的宣传活动中，吴禄贞得到挚友、东京陆军士官学校同学，如今又都在武昌军界中任职的耿觐文的鼎力支持。

耿觐文（1885—1957），字伯钊，湖北安陆人。早年至武昌求学，接受革命思想；后留学日本，入陆军士官学校骑兵科。1906 年加入同盟会，1908 年毕业回国，任南京讲武堂监督、北洋督练公所教练处帮办。1911 年参加辛亥革命。南京临时政府成立，任总统府军事秘书长兼陆军部顾问。“二次革命”失败，逃往日本，入早稻田大学攻读政治经济。1916 年回国任北京政府将军府将军。1926 年任国民革命军总司令部高等监督，参加北

① 李书城：《我对吴禄贞的片段回忆》，中国人民政治协商会议全国委员会文史资料委员会编《辛亥革命回忆录》第 5 集，中华书局 1953 年版，第 451 页。

伐。1929 年 7 月任国民政府参军处参军，1932 年 6 月任鄂豫皖三省“剿匪”总部政务委员会委员兼政务处主任。1936 年 1 月任中将，抗战期间曾任军事委员会中将参议，抗战胜利后任武汉行辕中将参议。1949 年参与组织湖北人民和平促进会，维护武汉治安迎接武汉解放。1949 年后，任湖北省参事室主任、民革湖北省委副主委、湖北省政协副主席等职。1957 年 8 月 26 日去世。

耿觐文与吴禄贞是德安府的同乡，又是同学、同僚和战友，平时两人过从甚密，无话不谈。吴禄贞组织的许多活动，他都积极参与了，对吴禄贞的为人处事、果敢作风非常敬佩，曾称其“气魄之雄伟，识见之高超，言论之透辟，态度之从容，胆量之巨大”，是癸卯年（1903 年）湖北唯一的革命领袖①。

第四节　参与组建“华兴会”

为了加强与湖南革命党人的联络，使湖北、湖南相互呼应，吴禄贞还应长沙明德学堂监督胡元倓之聘，出任明德学堂的体育教员，主要课程是“教操”②。

长沙明德学堂（今明德中学的前身），是刚从日本学成归国的胡元倓于光绪二十九年二月（1903 年 3 月）与时任泰兴知县的表兄龙璋（1854—1918）、表弟龙绂瑞及好友黄忠浩（1859—1911）商议创办，并由龙绂瑞之父、清末刑部侍郎龙湛霖（1853—1905）出资两千银元作为开办经费。龙湛霖任总理，黄忠浩任监督（不久胡元倓接任），胡元倓任副监督。他们租赁长沙城北左文襄公祠为学校校舍，并取《大学》“大学之道，在明明德，在新民，在止于至善”中的“明德”为校名。当月即招收甲、乙两班 80 人。

胡元倓是中国近代著名的教育家。胡元倓（1872—1940），字子靖，一作子敬，号耐庵，晚年别署乐诚老人、磨血人。湖南湘潭人。出身书香世家，1897 年拔贡。1902 年赴日留学。入东京弘文学院速成师范科。次

---

① 耿觐文：《革命先烈吴禄贞先生略史及其遗笔》，辛亥首义同志会编《辛亥首义史迹》，武汉日报印务部 1946 年版，第 20 页。

② 胡元倓：《黄黔阳遗诗抄跋》，黄忠浩撰《黄黔阳遗诗抄》，北京师范大学图书馆编《稀见清人别集丛刊》第 33 册，广西师范大学出版社 2007 年据醒园 1917 年石印本影印，第 463 页。

年归国，创办湖南明德学堂——近代湖南第一所私立新式学堂，培养人才甚众。1911年东渡，任中国留日学生监督，同年底辞归。1912年合明德、经正为一校。1913年在北京设立明德大学，聘章士钊为校长，1916年停办。1919年复设明德大学于汉口。1920年5月停办小学部，1926年8月停办大学部，专办明德中学，成为全国名校。1929年曾一度出任湖南大学校长。1938年出任国民参政会参政员。同年因火灾烧毁校舍，遂将明德中学迁往湘乡县霞岭乡继续办学。抗战中，为发展教育而奔走于湘鄂川黔各地，后定居重庆。1940年11月24日，病逝于重庆寓所。著有《耐庵文集》4卷。

于是，吴禄贞便利用前来长沙明德学堂给学生授课的机会——时黄兴受聘主持明德学堂的教务，时常与黄兴等同志就革命活动的开展形式、方法进行商讨，交换意见。因此，有机会得以参与“华兴会”的整个筹备活动。

在长沙授课期间，吴禄贞与时任湖南巡防营中路巡防统领、明德学堂校董黄忠浩结识，并成为好友；且黄兴、黄忠浩与吴禄贞“三人者久谋开讲武堂，湖南遇阻而止”①。尽管如此，培养、造就符合革命发展需要的军事人才，则一直是吴禄贞和黄兴等人的长远战略。

其间，还通过黄忠浩的介绍，吴禄贞曾专程前往拜访过湖南巡抚赵尔巽，向其提出采用官督民办的方式来“发展工业、农业、交通及普及教育等事项”，将湖南建设成为一个富强的省份，使湖南成为“中国复兴的一个重要堡垒”②。这也表明，吴禄贞一直在探索促进中国富强的建设路径。

赵尔巽是清末民初的风云人物。赵尔巽（1844—1927），字公镶，号次珊，一说字次珊，号无补，奉天铁岭（今辽宁铁岭市）人，一说山东莱州人，隶汉军正蓝旗。同治十三年（1874年）进士及第，授翰林院编修。后历任福建道、广东道监察御史，贵州石阡府、贵阳府知府，安徽、陕西省按察使，甘肃、新疆、山西布政使，护理陕西巡抚、湖南巡抚、民政部尚书、天京将军、江西总督、四川总督等职。宣统三年（1911年）出任东三省总督。武昌起义后，在奉天（今沈阳）成立“保安会”，阻扰辛亥革命。

---

① 胡元倓：《黄黔阳遗诗抄跋》，黄忠浩撰《黄黔阳遗诗抄》，北京师范大学图书馆编《稀见清人别集丛刊》第33册，广西师范大学出版社2007年据醒园1917年石印本影印，第463页。

② 李书城：《我对吴禄贞的片段回忆》，中国人民政治协商会议全国委员会文史资料委员会编《辛亥革命回忆录》第5集，中华书局1953年版，第450页。

民国成立，任奉天都督，不久辞职。民国三年（1914 年），出任清史馆总裁，主编《清史稿》。袁世凯称帝时，被尊为“嵩山四友”之一。民国十四年（1925 年），段祺瑞执政期间，出任善后会议议长、临时参议院议长。时人尊其为“次帅”“赵次帅”“赵制军”。民国十六年（1927 年）去世，享年 83 岁。著有《刑案新编》《赵留守攻略》等。

挚友耿觐文晚年曾回忆吴、赵见面的情景说：“（禄贞）纵谈满洲亲贵之误国，非革命必遭列强瓜分，中国必之。赵氏识见开通，虽闻所未闻，亦叹为救时之言。畅谈四小时辞出，辕门外已雪厚数寸。赵氏临别，执手依依言曰：‘与君一夕话，胜读十年书。’犹竭力挽留吴先生明年来湘，开办随营学堂。”①

当时受聘同在明德学堂任教（历史教员）的还有好友张继。

张继（1882—1947），原名溥，字溥泉，直隶沧县（今属河北省沧州市）人。早年曾随父亲在保定莲池书院学习。1899 年赴日留学，先入善邻书院，继入早稻田大学，学习政治经济。1903 年因与邹容等剪去中国留日学生监督姚文甫发辫，被逐回国，在上海与章太炎、邹容相处，任《苏报》参议。《苏报》被查封后，与章士钊创办《国民日日报》。同年底应邀赴长沙任明德学堂教习，参与创立华兴会。与谋长沙起义，事泄逃往上海，旋与黄兴等受王之春刺杀案牵连拘于上海捕房。获释后赴日本，被推为留日学生总会干事。1905 年加入同盟会，任司法部判事兼直隶主盟人。1908 年赴法国，与李石曾等创办《新世纪》杂志，一度倾向无政府主义。1911 年回国，任同盟会交际部主任兼河北支部长、国民党参议。1913 年出任第一届参议院议长。“二次革命”失败，逃亡日本，加入中华革命党。后回国赴广东，参加护法运动。1922 年受孙中山委派至北京主持北方部工作，与俄苏代表越飞会谈。国民党一大召开，当选中央监察委员。不久，公开反对孙中山的三大政策，受到孙中山斥责。1925 年起支持西山会议派，投靠蒋介石，历任立法院副院长、党史史料编纂委员会主任委员及国史馆馆长等职。著有《张溥泉先生全集》及《补编》等。

在长沙时，吴禄贞又与好友杨毓麟之兄、亦在明德学堂任教的杨德麟结识，成为好友。

杨毓麟（1872—1911），又名守仁，字叔一，又字笃生，湖南长沙人。

---

① 耿觐文：《革命先烈吴禄贞先生略史及其遗笔》，辛亥首义同志会编《辛亥首义史迹》，武汉日报印务部 1946 年版，第 20 页。

1898 年进士，分发广西知县，未赴任。旋充湖南时务学堂教习。1902 年留学日本，与黄兴、陈天华等编印《游学译编》，宣传革命。1903 年参加发起拒俄义勇队（后改称“军国民教育会”），并于中组织暗杀团。1905 年充出洋考察宪政五大臣随员，至日本东京与黄兴、宋教仁等筹商扩充同盟会，遂辞职，返上海，设正利厚成肆为交通机关。1907 年与于右任等筹办《神州日报》，任总撰述。1908 年赴英国，任留欧学生监督秘书；不久去苏格兰爱伯汀留学，研习英文。1911 年黄花岗起义失败，忧同志牺牲，愤清廷腐败，赴利物浦投海自杀。著有《新湖南》等。

杨德麟（1870—1913），字性恂，湖南长沙人。早年勤于学，不屑于举业。1901 年援例纳资以州吏游皖，受知于大吏，终以性情不合辞归。1902 年游京师，馆于瞿鸿禨家。1903 年受聘为明德、经正学堂教习。黄兴等谋长沙起义失败，亡命日本，亦去职赴日留学，曾参与组织宪政会、政闻社及宪政公会。不久回国，至东南各地游说，要求政府实行宪政。参与创办《中央日报》《自治旬报》等，宣传宪政思想。1911 年夏，弟毓麟蹈海，其痛不欲生，乃力主种族革命以继弟志。武昌起义爆发，曾北上滦州，联络蓝天蔚、吴禄贞和张绍曾配合武昌起义，直捣京城，推翻清廷。1912 年出任南京留守府秘书，又充国民党湖湘支部长。1913 年出掌湖南财政。“二次革命”失败，汤芗铭督湘，被捕入狱，10 月 13 日被杀。著有《筹蒙刍议》等。

同年的九月中旬，应长沙明德学堂监督胡元倓和主讲黄兴之邀，吴禄贞偕李书城、耿觐文一起专程前往湖南长沙小住，并“晤黄克强、胡子敬于长沙明德学堂”，“商议在湖南筹划革命准备事项”①。

九月十六日（1903 年 11 月 4 日），黄兴以举行三十岁寿诞活动为名，邀请吴禄贞、李书城、耿觐文、曹亚伯、陈天华、宋教仁、刘揆一、刘道一、章士钊、胡瑛、周震麟、张继、谭人凤、杨守仁、龙璋、秦毓鎏、徐佛苏、叶澜、翁巩、柳大任、张通典、王延祉、彭渊恂、萧翼鲲、柳继贞、彭邦栋、陈方度、何陶、肖望、朱子陶、任震、陈其殷、吴超澂等人至长沙保甲局巷举行秘密会议，商讨创建“华兴会”的相关事宜。其中吴禄贞、李书城、耿觐文、曹亚伯等人则都是湖北民主革命派的领导人和骨干。

会议确立了“驱除鞑虏，复兴中华”的宗旨，并确定了“雄踞一省，与

① 耿伯钊:《革命先烈吴禄贞先生略史及其遗笔》,辛亥首义同志会编《辛亥首义史迹》,武汉日报印务部 1946 年版,第 20 页。

各省纷起”“直捣幽燕”的战略方针①。

根据当时湖湘地区的形势，“为避免清政府的注意，对外采用‘华兴公司’的名义，以半公开的形式出现。并规定公司的任务是‘兴办矿业’，集股100万元，作为‘开矿资本’，实际上是以‘矿业’二字代‘革命’，‘入股’代‘入会’，股票即是会员证。当时还提出两句口号：‘同心扑满，当面算清’。这两句口号，骤然听起来，像是谈的生意经，实则含有‘扑灭满清’的意思”②。

此次赴长沙与湖南革命志士相聚期间，“已是孙中山之友”的吴禄贞③，不仅积极协助黄兴、陈天华、宋教仁等人筹组“华兴会”，而且还借机向黄兴等人推荐孙中山及其政治主张，为后来湖南革命志士结识并全力支持孙中山，携手共图革命大业作了铺垫④。

十二月二十一日（1904年2月6日），日本舰队突然袭击沙俄占领下的旅顺口，争夺中国东北的“日俄战争”爆发。几天后，清政府外务部宣布：日、俄开战，中国严守“中立”。

日本和沙俄两个帝国主义国家为争夺中国的地盘、独吞在中国东北的利益，在中国的土地上爆发战争，而清政府却出来宣称自己保持“中立”，可谓千古奇谈。由此亦可见出清政府的腐朽透顶。消息传出，革命党人皆义愤填膺，反帝爱国的热情空前高涨。湖南、湖北的革命党亦加快了组建革命组织的步伐。

十二月三十日（1904年2月15日），为传统的除夕，吴禄贞再一次来到长沙，与黄兴、宋教仁、陈天华、杨笃生、刘揆一、张继、章士钊、胡瑛、周震麟、秦毓鎏、曹亚伯等一百余人，借除夕聚宴之机，在长沙明德学堂校董龙璋西园住所举行了“华兴会”的成立大会。大会推举黄兴为会长，宋教仁、刘揆一、秦毓鎏为副会长。

宋教仁（1882—1913），字遯处，又作钝初，号渔父。湖南桃源人。1899年入漳江书院学习，喜政治、法律、地理等学。1903年入武昌文普通

---

① 黄兴：《在华兴会成立大会上的讲话》，刘泱泱编：《黄兴集》第1集，湖南人民出版社2008年版，第4～5页。

② 黄一欧：《回忆先君克强先生》，田伏隆主编：《忆黄兴》，岳麓书社1996年版，第55页。

③ 费正清：《剑桥中国晚清史》下卷，中国社会科学出版社1985年版，第570页。

④ 赵宗颇：《吴禄贞与两湖革命》，《上海师范大学学报》1987年第2期。

中学堂，受吴禄贞等人影响，倾向革命。1904 年起，先后与黄兴、刘揆一等发起成立“华兴会”，与吕大森、刘静庵等组织“科学补习所”。密谋在长沙发动武装起义失败后，逃亡日本，相继入东京法政大学和早稻田大学，钻研西方资产阶级政治学说。自 1905 年起，积极参加同盟会等革命团体，宣传革命思想，组织反清起义。1911 年与谭人凤、陈其美等人在上海同盟会中部总会。武昌起义爆发，赴武昌协助湖北军政府办理外交。南京临时政府成立，任法制院院长。临时政府北迁后，出任农林总长。旋辞职，协助孙中山将同盟会改为国民党，任代理理事长；主张成立责任内阁，反对袁世凯专权，并赴各地进行竞选演说。1913 年 3 月 20 日，被袁世凯派人暗杀，22 日逝世。遗著编为《宋教仁集》。

刘揆一（1878—1950），字霖生，一作连生，湖南湘潭人。早年入岳麓书院，又交结会党，与哥老会首领马福益尤善。1903 年自费赴日留学，入弘文学院。参加拒俄义勇队。年底回湘，任醴陵渌江中学堂监督。1904 年与黄兴等发起组织华兴会，秘密组织武装起义；事泄，逃往日本。1907 年加入同盟会，并主持东京本部会务。武昌起义爆发，回国，任汉口前线督战员。1912 年任袁政府工商总长。袁世凯复辟帝制，参与反袁。黎元洪任总统，出任国会议员。北伐前夕，曾赴广州。1933 年聘为行政院顾问。1934 年因呼吁恢复孙中山三大政策，主张抗日，解除顾问职。从此隐退家园。解放后被聘为湖南省军政委员会顾问。著有《黄兴传记》《刘揆一集》等。

秦毓鎏（1880—1937），字晃甫，号效鲁，晚号天徒、坐忘，江苏无锡人。1901 年考入江南水师学堂。1902 年赴日留学，入早稻田大学政治科。曾与张继等组织青年会，倡导民族革命。1903 年参与创办《江苏》杂志，任总编辑；又与叶澜等组织拒俄义勇队。旋回沪创办国学社，编译革命书籍。同年底赴湖南，与黄兴等成立华兴会，推为副会长。长沙起义未果，赴广西。1907 年参加镇南关起义。旋赴上海任《神州日报》编辑。1911 年回无锡举义，成立锡金军政分府，被推为总理。南京临时政府成立，任总统府秘书、同盟会（后改国民党）无锡分部部长。“二次革命”爆发，与黄兴等起兵讨袁，被捕入狱，1916 年出狱。1924 年国民党改组，任江苏省党部执行委员。1927 年出任无锡县县长，参与反共。1930 年出任江苏省民政厅长。不久辞职。晚年笃信佛教，只在党史编纂委员会、县修志局挂名，不参与政治活动。

陈天华（1875—1905），字星台，又字过庭，号思黄，湖南新化人。早年入资江书院、新化求实学堂学习。1903年赴日留学，入东京弘文学院师范科。先后参与创刊《游学译编》《新湖南》；参加发起“拒俄义勇队”（后改名“军国民教育会”），被推为“运动员”。同年12月回湖南，策动反清革命。1904年与黄兴等创立“华兴会”，策划长沙起义，失败后逃往日本。1905年与宋教仁等创办《二十世纪之支那》杂志，积极协助孙中山、黄兴创立“中国同盟会”，参与编辑《民报》。同年11月，因日本政府歧视中国学生，颁布《取缔清国留日学生规则》，他奋起反对；并于12月8日在日本东京大森海湾投海自杀，留下绝命书，鼓励同志誓死救国。所著《猛回头》《警世钟》，用通俗语言宣传革命思想，影响甚大。遗著编为《陈天华集》。

章士钊（1881—1973），字行严，号孤桐，笔名黄中黄、青桐、秋桐等。湖南善化人。早年曾经就读于两湖书院、南京陆师学堂。1903年入上海爱国学社，师事章太炎，与邹容等往还，编辑《苏报》《国民日报》等倡言民主革命。同年底回长沙，参与创立华兴会；与黄兴等谋举长沙起义，事泄后逃亡日本，旋去英国，入伦敦大学，习政治、经济、法律、逻辑等。辛亥革命后回国，任上海《民立报》主笔，兼江苏都督府顾问。“二次革命”爆发，出任讨袁军秘书长。革命失败后，亡命日本，在东京创办《甲寅》月刊。1915年冬，赴广东出任军务院秘书长，并兼两广都督司令部秘书长。黎元洪任总统，留居北京，任国会议员，并兼任北大教授。1922年，出任北京农业大学校长。1924年起，先后出任段祺瑞政府司法总长、教育总长、秘书长等职，镇压学生的爱国运动；复刊《甲寅》，改为周刊，宣扬复古，反对“五四”以来的进步思潮。1930年起，先后任东北大学教授、上海法学院院长、北京明德大学、北京农业大学校长、上海法政学院院长等职。国民政府成立，历任各届参政会参政员。抗日战争和解放战争期间，受到中国共产党的感召，做过一些有益工作。解放后，曾任全国人大常委、全国政协常委、中央文史研究馆馆长等职。著有《孙逸仙》《柳文指要》《逻辑指要》《中等国文典》等。

在举行“华兴会”成立大会期间，各位仁人志士还共同制定了起义计划——决定于光绪三十年十月十日（1904年11月16日）慈禧太后七十寿诞之日，在长沙、湘东等地同时起义，湖北则负责做好策应工作。

成立大会之后，华兴会组建了相当庞大但不够严密的组织系统。它的总机关为“华兴公司”，设在长沙城南门外。又在长沙小吴门正街设立“东文补习所”，名为教授日文，实为华兴会的活动机关；同时又在东街设立“作民译社”，“以讲求实学，翻译新书”为宗旨，作为华兴会的宣传和联络机关。此外，还在醴陵设立了“禄江学堂”，以刘揆一为监督，负责调度各路武装起义事宜。它的许多会员纷纷奔赴其他各府、县开展活动，为武装起义做好准备工作。一时间，“华兴会”成为湖南民主革命运动的中心。在省外，则设有“上海爱国协会”“华兴会湖北支部”，又使华兴会的活动远远超出一省之范围。

毋庸置疑，“华兴会”是中国内地建立最早、地域性较强、影响甚大的资产阶级革命团体之一。它的成立，不仅有力地推动了两湖革命运动的勃起，而且对后来中国同盟会的组成和发展起了很大的促进作用。它存在的时间虽不长，却培养了一大批革命骨干，使民主共和制度深入人心，为辛亥革命的发生奠定了基础。

第四章　为官京师　韬光养晦

正当吴禄贞与湖南革命志士携手为即将到来的长沙起义积极开展准备工作、迎接两湖地区革命高潮到来之际，朝廷突然下命选调吴禄贞入京，至练兵处任职。吴禄贞本不想入京任职，但在黄兴等好友们的一致劝说和敦促下，吴禄贞最终还是接受同志们的建议，赴京就职。然而入京之后，情况与吴禄贞入京前的想法相去甚远，他只得改变方式：在做好本职工作之余，不仅暗中广泛联络、发展同志，而且多方结交朝野大臣，并主动要求去西北实地考察，为将来的革命大举作好前期准备。

第一节　奉命入京

光绪二十九年癸卯十月十六日（1903 年 12 月 4 日），清政府为统一军制，编练全国军队，促使中国陆军尽快近代化，以应对越来越紧张的国内外局势，在北京设立“总理练兵处”，任命庆亲王奕劻为总理大臣，袁世凯为会办大臣，铁良为帮办大臣。练兵处下设军政、军令、军学三司，负责考察、督练全国新军，统一制定有关规章法令。

根据实际需要，军政司下辖考工、法律、医务、粮饷和器械等科，军令司下辖运筹、向导、测绘、储材等科，军学司下辖训练、教育、编译、水师等科。各地方行省则相应设置督练公所，且督练公所督办一职多由各省督抚兼任。所属兵备处、参谋处、教练处各置总办一员，具体主持各项军务。

“总理练兵处”自 1903 年 12 月成立，至 1906 年 11 月仍合并至陆军部，仅存在了三年时间，却统一了全国新军的营制饷章、制定了新军军官制度和军衔制度、统一了各类陆军学堂的章制和拟定了派遣陆军留学办法、规划了新军发展的长远目标并练就了清末新军的主体，成为新军编练成效最显著、发展最快的时期。

“总理练兵处”正式成立后，即在全国各地物色优秀军事人才作为其中下层管理官员。由于时任练兵处军学司编译科监督、原日本东京陆军士官学校同学、好友、旗人良弼的极力推荐——良弼与吴禄贞的弟弟祜贞是东京陆军士官学校第二期的学员，吴禄贞与良弼在校曾先后同学过一段时间；二人又因为吴祜贞的关系，在良弼刚赴日本进入成城学校学习不久，吴禄贞就与其结识并成为好友，吴禄贞遂被定为人选之一。

良弼（1877—1912），字赉臣，爱新觉罗氏，满洲镶黄旗人。清太祖努尔哈赤幼弟贝勒巴雅喇八世孙。早年丧父，与母亲杭阿坦氏相依为命，待母极孝。1899年赴日留学，先后入成城学校、陆军士官学校。毕业回国后，入练兵处，旋充陆军部军学司监督副使升司长。禁卫军成立，任第一协统领兼镶白旗都统。以知兵自诩，他参与清廷改军制，练新军，立军学，尤注意延揽军事人才，与铁良等被称为清季干将。1910年随载涛赴日、美、英、法、德、意、奥、俄八国考察陆军。1911年“武昌起义”爆发后，坚决主张镇压，反对起用袁世凯。1912年1月与溥伟、铁良等皇族成员组织“宗社党”，被推为首领，反对与革命军议和，反对清帝退位。26日被革命党彭家珍暗杀，抢救两日后去世。

就在吴禄贞赴湖南长沙参加“华兴会”成立大会的前夕，吴禄贞已正式接到朝廷的电令，催促他北上，去练兵处任职。但是去还是不去，他还踟蹰未决，没有拿定主意；他总觉得自己“为清廷练兵，无异助敌为力，赠盗以粮”①。

已于去年由湖北新军工程营调到湖南武备学堂任教的堂兄、同学吴祜贞，根据吴禄贞在湖北从事革命活动的情况分析，感到疑虑，亦不主张吴禄贞前往。

好友们听说此事，则一致认为这是一件好事，都劝说吴禄贞应该去，尤其是黄兴力主北上，并强调说：“不入虎穴，焉得虎子。君受当道器重，与其在外无所建树，不如投身其中，假与周旋，暗中结交志士，待机行动，将来如果成事，所得结果，将不可估计。”②

吴忠亚曾回忆说：“先父（案：指吴祜贞）曾对我追述这件事情说：他（指先三叔）应黄兴邀前往长沙时，我（先父自谓）已先期调长沙，任教于湖南武备学堂，得时至其住所探访。黄兴等人前来晤谈时，我亦每皆在座，彼等亦皆称我为‘二哥’，不稍回避。他得此北京征调电后，初时不欲应调。我则私心认为：此番突被征调，吉凶莫卜，亦以不去为然。而友

① 《吴禄贞》,《吴禄贞集》附录,华中师范大学出版社2011年版,第265页。

② 《吴禄贞》,《吴禄贞集》附录,华中师范大学出版社2011年版,第265页。

人之劝其乘机入京者居多，尤以黄兴劝说为最力。那天黄兴来访，我适早在座中，听到黄反复强调，北京地位重要，势在必争，机不可失。并谓：‘今后湘、鄂之事，我自任之。北方之事，赖兄主之。来日南、北呼应，成功可期。兄此际决然投身虎穴之壮举，亦必将永为不朽！’言时意态庄重恳切，感人至深。”（见吴忠亚《吴禄贞的一生》）

吴禄贞听友朋们如此一说，觉得很有道理，才下决心北上就职。于是，长沙的好友们十分高兴，又重新设宴欢聚，提前为吴禄贞北上饯行。

吴禄贞在返回武昌之前，堂兄吴祜贞又去看望他，还是为他去练兵处之事担心害怕，劝他再慎重考虑考虑；然吴禄贞心意已决，且已将自己的生死置之度外。

吴祜贞后来回忆说：“第二天，我再去看他时，他就断然对我说：‘这两天，大家对我说的这些话，二哥都是听到了的。大义当前，我已决定就要只身入京了。武昌家中，请二哥就近照顾！’我听了心头一怔，埋藏在心底的话，也就冲口而出：‘大通旧案，北京未必毫无所闻，此番召你入京，也未必全是好意。你应慎重考虑，三思而行！’他马上对我忿然作色说：‘我早已许身革命，把个人生死利害置之度外。大家说得好，不入虎穴，焉得虎子？我今天就是明知山有虎，偏向虎山行。为了革命，投身虎穴，我觉完全应当，义无反顾，你就不用为我担心害怕了！’我不好再往下说，只得黯然走开。过了两天，他就离开长沙，经武昌束装入京了。”（见吴忠亚《吴禄贞的一生》）

只是有一件事让他放心不下：自从“武昌花园山聚会”受到各方关注，尤其是受到官府的关注而转入地下后，吴禄贞根据革命形势发展的迫切需要，就一直在考虑、筹备组建一个新的革命团体；如今自己北上在即，没有时间参加新的革命团体的建立了，这只能拜托同仁们继续辛苦努力了。

三月下旬，吴禄贞安顿好母亲、家小，遂带着同志们的期盼，奉调入京，就任署理练兵处军学司训练科马队监督。

临行那天，刘静庵、吕大森、宋教仁等好友曾前来为他送行，大家都依依不舍；吴禄贞反复叮嘱大家：花园山的秘密联络点已经被官府的暗哨盯梢，可以关闭它，大家可以分散隐蔽，暗中建立新的组织和秘密联络点；两湖有什么事，可多与黄兴商议，亦可继续与自己联系。

刘静庵（1875—1911），原名贞一，又名大雄，字敬安，亦作敬庵、静庵。湖北潜江人。幼承父教，习诸子百家之学，有大志。1903 年至武昌从军，入湖北新军马队营。1904 年任武昌新军护军马队第一营管带黎元洪的文案。不久加入革命团体“科学补习所”，密谋与长沙华兴会同时起义，事泄被逐出营。1905年，以担任美国教会圣公会阅报室“日知会”司理为名，积极购置新书刊，组织演讲会，联络同志，宣传革命思想。次年2月，与曹亚伯等人发起成立革命组织“日知会”，被推为总干事。1907年1月，因密谋支援萍、浏、醴起义，被叛徒告密指认为哥老会首领刘家运，逮捕入狱。备受酷刑，坚贞不屈。1911年6月12日在狱中被折磨致死。

吕大森（1881—1930），字槐廷，号怀天，土家族，湖北建始人。幼聪慧好学，1897年考取秀才，同年入湖北武备学堂学习，受民主思潮影响，走上革命道路。得悉《中俄密约》签订，发动学生数百人集会，发表演讲，斥责清政府丧权辱国。1904年与刘静庵等创设革命团体“科学补习所”，被推为所长。同年谋与黄兴同时起义，失败后逃匿深山，秘密从事反清活动。武昌起义后，赴烟台，协助山东都督胡瑛处理军务。1913年赴上海发动反袁斗争，被捕入狱，袁死后方才出狱。1920年因参加“靖国军”，又被捕入狱，后以服丧保释出狱。1922年以参加驱逐军阀、湖北督军王占元活动再次被捕入狱，至王占元革职后始出狱。1927年赴安庆养病。1930年至浙江，同年病逝于杭州西湖。

船离码头越来越远，吴禄贞望着仍在码头上频频挥手的好友们的身影，不禁小声吟道：“男儿立志出乡关，事业无成誓不还。埋骨何需桑梓地，人间到处有青山！”

“吴禄贞发起的‘花园山聚会’”，“尽管只有短短几个月”，却“为辛亥革命培养了一大批骨干力量”；而随着吴禄贞的离汉北上，“‘花园山聚会’也相继解体。但它所播下的种子已生根、开花、结果，其活动仍在继续”①。

第二节　暗中联络各地革命党人

光绪三十年甲辰（1904年）四月上中旬，吴禄贞抵达京城，就任练兵处军学司训练科马队监督之职。

此次与吴禄贞一起被选调北上赴京同在练兵处任职的尚有同乡友人、日本东京陆军士官学校同学刘道仁和吴祖荫；初至京师，三人过从甚密，时常在一起商议相关事情。

刘道仁（1870—1922？），又名赓云，字伯刚、百刚，湖北沔阳人。早

① 王腊成：《吴禄贞与“武昌花园山聚会”》，《湖北文史资料》2001年第4期。

年入两湖书院深造，廪贡生。1898 年赴日留学，入东京陆军士官学校第一期。曾加入兴中会、励志会。1902 年回国，任湖北武普通中学堂监学。后入京任练兵处储材科监督。1907 年任副参领。1909 年以补民治司郎中，同年补授广东巡警道。1911 年任内务部疆理司长。入民国，历任参议院参议员、宜昌关监督、湖北沙市交涉员、特派湖南交涉员、内政部卫生司司长、中央防疫处处长等职。1920 年任荆南道尹，1921 年改任江汉道尹。

吴祖荫（1878—？），字念兹，湖北蒲圻（今赤壁市）人。早年考入两湖书院深造。1898 年赴日留学，入东京陆军士官学校第一期。曾与吴禄贞等谒见孙中山，加入兴中会。1900 年又与傅慈祥、吴禄贞、刘道仁等组成“励志学会回国请愿团”。曾参与组建“自立军”，汉口起事失败，复亡命日本。1902 年回国，在湖北新军中任职。1904 年入京在练兵处军学司任职，负责编印日本军事典籍。后仍回湖北新军任职。1911 年 10 月，曾参加武昌起义。后曾至湖州经武学校任教（见《湖州市教育志》，浙江教育出版社 1995 年版，第 17 页）。1931 年 8 月，被国民政府任命为训练总督部军学编辑处编辑。

吴禄贞奉调进京任职后不久，就与留日时的友人、此时正在翰林院任职的金邦平相遇，故两人时有往来。

金邦平（1881—1946），字伯平，一字亚粹，安徽黟县人。1899 年赴日留学，入早稻田大学学习。1902 年毕业回国，历任翰林院检讨、北洋大臣袁世凯的秘书、练兵处参议、编查馆咨议官、资政院秘书长等职。入民国，历任中国银行筹办处总办、袁世凯内阁政事堂参事、农商部次长、全国水利局副总裁、总裁及农商部林务处督办、段祺瑞内阁农商总长等职。后辞官进入实业界、金融界，曾任天津启新总公司经理、上海银行监督、振兴纸板厂董事、振华中学校长等职。

四月间，根据吴禄贞临行前的建议，第八镇工程营的朱元成、陈从新、雷天壮、陈教懋、毛复旦、李胜美与学界的吕大森、欧阳瑞骅、曹亚伯、时功璧、康建唐等人，在武昌斗级营同庆酒楼宴集，正式商议筹组革命机关“科学补习所”的相关事宜，共推吕大森起草章程。

前文曾经提到，吴禄贞在“花园山聚会”转入地下后，曾暗中筹划创建一个新的革命团体——“科学补习所”，但尚未来得及正式建立，就被征调北上了。他“临行前，告诫科学补习所的同志：‘埋头苦干，不可浮躁，必须和各省同志取得一致行动。’”①

① 王腊成:《吴禄贞与“武昌花园山聚会”》,《湖北文史资料》2001 年第 4 期。

五月二十日（7 月 3 日），经过一段时间的紧张筹备，吕大森、刘静庵、曹亚伯、胡瑛、张难先等人以“革命排满”为宗旨，在武昌多宝寺街时象晋家（“花园山聚会”成员时功璧、时功玖父亲家，后迁至武昌魏家巷一号）正式成立“科学补习所”（后改名“日知会”）。推吕大森为所长——吕大森知道，吴禄贞为“科学补习所”的早期筹划费了不少心思，付出了不少心血，自己岂能居功？故只肯任代理所长，而将所长之位留给吴禄贞；其他则胡瑛为总干事，时功璧、宋教仁、曹亚伯、唐廷枢分任财政、文书、宣传、庶务等职。此时，吴禄贞人在北京，未能出席，但寄赠有数十银两作为组织经费。

王保民在《吴禄贞首先参加革命的见闻录记》中记载说：“是年六月（案：78 岁时回忆，时间稍误），成立‘科学补习所’（即“日知会”前身），以多宝寺为所址，推吴禄贞为所长，并以吕大森为代所长，胡瑛为总干事，时功璧任财政，宋教仁任文书，曹亚伯任宣传，唐廷枢任庶务。”①

李书城在《我对吴禄贞的片段回忆》中说：吕大森、刘静庵、曹亚伯、胡瑛、张难先等“办科学补习所运动革命，吴禄贞曾捐银数十两作该所的经费”②。

好友曹亚伯的回忆则极其肯定：“科学补习所”“开幕之日，吴禄贞捐月薪五十两以作开办之费”③。

吴禄贞是怀着崇高理想和满腔热情、并带着同志们的期望北上入京就职的。他满以为自己此次入京，可以大展拳脚，用自己所学的近代军事知识，为朝廷训练出一支骑兵劲旅，为保卫国防贡献出自己的一份力量；可任职一段时间后，就让他感到大失所望；每天的按部就班、迎来送往，聊天宴饮，他感到极其无聊，甚至感到悲愤。

吴忠亚曾回忆说：“他在初任监督时，也以为真能就此练得一支骑兵劲旅，为祖国保边疆，为革命效驰驱，故也颇为得意。但不料腐朽的清政府，徒尚练兵之名，不务练兵之实，更不愿假他以兵权。他们把他关在办

---

① 王保民：《吴禄贞首先参加革命的见闻录记》，《吴禄贞集》附录，华中师范大学出版社 2011 年版，第 276 页。

② 李书城：《我对吴禄贞的片段回忆》，中国人民政治协商会议全国委员会文史资料委员会编《辛亥革命回忆录》第 5 集，中华书局 1953 年版，第 451 页。

③ 曹亚伯：《武昌革命真史・前编》，《曹亚伯集》（上），华中师范大学出版社 2019 年版，第 31 页。

公室里，要他整天埋首伏案，编审‘骑兵操典’之类的东西，而不让他有半点机会接触实际。他所一再提出的各种切实可行的练兵方案，皆被束之高阁，成为纸上谈兵。所谓‘全国骑兵监督’，竟是这样高高在上，两手空空，甚至连一兵一骑的影子也不能见到。要是一心只想做官的人，倒也落得清闲自在，养尊处优，而泰然引以为得计。但他是个满腔烈火，志切救国，特别是为了欲得虎子，才不惜投身虎穴而来的人，对此徙居高位，坐食厚禄，而不能实际有所作为的生活，就不能一日相安”；真可谓“壮怀莫展，咄咄书空”（见吴忠亚《吴禄贞的一生》）。

其间，吴禄贞曾写信给同学、堂兄吴祐贞抒发其心中的愤懑说：“悔不听二哥之言，贸然北上。入京后，名居高位，实违初愿。日以宝贵光阴，虚掷于书牍之中，周旋于亲贵之间，酒酣耳热，每皆以不入耳之言，来相劝趋奉，亦实徒增感慨。盖人皆羡我用正所学，青云独步，我则视同处身囚笼，不可终日。三十功名尘土耳！髀肉已生，奈何奈何！翘首楚天，犹觉神驰，更不知何日始得插翅南飞也！（先父在世时，对他的这封亲笔信，视同拱璧，从不肯轻以示人，我更奉为家宝，什袭珍藏，从不敢等闲置之，八年离乱，行装尽弃，此宝独未尝一日或失。然终不能幸免于十年浩劫之一炬，追怀先泽，痛心曷极！）”（见吴忠亚《吴禄贞的一生》）

七月间，吴禄贞在收到堂兄、同学吴祐贞的书函后，遂给他写了一封回函（即《致戬卿二哥函》）[1]。函中除叙述了兄弟半载的阔别之情外，还向兄长汇报了自己在“北方”每天“周旋于亲贵之间”的“如处囚笼，不可终日”的生活，最后劝慰兄长放弃“北上”的想法，“在湘安心供职”，“以待时机，手足相聚，终有日也”。由书函中的言语可知，吴祐贞曾想通过吴禄贞调到“北方”任职，后因吴禄贞的劝阻而未果。

吴禄贞在京城练兵处的职位颇为清闲，要做的事情不多，故有大量的时间与亲朋好友欢聚宴集；因心情不好，故每次宴饮必然大醉；而醉后则常常口不择言，以致常将那些“隐秘”之事泄露出来。

一日，吴禄贞又与好友良弼、姚锡光、廉泉等人在一起饮宴，酒酣耳热之时，竟将庚子年“自立军”攻打大通之事说出。钱基博先生曾听好友廉泉亲口告知此事，并将此事记载于《吴禄贞传》之中：

曾忆甲辰（1904 年）在京师，偕禄贞饮酒座。酒酣，禄贞倾座大

---

[1] 吴禄贞：《致吴戬卿二哥函》，《吴禄贞集》，华中师范大学出版社 2011 年版，第 218～219 页。

言曰："若辈犹忘庚子夏皖盗劫大通釐局事乎？亦知盗为谁某乎？"声震四座，座客骇愕无应者。禄贞右手举酒满杯，挥左手自指鼻尖，语曰："不敢欺，我也。"扬杯饮，一吸而空。时良弼、姚锡光在座，相视失色。①

所幸当时在座者均系吴禄贞平日经常相聚的好友，没有人向清廷告密，才避免了被追究、处罚的劫难。其时，良弼在练兵处军学司编译科任监督，曾与吴禄贞同学于东京陆军士官学校，为挚友；姚锡光在练兵处军政司任副使，多年前在湖北入张之洞幕府，即与吴禄贞熟识；廉泉在户部任郎中，思想进步，与吴禄贞为好友。

姚锡光（1857—1923），字石泉，号石荃，江苏丹徒人。1878 年作为驻日大臣何如璋随员赴日。1885 年取拔贡。1888 年中举人。先后任内阁中书，安徽石埭、怀宁等县知县，莱州、直隶州知州，常与北洋将领考察天津、大沽等地海防，后为山东巡抚李秉衡幕僚；1895 年去南京拜访两江总督张之洞，任督府幕僚。曾任湖北武备学堂总稽查。1904 年任直隶发审公所监督，不久，改任练兵处军政司副使。1906 年升为练兵处提调。1908 年署理陆军部左侍郎。1909 年任陆军部左丞、右侍郎。1911 年任为弼德院顾问大臣。1912 年，任为中华民国中央政府遣藏劝慰使；同年，参加国民党，被推举为参议。"五族国民合进会"成立，出任会长。1914 年出任参政院参政。1920 年，任为蒙藏事务局副总裁、北口宣抚使。1921 年辞官归乡。1923 年被授予"锡威将军"。同年逝于乡。著有《东方兵事纪略》《东瀛学校举概》《筹藏刍议》《筹蒙刍议》《姚锡光日记》《姚锡光文稿》等。

廉泉（1868—1931），字惠卿，号南湖；又号岫云，别署小万柳居士。江苏无锡人。早年入江阴南菁书院学习。16 岁中秀才，19 岁与安徽桐城古文大师吴汝纶的侄女吴芝瑛结婚。光绪甲午（1894 年）举人。次年入京会试，参与康有为、梁启超组织的"公车上书"。1896 年受尚书怀塔的赏识，任户部主事；次年荐举为户部郎中。在京期间，结识苏曼殊、徐锡麟、吴禄贞、李煜瀛、秋瑾等人革命党人。1904 年冬，因不满朝廷腐败，辞职南归，寓居上海，与海内名流往还。1906 年集股创办文明书局。1907 年秋瑾遇害，协助吴芝瑛将其遗骨葬于杭州西泠桥畔。1914 年赴日暂居。1917 年回国。1929 年至北平寓居。后病逝于北平。为人豪爽、重道义、

① 钱基博：《吴禄贞传》，《张难先集》，华中师范大学出版社 2011 年版，第 46 页。

讲义气，乐于助人；又以工诗文、善书画、喜金石名海内，家多珍藏。著有《南湖集》《潭柘集》《梦还集》《梦还遗集》等。

九月十六日（10 月 24 日），吴禄贞好友黄兴、马福益、刘揆一等策划的湖南长沙起义，因事泄失败，遭清廷通缉；黄兴、刘揆一不得不辗转流亡日本，马福益则潜至广西避祸。

马福益是湖南当时有名的会党首领。马福益（1865—1905），原名福一，又名乾，湖南湘潭人。其父马大良为哥老会中颇有地位的头目。故早年亦加入哥老会。1891 年便在株洲渌口创立回仑山（一作回龙山），为首领，开堂放票，招收党徒。因豪侠仗义、处事公道，深受党徒拥戴。后四处发展党徒，足迹遍于湖广，且成为湖南、江西、湖北、广东、广西一带哥老会中威望甚高的首领。1904 年刘道一等与其联络，晓以反清民族大义，慨然效命，与黄兴等共谋长沙起义，以所属会众为义军，以军学界人为指挥，省城外分五路同时响应。事泄，走避广西。次年复回湖南，准备于洪江再次发动起义，中途被捕，不久被杀于长沙。

九月二十日（10 月 28 日），因湖南长沙起义事泄，牵涉到湖北；湖广总督张之洞接到禀报，派兵围剿“科学补习所”；幸此前湖北党人已接黄兴电报，同志、枪械、文件等皆事先转移，致使官府“一无所获”，仅“逮其房主以去”。后官府鞫讯房主得知：租赁此房屋者为文普通中学堂的学生欧阳瑞骅和宋教仁。时主持湖北学务者为梁鼎芬——张之洞心腹，“见此案牵连学校”，如若“案情扩大，于己不利，乃缓颊张督前，只开除欧阳瑞骅及宋教仁二人学籍寝事”①。

是年，吴禄贞以署理练兵处军学司训练科马队监督、“参谋班领官”（案：相当于今天的班主任）的身份，时常到直隶保定“北洋陆军将弁学堂”（后改名为“北洋陆军武备学堂”“北洋通国陆军学堂”“陆军随营学堂”和“陆军大学堂”）看望学生，了解教学情况，并在学校学生中秘密发展“华兴会”会员。张璧就是其中的一人。

张璧（1882—1946），原名炳衡、炳巩，字玉衡。河北霸州人。幼在家念私塾，少时赴天津上中学。1902 年中学毕业后报名加入北洋新军。1903 年考入北洋陆军将弁学堂。加入华兴会。1907 年赴东北戍边。1910 年随吴禄贞进入第六镇任参谋官。吴禄贞被刺杀后，潜入东北组织“光复

① 张难先：《湖北革命知之录·科学补习所始末》，《张难先集》，华中师范大学出版社 2011 年版，第 52 页。

军”。1912年率“光复军”至烟台，支持山东都督胡瑛宣布山东“独立”。“二次革命”失败，逃亡至云南。1915年参加护国军讨袁。1917年后，先后出任北方招讨使、河东盐运使、北洋政府财政部税务处会办等职。1923年，出任首都警察总监。1924年，协助冯玉祥发动“北京政变”，逼迫曹锟下野，驱逐溥仪出宫。1931年因“天津事件”遭到国民政府通缉。1938年曾任日伪北平市公用局局长，为京津地区青帮老大。日本投降后被国民党逮捕，病死狱中。

说到“北洋陆军将弁学堂”，熟悉清末新军的人没有不知道的。该学堂于1903年在保定筹建，后曾改名为保定“陆军大学堂”，1912年迁至北京，正式定名“北京陆军大学”，直辖于参谋本部。

其时，同乡、好友王保民①亦在北洋陆军将弁学堂“参谋班”学习，吴禄贞每次前往，两人必定相聚畅谈。

王保民曾回忆说：“他在北京陆军大学参谋班当领官时，又受其教育。敬佩其为人激昂慷慨，正气凛然。”②

次年（1905年）的七月间，朝廷任命吴禄贞署理练兵处军学司训练科科长；因工作需要，遂将好友周维桢调到自己身边，协助自己工作。不久，在周维桢的协助下，编写了教材《骑兵操典》一书。

也是在这期间，吴禄贞曾请假回云梦老家埋葬父亲灵柩；适好友程明超自东北前来京城，与吴禄贞相聚，并同吴禄贞一道出京南下回鄂。

安葬完父亲的灵柩，处理完相关的事情，吴禄贞遂至武昌（即夏口），带领家人来到京城寓居。

王保民在《吴禄贞首先参加革命的见闻录记》中曾记载老同学程明超对他说过：“1905年乙巳，吴在北京练兵处，与良弼同寓；余自满韩入燕，适吴将归葬父，自京汉同归鄂。车中三日，皆言应付良弼之苦衷，吴谓：‘满人可畏者惟良弼，日（汉）人能敌者唯吾。良弼私德，孝亲爱友，皆与吾相似，私交又复甚笃。而近日排汉之策，皆良为之谋主。余处虎穴中，旦夕思败其谋，良弼尚未之觉也。此时良弼与铁良相恶，正惨（操）同室之戈（良弼与铁良皆为清宗室），是即余之小成功’云。”③

---

① 王保民(1880—1962)，湖北江夏(今武汉市武昌区)人。早年投笔从戎，至湖北新军当兵。与吴禄贞结识，亦师亦友。后考入保定陆军军官学堂。1911年 参加武昌起义。

② 王保民:《吴禄贞首先参加革命的见闻录记》,《吴禄贞集》,华中师范大学出版社2011年版,第278页。

③ 王保民:《吴禄贞首先参加革命的见闻录记》,《吴禄贞集》附录,华中师范大学出版社2011年版,第277页。

七月二十日（8月20日），在孙中山的倡导下，以“兴中会”和“华兴会”为基础，联络“光复会”成员在日本东京组成“中国同盟会”，举孙中山为总理，下设执行、评议、司法三部。执行部又设庶务、内务、外务、书记、会计、经理等六科（一说分为八科）；评议部设评议长及评议员若干人；司法部设判事长、判事及检事等职，并采用三权分立制。以黄兴为执行部庶务长，辅助总理计划一切。其余职务则由朱炳麟、程家柽、廖仲恺、田桐、谢延誉、谷思慎、汪兆铭、邓家彦、张继、宋教仁等分别担任，成为全国性的革命组织。同盟会确定以“驱除鞑虏，恢复中华，建立民国，平均地权”为革命纲领，提出了“民族、民权、民生”的三民主义学说，又制订了《军政府宣言》《中国同盟会总章》《略地规则》、革命军和军政府的建制、对外宣言和对内布告等一系列文件，并决定从即日起，积极宣传，在全国各省区设立分会，广泛联络革命力量，开展武装起义，以推翻清朝统治。

中国同盟会的成立，标志着中国民族民主革命运动进入一个崭新的阶段。消息传来，让吴禄贞的精神感到颇为振奋。

第三节　广泛交结朝野重臣

吴禄贞北上入京，在练兵处任职已匆匆两年，可谓“徒有虚名，殊无实权”，要做的事情不多；“他的职务，不过阅操和编辑军事训练的教材而已。主管上司兵部尚书满人铁良，素知禄贞志大才长，平时防范特严，遇事每加挫折”；“他的种种意见，均不采用，同事满人凤山，对他猜忌尤深”①；因而，吴禄贞的生活环境甚为恶劣，革命活动的开展极其艰难，他常为此事而感到苦恼。

光绪三十二年（1906年）正月间，得知好友刘静庵、曹亚伯等人组织发起的“日知会”在武昌正式成立。吴禄贞列名其中，因人不能去武汉，未能出席，只得寄去五十两白银作为开办经费，以聊表心意。

正在此时，好友程家柽自日本归国，前来看望吴禄贞，向吴禄贞简要地报告了“中国同盟会”成立的基本情况，转告了孙中山先生对他前段时间在湖北卓有成效工作的肯定；又向他介绍了关于“中央革命”的设想与策略。最后告诉好友：他此次是奉命回国，除了担任北京大学农学院的教授之外，还应肃亲王、民政部尚书善耆的邀请，担任他的幕僚，以此为掩护开展民主

① 《吴禄贞》，《吴禄贞集》附录，华中师范大学出版社2011年版，第265页。

革命活动。吴禄贞正为自己一个人在戒备森严的京城开展工作孤掌难鸣而发愁，听到这一消息，感到分外高兴。

程家柽（1874—1914），字韵荪，一字下斋。安徽休宁人。早年入武昌两湖书院学习。1899 年赴日留学，入东京帝国大学农科。结识孙中山，接受革命思想。1903 年组织发起“拒俄义勇队”。1905 年与宋教仁等创办《二十世纪之支那》杂志。中国同盟会成立，被推为外交部长。1906 年归国，任北京大学教授和肃亲王善耆幕僚，营救同志多人。1909 年任陆军部陆军中小学教科书编辑，秘密从事革命宣传。武昌起义后，与吴禄贞谋发动北方新军攻取北京。因吴被刺未果。1912 年 1 月参与谋炸袁世凯，未果，逃亡南京。后任安徽军政府高等顾问。宋教仁被刺后，举起反袁大旗，在其主办的《国风日报》上发文揭露袁氏阴谋和卖国行经。1914 年潜至北京，密谋反袁活动，事泄被捕，于 9 月 23 日遇害。

从此，吴禄贞公务之余，便时常与程家柽往还，一起暗中联络同志。又经程家柽的引荐，开始与肃亲王、民政部尚书兼理藩院大臣善耆往来，并颇得善耆的赏识。

这末代肃亲王善耆，也是晚清政坛的一位活跃人物，贵族重臣。清王朝命善耆以民政部尚书兼署理藩院大臣，可见朝廷对理藩院的重视和对善耆的倚重。

“理藩院”是清王朝管理内外蒙古、青海、新疆、西藏等各地少数民族事务的中央机构。初名“蒙古衙门”，清崇德三年（1638 年）改名“理藩院”，隶礼部。顺治十八年（1661 年）议定与六部同等，列衔于工部之后。该院设尚书 1 人，左、右侍郎各 1 人（以上为满员），额外侍郎 1 人（为蒙员）。其属，郎中、员外郎、堂主事、主事、司务、笔帖式等官，亦由满、蒙、汉军人员充任。院内组织初设四司，以后陆续增加，乾隆二十九年（1764 年）定设旗籍、王会、典属、柔远、徕远、理刑六个司，及满档房、蒙古房、司务厅、当月处、督催所、银库、饭银处等机构，分掌部界、封爵、设官、户口、农牧、赋税、兵刑、驿递、会盟、朝贡、贸易、宗教及院内事务。附属理藩院的单位尚有内馆（接待内扎萨克年班人员）、外馆（接待外扎萨克年班人员）、俄罗斯馆（接待俄罗斯商人）、蒙古官学（蒙文学校）、唐古特学（藏文学校）、托忒学（托忒文学校）。理藩院还掌管一部分外交事务，主要是治理与俄国交涉事宜，咸丰十一年（1861 年）后划归总理衙门。光绪三十二年（1906 年）9 月，改“理藩院”为“理藩部”。民国元年（1912 年）清帝退位后，“理藩部”改为“蒙藏院”，由内蒙古郡王贡桑诺尔布任总裁。民国十六年（1927年），南京国民政府成立，实行五院制。在最高行政机关行政院之下，专设"蒙藏委员会"，代替此前的"蒙藏院"，掌管蒙古、西藏行政及其他各项事务。从此，"理藩院"正式退出历史舞台。

爱新觉罗·善耆（1866—1922），字艾堂，号偶遂亭主人。满洲镶白旗人。清太宗皇太极长子肃武亲王豪格后代，内大臣隆勤之子，女间谍川岛芳子生父。初封二等辅国将军，光绪二十五年（1899年）其父隆勤逝世后，善耆袭封肃亲王爵位。后历任乾清门头等侍卫、副都统、统领、民政部尚书、民政大臣、理藩大臣。曾仿照日本警察法和北京城的现状，组建新式巡捕队——这就是中国后来的警察。赞成立宪运动，并免除刺杀监国摄政王载沣的汪兆铭的死刑。辛亥革命后，为宗社党骨干，拒绝在清帝退位诏书上签字。后逃至日本占领的旅顺，两次发起满蒙独立运动，均以失败告终。民国十一年（1922年）病死于旅顺，尸体运回北京肃亲王墓地安葬。溥仪追谥"忠"，全称"肃忠亲王"。

三月十八日（4月11日），应肃亲王、民政部尚书兼理藩院大臣善耆之邀，吴禄贞和好友姚锡光曾陪同善耆与东蒙古卓索图盟喀喇沁右翼旗札萨克兼郡王贡桑诺尔布前往巡阅、考察了东蒙古的卓尔图、昭乌达、哲里木、锡林郭勒东四盟的各旗，直到五月十九日（7月10日）结束，回到京城，前后两个多月。

说起来，肃亲王善耆与贡桑诺尔布还有着一层特殊关系：肃亲王善耆的妹妹善坤是贡桑诺尔布的福晋（善坤于1887年与贡桑诺尔布成婚），即肃亲王善耆乃是贡桑诺尔布郡王的内兄，而贡桑诺尔布则是肃亲王善耆的妹婿，可谓至亲。故巡阅、考察期间，肃亲王善耆等一行在喀喇沁右翼旗就驻扎了十九天。

这贡桑诺尔布可不简单。他是蒙古民族近代史上重要的开拓者，是漠南地区睁眼看世界的第一人。贡桑诺尔布（1872—1931），姓乌梁海（元良哈）氏，字乐亭，号夔盦，系成吉思汗勋臣者勒篾的第二十四世后裔，喀喇沁右翼亲王第十三任札萨克旺都特那木济勒之子。自幼受到良好的文武教育。1887年与清宗室肃亲王善耆之妹善坤成婚。1898年承袭爵位，成为第十四任札萨克和第十二任郡王。1900年，鉴于内忧外患的形势，开始在本旗内除旧布新，改革秕政。1901年，选拔青壮年和王府卫兵编练成正规军。1902年始，相继创办"崇正文学堂""毓正女学堂""守正武学堂"。又潜赴日本考察，归来后相继开办农、工、商业和邮电。还创办

《婴报》、图书馆，创建警察。1905—1906年，先后派遣青年学生赴日留学。1906年，奉命偕善耆、姚锡光、吴禄贞至蒙古各盟巡阅考察。辛亥革命爆发，率蒙古王公联合会“赞同共和”。1912年民国成立，出任蒙藏事务局总裁；加入国民党，成为九位理事之一。同年晋封为亲王。1913年在北京创办蒙藏学堂（后改名“蒙藏学校”，即中央民大附中前身），培养学生甚众。1914年蒙藏事务局改为蒙藏院，仍任总裁至1928年。1931年病逝于北京。贡桑诺尔布好诗文，喜吟咏，工书法，善绘画，通蒙、满、汉、藏文字，著有《竹友斋诗集》等。

在巡阅、考察蒙古东四盟各旗的日子里，吴禄贞与贡桑诺尔布也一见如故，相见恨晚，结下了深厚的友谊。

其间，肃亲王、民政部尚书兼理藩院大臣善耆和姚锡光、吴禄贞一行，曾至东蒙古卓索图盟喀喇沁旗札萨克兼郡王贡桑诺尔布的府邸作客，贡桑诺尔布则盛宴款待大家。因肃亲王善耆急于去看望多年未见的妹妹善坤，很早就离席了；而姚锡光与贡桑诺尔布素不相偕，见肃亲王善耆离席，自己亦感无聊，亦早早离席回房休息。剩下吴禄贞和贡桑诺尔布两人酒逢知己、彻夜长谈、豪饮达旦，以致于吴禄贞喝得酩酊大醉，倒在王府的东台阶长睡不醒——后来，贡桑诺尔布在台阶的侧石上题刻了“吴绶卿醉卧处”几个字，至今犹在，且成为吸引旅游者络绎不绝、流连忘返的著名景点——这可谓是题外之话。

此次随肃亲王善耆等人巡阅、考察东蒙古的收获很大，吴禄贞了解到日本和沙俄都垂涎蒙古已久，并不断派人前去活动。吴禄贞甚为蒙古的安全感到担忧，认为经营蒙古已刻不容缓。于是，他将自己巡阅、考察蒙古所看到、所想到的情况经过认真归纳整理，赶写了一部长篇报告、洋洋三万七千余言的——《经营蒙古条议》①，呈递给肃亲王善耆，受到善耆的高度评价。

不仅如此，吴禄贞还完成了他的另一篇重要报告、洋洋二万三千余言的——《东四盟蒙古实纪》②，一并呈递给肃亲王善耆。

通过此次赴蒙古东四盟各旗的考察巡视以及考察巡视结束后吴禄贞所撰

① 此报告为吴氏家藏抄本，今收入《吴禄贞集》，华中师范大学出版社2011年版，第3～42页。

② 此报告为吴氏家藏抄本，今收入《吴禄贞集》，华中师范大学出版社2011年版，第42～69页。

之两部长篇报告，肃亲王善耆对吴禄贞的才华赞赏有加，另眼相看。

而更让吴禄贞感到高兴的是，他通过肃亲王善耆又结识了朝廷中的另一位权要，那就是首席军机大臣、庆亲王奕劻，并被庆亲王奕劻收为“弟子”。后来吴禄贞就曾利用这层关系不仅为自己出钱谋得外任重要职位（陆军第六镇统制），而且还为同乡、前辈师友、前陕西布政使樊增祥与陕甘总督升允之间诉讼案的结案以及其被朝廷免职后的起复之事在朝中斡旋、奔走，扫清障碍①。

总之，有了这些重要关系，无论是对吴禄贞今后的仕途、发展，还是对革命党人的民主革命活动都带来了不少的便利——后来的事实就是明证。

第四节　西北考察

有了赴蒙古东四盟各旗巡阅、考察的实践和切身体会，吴禄贞经过认真思虑，“决心改变做法，另辟途径”，前去“西北各省，观察边疆形势”和风土人情，以结交有进步思想的人物，为日后的革命大举打基础，作准备，从而借机“脱离练兵处”；便主动写报告呈递兵部尚书、军机大臣铁良，表示自己“愿单独去到陕甘新疆、蒙古各地调查，川资一项，请军机处饬令沿途藩库供给”②；正好铁良也想了解、掌握西北边省训练新军等方面的情况，遂批准了他的报告。于是，吴禄贞遂邀湖北同乡、留日同学、革命同志与亲信秘书周维桢结伴，一起赴西北考察边务，并立即出京南下。

光绪三十二年（1906 年）九月上中旬，经过简单的准备，吴禄贞与好友周维桢遂结伴出京，先乘火车南下，经直隶，至河南郑州下车，稍作停留后便改成骑马。此时的吴禄贞有如脱缰的骏马，与好友周维桢离郑州、经荥阳（今郑州市荥阳市）一路高歌疾驰，向西行进，凡是著名的名胜古迹皆前往观览，并留下了不少为人传颂的诗作。

九月下旬，吴禄贞和周维桢终于兴致勃勃地抵达西安并稍作停留。西安，古称“长安”“镐京”，著名古都，也是陕西省的省会，更是中国西部地区重要的中心城市。其地处关中平原中部，北濒渭河，南依秦岭，八水润长安。这西安拥有着 5000 多年的文明史、3100 多年建城史、1100 多年的建都史，是中国的四大古都之一，中华文明和中华民族重要发祥地之一，丝绸之路的起点。丰镐都城、秦咸阳宫、兵马俑，汉未央宫、长乐宫，隋

① 详见曾伟希:《清末吴禄贞致樊增祥信函》,《文献》(季刊)2011 年 7 月第 3 期。

② 《吴禄贞》,《吴禄贞集》附录,华中师范大学出版社 2011 年版,第 265 页。

大兴城，唐大明宫、兴庆宫等都是享誉中外的著名景点。

在西安停留期间，吴禄贞与周维桢曾一起前往拜访了湖北同乡、前辈诗人、时任陕西布政使的樊增祥。

这樊增祥既是清末民初政坛大名鼎鼎的人物，亦是文坛享誉一时的诗文大家。樊增祥（1846—1931），原名樊嘉，又名樊增；字嘉父，一字云山；号云门，亦号樊山，又号天琴；别署天琴居士、身云居士、东溪居士、鹅溪老渔、天琴道人、天琴老人、武威樊嘉等。湖北恩施人。同治六年（1867年）举人。光绪三年（1877年）进士，选庶吉士。散馆后历官陕西宜川、咸宁、富平、渭南知县等职。二十六年（1900年），因迎驾有功，授职安徽凤颍六泗道，诏留行在行走；后历任政务处提调、陕西按察使、浙江按察使、陕西布政使等职。三十二年（1906年）十月被免官。三十四年（1908年）八月，开复原官，授江宁布政使兼署两江总督。辛亥革命爆发，弃官隐居上海，以遗老自居。曾参与组织发起"超然吟社"，经常与遗老遗少宴集酬唱。1915年初北上入京，出任总统府顾问、参政院参政、清史馆总纂等职。晚年以鬻书为生，卒于北平。工诗、词、古文、骈文，善书画。著述丰富，有《樊山集》《樊山续集》《樊山集外》等，今人辑有《樊樊山诗集》（上、中、下）。

因为都是张之洞弟子的关系，大家相见恨晚，一见如故，叙说友情，谈论诗文，甚是融洽。樊增祥遂尽地主之谊，为他们设宴洗尘，盛情款待。吴禄贞和周维桢亦以师礼待樊山老人，尊敬有加。

吴禄贞和周维桢在西安稍事停留、修整，便于九月二十九日（11月15日）拜别同乡前辈、陕西布政使樊增祥，离西安，经西安府咸阳县（今陕西省咸阳市），一路继续西行，并开始以"日记"（即《沿途日记》）的形式，记录下他们每日的所经、所见、所闻、所感。

由于有陕西布政使的出面盛情接待和热情相送，因此，吴禄贞和周维桢自离西安后，在西进途中，均有地方官员出面接送；所到之处，不单住宿安排舒适豪华，而且饮食准备丰盛可口；这也让吴禄贞和周维桢感到心情舒畅。

十月二十四日（12月9日）下午，经过近一个月的辛劳跋涉，吴禄贞、周维桢一行风尘仆仆地抵达甘肃的省会兰州，"由东关进，宿客店"；而"入店后，探访者纷纷，多不尽情，概谢绝"（《沿途日记》），并与督署联系，预约拜见事宜。

十月二十六日（12月11日）上午，吴禄贞和周维桢如约前往拜访陕甘总督升允，可二人到后，升允不知何故，竟以有疾推辞不见。无奈，一行人只得前去游览北塔山，然后回旅店等候召见。

这升允是何许人也，如此言而无信？升允（1858—1931），字吉甫，号素庵。蒙古镶蓝旗人。光绪八年（1882年）举人。二十六年（1900年），任山西按察使、布政使。次年调任陕西布政使。二十八年（1902年）擢升陕西巡抚。三十年（1904年）调任江西巡抚，不久，又调任察哈尔都统。次年四月调任闽浙总督，未任，改任陕甘总督。宣统元年（1909年）因反对君主立宪，被革职。宣统三年（1911年），武昌起义爆发，重新起用，任陕西巡抚，总理陕西军事。民国元年（1912年），极力反对清帝退位；曾率数十万兵马东进，冀迎奉溥仪至西北，建立偏安的小朝廷未果。次年，乘“二次革命”之机，又策动勤王复辟活动，未得逞，乃赴日本游历。民国五年（1916年）回国，侨居青岛。民国六年（1917年）张勋复辟时，被任为大学士，曾劝说旧部响应，以甘肃为复辟基地，未果。后以清遗老终。

吴禄贞和周维桢在等候升允召见期间，方才得知：他们的同乡、前辈诗人、陕西布政使樊增祥已于几天前的十月二十一日（12月6日），因陕甘总督升允的弹劾，被朝廷免职。

十月二十八日（12月13日），陕甘总督升允终于同意与吴禄贞和周维桢见面。于是，吴禄贞和周维桢遂穿着便服前往督署拜见总督大人。在双方交谈的过程中，吴禄贞和周维桢指出陕甘地区没有按照朝廷的要求编练新军，所统仍然为绿营兵；并谓沙俄早就窥视我国西北，一旦入侵，将如何应敌？希望他们尽快整改。升允本是旗人，是清王朝的铁杆守旧派；他曾听人说吴禄贞和周维桢在日本时都从事过反清革命活动，现在来此并未接到军机处的通知，且二人又未穿朝服，见面时亦未行大礼，实为目无长官，还要求供给他们所需之考察经费，遂恼羞成怒，电告军机处，参劾吴禄贞“冒充钦差”，并沿途“需索供应”，要求将他们就地正法；并将他们扣押起来，不准西行。

适练兵处已于上月撤销，合并到陆军部；而此时“铁良已出军机，军机处各大臣，多半不知道这事的经过，就上奏西太后”。西太后当即召询陆军部大臣铁良，“铁良奏认是他任上所派。西太后就命铁良电复升允等”，确有其事，请求放人。升允“接到复电后，见禄贞诚系奉命前来，就加他沿途滋扰的罪，把他押解回京”①。

① 《吴禄贞》,《吴禄贞集》附录，华中师范大学出版社2011年版，第265页。

这里值得一提的是，国民党中央党史史料编纂委员会所编之《吴禄贞》中曾记载：是年的 11 月，吴禄贞与好友周维桢“到了甘肃”，便前去“访晤巡抚樊增祥”。交谈之间，吴禄贞“陈词多主革新”；“樊系反对戊戌维新的守旧派”，听了吴的所说之话，“错疑他是康党”，且不见有军机处给各省藩库的行文，可能是“冒充钦差”，就禀明陕甘总督升允，请将吴禄贞就地正法。升允为慎重起见，曾电询军机处，军机处回复确有其事。升允遂加以“沿途滋扰”的罪名，将吴禄贞撤职查办，并于年底押解回京。

首先要指出的是，吴禄贞和周维桢抵达西安时，樊增祥并不是“巡抚”，人也不在“甘肃”；他此时的任职为陕西布政使，人在西安。说樊增祥是“反对戊戌维新的守旧派”，过于武断，也与实际不符——樊增祥清末在陕西积极投身新政，为陕西的近代化贡献颇多，比如奏开铁路、开发延长油矿、自办工艺所、劝业场、振兴民族实业、筹建陕西大学堂、师范学堂及州县两级学堂、鼓励学生出国留学、筹练陕西常备新军及巡警等等，并不“守旧”，只是他践行的是乃师“中学为体，西学为用”的主张罢了。

根据近些年新发现的史料来看①，吴禄贞和樊增祥之间的关系并不像《吴禄贞》中所说的那样，而是师生或朋友的关系（吴禄贞在本年底和次年初给樊增祥的几封信，都是以弟子的身份和口气写的）。而吴禄贞、周维桢至陕甘考察期间，陕西布政使樊增祥与陕甘总督升允之间正发生了一场互控的尖锐的矛盾冲突，他自然不会为此事主动去找升允。况且，吴禄贞和周维桢至甘肃兰州出事被扣之前，樊增祥已被朝廷撤职了，无法参与其事。如果硬要说是樊增祥未被朝廷免职之前就禀告了总督升允，那为什么吴禄贞、周维桢在抵达兰州后的几天里，却平安无事，而是到兰州的第五天他们去拜见了总督升允之后才出事？很显然，这里不存在樊增祥向升允报告而抓捕吴禄贞之事了。如果果真是樊增祥在未被朝廷免职前向升允告的密，在吴禄贞、周维桢抵达兰州后，他俩就会立即被督署派人监视或抓捕起来；而且，樊增祥也无颜在他自己已经被撤职几个月之后，还暗中致函委托吴禄贞在京城为他与升允的互控案结案之事奔走活动了。

另外，升允在接到陆军大臣铁良的复电、得知吴禄贞确为原练兵处所派后，便将吴禄贞和周维桢释放了，吴禄贞和周维桢等人才得以继续西行；并不是如《吴禄贞》中所说：“接到复电后，见禄贞诚系奉命前来，就加他沿途滋扰的罪，把他押解回京。”“押解”吴禄贞回京是吴禄贞等继续西行，

---

① 曾伟希:《清末吴禄贞致樊增祥信函》,《文献》(季刊)2011 年 7 月第 3 期。

已经到达凉州，在朝廷再电升允，宣布撤除吴禄贞职务，通知他终止考察、回京接受审查之后。

十月二十九日（12月14日），陕甘总督升允接到陆军部电报后，才不得不将吴禄贞等人释放。于是，吴禄贞一行遂于十月三十日（12月15日）离开兰州，继续西行。

十一月初四日（12月19日），慈禧太后在召陆军部大臣铁良问明有关情况后，又下谕旨："又谕。电寄升允，前据电奏，吴禄贞冒充钦差等语。当经谕令陆军部彻查究办。兹据陆军部奏称，吴禄贞系由练兵处派往，已将情形电覆该督，究竟该员如何冒充实据，着升允详细电奏。寻奏上，得旨，着陆军部将该员撤回查办。寻部议，查明吴禄贞并无需索招摇情事，实因该员留学外洋，于中国礼节律例均未深悉，以致有轻率疏忽之处。请撤去监督差使，以示惩儆。从之。"①

十一月十一日（12月26日），吴禄贞和周维桢一行抵达凉州城（今甘肃省武威市凉州区），并接到由兰州转寄的京城电报，方才得知自己已被朝廷撤去练兵处军学司训练科马队监督的职务。

当时京城发往西北的电报，最远只能到达甘肃兰州；而发给兰州之外的电报，都须经兰州转发。京城发给吴禄贞的电报到达兰州时，吴禄贞等人已离开兰州，前往平番的红城子了。时凉州已设有电报分局，只得将京城的来电转发给凉州，在凉州截住吴禄贞一行，并将电报交给他们。至此，吴禄贞才知道自己已被朝廷撤去监督职务，并奉命返回京城，故西北之行至此而止。

对于吴禄贞此次赴西北考察最远抵达何处的问题，已有的文献记载皆说法不一。《故晋联军参谋周君碑铭》中记载说：吴禄贞和周维桢"历山西、陕西入甘肃，遍览玉门、嘉峪形势……至肃州、奇台而返"②。按其中的说法，吴、周二人最远的行程是到了奇台（今新疆昌吉回族自治州奇台县）。而国民党中央党史史料编纂委员会所编之《吴禄贞》中却说：吴禄贞一行自西安抵达甘肃兰州后，就被陕甘总督升允以"沿途滋扰的罪"，将"他押解回京"③。按其中的说法，吴、周二人最远的行程只到达甘肃兰

① 《清德宗实录》卷566，"光绪三十二年十一月丁酉"条，中华书局1987年版。

② 《故晋联军参谋周君碑铭》，《吴禄贞史料集（石家庄文史资料第十二辑）》，中国人民政治协商会议河北省石家庄市委员会文史资料委员会1991年版，第157页。

③ 国民党中央党史史料编纂委员会：《吴禄贞》，《吴禄贞集》附录，华中师范大学出版社2011年版，第265页。

州。今据吴、周二人所写之《沿途日记》[①]可知，他们二人此次西北考察的最远行程是抵达凉州府城（今甘肃省酒泉市凉州区）。由此可见，前二说均不准确。

于是，吴禄贞和周维桢于十一月十二日（12 月 27 日）在凉州（今甘肃省武威市凉州区）终止西行，被陕甘总督升允派人“押解回京”。

十二月中下旬，经过一个多月的风餐露宿，吴禄贞终于被陕甘总督升允所派之人“押解”回到京城。

吴禄贞回到京城后，因为已被撤职，且正在接受朝廷审查，时间颇为充裕；闲居无事，遂将自己赴西北考察途中所写之诗整理汇为一集，名为《西征草》。

适在此时，湖北革命组织派人前来告诉吴禄贞说：因为响应湖南萍、浏、醴起义，“日知会”遭到严重破坏，共有二十多位同志被捕入狱，刘静庵等 9 人已被判死刑，请其尽快在京设法救援。

吴禄贞得知这一重要情况，非常着急，虽然自己仍在接受朝廷的审查，还是设法前去与好友程家柽商议对策。接着，他们做通了庆亲王奕劻和肃亲王善耆的工作，并以肃亲王的名义，给湖广总督府发了一封电报，请张之洞对此案“和平办理”。于是，刘静庵等 9 人才转危为安，由死刑改判为终生监禁，得以保住性命；其他人亦都有减刑。这些同志在武昌首义后，又都获得了自由，继续为革命奉献力量。

张难先在其《湖北革命知之录·胡瑛传》中就记载说：“日知会”被捕入狱诸君，“后得吴禄贞、程家柽等奔走，肃邸电张督对此案和平办理，而狱始缓。除夕，分禁九人于各监，始脱缧绁，能通信会客矣”[②]。

殷子衡是被捕的当事人之一，他曾在其《殷子衡日记》中记载说：“闻于十二月二十五日，北京外务部忽来电云关于圣公会之日知会刘敬安案从缓办理。盖美公使既抗议，而吴禄贞、程家柽等亦暗中于庆王、肃王前有施救之术也”；还记载说：自此，吴贡三、李亚东、梁钟汉等党人“得狱官熊家骐之庇护，组织一中华铁血军于狱中，得以与日知会会员变名分设之各种机关通声气”；而“胡瑛在臬司狱中尚不十分痛苦，因北京有吴禄贞、程家

① 聂红萍：《〈沿途日记〉与吴禄贞西北考察》，《暨南学报》（哲学社会科学版）2019 年第 2 期。

② 张难先：《湖北革命知之录·胡瑛传》，《张难先集》，华中师范大学出版社 2011 年版，第 59 页。

柽之照应，海外有杨毓麟、黄兴之关心，武昌各同志机关中又有詹大悲为之代理一切。故管狱者谈国华，对于胡瑛特别优待，并以其女许之，孙昌敬时赠书籍以纵其观览焉”①。

① 曹亚伯:《武昌革命真史·前编》,《曹亚伯集》(上),华中师范大学出版社 2019 年版,第 177～178、185～186 页。

第五章　人生转折　建功东北

由于种种原因，吴禄贞的西北考察以失败告终，而“禄贞经此番挫折，刺激更深，他的革命思想，益发尖锐化”①。第二年的（1907 年）五月，清政府在东北地区改革官制，改“盛京将军”为东三省总督，设奉天、吉林、黑龙江三省巡抚，而由军机大臣、署理兵部尚书徐世昌出任第一任东三省总督、钦差大臣兼管三省将军事务。徐世昌曾在练兵处担任过提调和会办，是吴禄贞的老上司，颇赏识吴禄贞的才干。经徐世昌的保奏，朝廷任命吴禄贞为“军事参议”，随徐总督赴东北任职。从此，吴禄贞的人生开始发生重大转折，从而使他在东北边疆大展宏图，干出了一番轰轰烈烈的大事业。

第一节　结交豪杰　初试锋芒

光绪三十三年丁未（1907 年）四月下旬，由于同学、好友、清室贵胄子弟良弼的多方斡旋，“老师”奕劻的参与审查，加之陆军部尚书铁良承认其确曾同意吴禄贞赴西北考察边务，故在升允奏劾吴禄贞“冒充钦差”和“沿途需索滋扰”一案结案时，朝廷对吴禄贞、周维桢才未予追究、处分，只是暂时免去了吴禄贞骑兵监督之职。

吴禄贞“冒充钦差”一案，朝廷颇为重视。因为此案一开始就上奏到了慈禧太后那里。太后曾召见铁良询问过此事。铁良承认吴禄贞是他在练兵处时派去考察边务的。慈禧太后遂责令奕劻、铁良等人了解具体情况，认真办理。铁良自然不敢怠慢，立即电告升允，向其说明情况，请其放人；并请转告吴禄贞暂停考察，先回京师再说。只是升允怒气难平，先不计较其“冒充钦差”之事，仍下命以新党嫌疑、“沿途滋扰”、“需索供应”的罪名，将吴禄贞和周维桢扣押，遣送回京查办。吴、周回京后，经奕劻、铁良等人查核，认定其“并未冒充钦差”；但又不便彻底得罪升允，

① 《吴禄贞》,《吴禄贞集》附录，华中师范大学出版社 2011 年版，第 265 页。

便以“吴禄贞谒见地方大员，身穿便服，有失官场体统”；而“其轻率疏忽之处，自应量予惩，俾资儆惕”为由上奏，始开释无罪（详参故宫清军务人事档《奕劻等奏查复吴禄贞冒充钦差由》）。

五月中旬，第一任东三省总督、钦差大臣兼管三省将军事务徐世昌奉命启程赴任。徐世昌曾在练兵处担任过提调、会办，对吴禄贞颇为了解，非常欣赏吴禄贞的精明强干，敢作敢为，遂奏请朝廷允许其带吴禄贞同行入关。

吴禄贞“既不得志于西北”①，眼下闲居京师，甚是无聊，当然希望自己能有机会前去东北边关考察一番，说不定还可建功立业。徐总督的提议正合吴禄贞之意，自然答应前往。

徐世昌（1855—1939），字卜五，号菊人，晚号弢斋，别署水竹村人、石门山人。祖籍天津，生于河南汲县，幼时随家迁居开封。光绪十二年（1886年）进士，授翰林院编修。先后充国史馆协修、武英殿协修。二十一年（1895年），被袁世凯聘为小站新建陆军营务处参谋。后历任国子监司业、内阁学士兼练兵处提调、兵部左侍郎、巡警部尚书、邮船部尚书，累官至军机大臣、体仁阁大学士。辛亥革命爆发，力主起用袁世凯。民国三年（1914年），出任国务卿，人称“相国”。1918年由安福国会选为总统。1922年被直系军阀曹锟、吴佩孚赶下台。此后迁居天津租界，成立编书处，设晚晴簃诗社，以编书、赋诗、写字遣兴。工山水画、善书法，亦能诗。著有《水竹村人诗集》《晚晴簃诗集》《归云楼题画诗集》等。另编有《清儒学案》《颜李丛书》《清诗汇》等。

五月二十四日（7月4日），朝廷同意徐总督的奏请，任命吴禄贞为“军事参议”，立即随徐总督出发前往奉天（今沈阳市）任所。此次随吴禄贞同行的，尚有同乡挚友、留日同学周维桢。

六月上旬，吴禄贞随总督徐世昌来到东北，成了东三省督署的一名军事官员。

在总督督署，吴禄贞不仅与好友、日本东京陆军士官学校第二期校友、同盟会员蓝天蔚相聚，分外高兴；而且又与时任东三省总督府督练公所参议官、亦是东京陆军士官学校毕业的刘之洁一见如故，并成为好友。

刘之洁（1872—1938），字聿新，直隶沧县小集北头村（今属南皮县）人。1895年至天津小站当兵，不久考入北洋武备学堂，毕业后赴日留学，

---

① 《吴禄贞》，《吴禄贞集》附录，华中师范大学出版社2011年版，第265页。

入东京陆军士官学校。回国后至东北任第三镇教官，不久升营管带。1907年任东三省督练公所参议官。曾协助吴禄贞办理边务，配合默契。1909年应江苏巡抚程德全之邀，赴苏任正参议，继任新军统带。1911年武昌起义爆发，加入“江浙联军”，率部与张勋所部激战，最先攻入南京。入民国，出任江北护军使兼十九师师长。“二次革命”时被解职。后辞官回乡不问政治，襄助修撰《沧县志》。1938年病逝于湖南常德。

初至奉天，事情不是太多，吴禄贞遂凭借其身份广交朋友，尤其是广交“绿林中的朋友，以为将来之用”①。

其间，在东三省总督府署，吴禄贞与“胡匪”出身的张作霖、冯麟阁、汤玉麟等巡防营军官结识，并成为好友。

此时的张作霖、冯麟阁、汤玉麟已经不是“胡匪”，早已被朝廷招安，而成为朝廷命官了。其时张作霖是奉天巡防营的前路统领（旅长），冯麟阁是奉天巡防营的左路统领（旅长），汤玉麟则是奉天巡防营马队管带（营长）。张、冯、汤又是结拜兄弟，后来都成为中国近代史上的著名人物。

张作霖（1875—1928），乳名老疙瘩，字雨亭，人称“张大帅”。奉天省海城县（今辽宁省海城市）人。张学良之父。土匪出身，后接受朝廷招安。1906年任奉天巡防营前路统领。辛亥革命爆发，率部入沈阳，屠杀革命党人，受到袁世凯信任，被任命为第二十七师中将师长；袁世凯称帝后，又被封为子爵、盛武将军，督理奉天军务兼巡按使；袁死后，张作霖被北京政府任命为奉天督军兼省长。1918年9月被任命为东三省巡阅使，利用日本的势力控制了奉、吉、黑三省，成为奉系首领。1921年兼任蒙疆经略使，节制热、察、绥三特区都统后，遂向关内扩张势力。1922年第一次直奉战争失败后，退守关外。1924年第二次直奉战争获胜后，控制北京政府。1926年出任安国军总司令。1927年在北京杀害李大钊等二十余人。同年6月，自任陆海军大元帅。1928年6月，被蒋介石打败，退回东北。因未满足日本侵略要求，在自北京回沈阳途经皇姑屯时，被日本关东军炸死。

冯麟阁（1868—1926），原名德麟，奉天（今辽宁省）海城人。早年为县衙役，因私通土匪，被解职。后投身绿林，因能“保境安民”，颇得民心，队伍不断壮大。1904年日俄战争爆发，依靠日本支持，组织“东亚义勇队”，抗击俄国军队，队伍发展到数千人。1906年受朝廷招安，充任巡

① 《吴禄贞》,《吴禄贞集》附录,华中师范大学出版社2011年版,第266页。

防营左路统领。1907 年，马龙潭、吴俊升、孙烈臣、张景惠、冯德麟、汤玉麟、张作霖、张作相 8 人结拜为盟兄弟。辛亥革命后，被任命为第 28 师师长。1916 年，冯德麟与张作霖共同驱赶奉天督军段芝贵，东北大权却被张作霖把持，愤愤不平，两人矛盾遂深。同年，与汤玉麟联合逼张作霖下野。1917 年，支持张勋复辟，被段祺瑞击败俘获。经张作霖运作获释。晚年投身创办实业。其子冯庸，创办了东北高等学府冯庸大学。张作霖对失势后的冯麟阁及其子颇多关照。

汤玉麟（1871—1949），字阁臣，绰号二虎（亦称“大虎”），奉天（今辽宁省）义县人。早年家贫，为人放牧。后投奔绿林，当了土匪。曾救过张作霖的命，二人遂结为金兰。1906 年受招安后任奉天巡防营马队管带。辛亥革命后，出任陆军第 27 师骑兵团团长。受到袁世凯信任，1914 年，升陆军第 53 旅少将旅长，次年又迁升其为中将旅长。1916 年与张作霖矛盾尖锐，联合冯麟阁逼张作霖下野，失败后逃亡蒙古避祸。1918 年经张景惠等从中斡旋，矛盾缓和，出任东三省巡阅使张作霖的中将顾问。第一次直奉战争后，任第 7 混成旅旅长兼奉天东边镇守使。第二次直奉战争后，升任东三省国防军第 11 师师长。郭松龄反奉时，汤作战勇敢，擢升第 12 军军长。不久出任热河都统，把守奉张西北大门。1928 年“东北易帜”时，升任东北政务委员会委员、热河省主席。1933 年 10 月，宋哲元收编汤部，委汤玉麟为 29 军总参议，从此失去了军权。晚年寓居天津，多次拒绝出任伪职。1949 年 2 月卒于天津。

在奉天期间，吴禄贞与副都统、奉天巡抚唐绍仪结识，并成为好友。

唐绍仪（1862—1938），字少川，广东香山人。1874 年官费留学美国。1881 年回国，入天津水师附设的洋务学堂读书。1882 年被派往朝鲜办理税务，旋调为西文翻译。袁世凯在小站训练新军，协助徐世昌负责营务处。1900 年升津海关道。1904 年以全权代表与英国交涉西藏问题；1906 年签订《续订藏印条约》，使英国确认我国对西藏的领土主权，以功擢升外务部右侍郎、邮传部左侍郎等职。1907 年迁奉天巡抚。1910 年任邮传部尚书。辛亥革命时，充袁世凯内阁全权代表。1912 年 3 月，出任第一任国务总理，几个月后辞职。1916 年任外交总长。1917 年参加护法军政府，任财政部长。1919 年充南方总代表与北洋军阀政府举行南北议和。1931 年陈济棠、汪精卫在广东成立反蒋政府，任常务委员。九一八事变后，被选为国民党中央监察委员、国民政府委员，常驻上海。日本占领上海、南京，不与合作。国民政府促其速赴广州，亦不予理睬。1938 年在上海被军统特务刺杀。

六月中旬，吴禄贞深感不知边就无法筹边，只有掌握边疆实际情况才能应付可能发生的变化的道理，乃自请于徐总督，允许他带员对延边等地进行实地考察。徐总督甚赞赏吴禄贞的看法，遂命其带领督练处科员周维桢、李恩荣和六名测绘生，开始赴中朝边界的延吉、珲春一带勘测、调查边务。

对于吴禄贞的此次勘测、调查边务，柏文蔚在其《五十年大事记》中记载说："吴禄贞之至延吉也，一班民众均呼之为钦差，声势赫然。边防官吏，因其由部所派，亦以钦差目之。而吴不可一世之概，似非寻常可比，并闻其为革命党人。"[①]

在柏文蔚的记忆里，"外务部有命奉天训练处总办吴禄贞调查边务之行"[②]。这应是柏文蔚晚年的记忆之误。吴禄贞的此次勘察、调查边务，并非由外务部所派，而是由东三省总督徐世昌所派。当然，勘察、调查边务在当时也是涉边的重要事情，东三省总督署自然要告知外务部，万一遇到涉边事情，外务部也好及时出面应对。

其间，已于几个月前来东北组织武装反清起义和联络"义军"（"马贼"）准备响应南方起义的好友宋教仁，曾前来拜访吴禄贞，与其商议在东北地区建立同盟会支部的相关事宜；而且很快就成立了中国同盟会辽东支部，吴禄贞也成为该支部的主要负责人之一。两人相聚期间，宋教仁还将自己所侦知到日本参谋本部将发兵侵占我国延吉地区的消息，告知好友吴禄贞，请其注意防范。

七月十一日（8 月 19 日），吴禄贞正带领周维桢、李恩荣等一行人在珲春一带考察边务，突然发现多艘满载日本军警的舰船从韩国会宁出发，渡过图们江，在北岸强行登陆，侵入中国延吉厅六道沟（不久迁至龙井镇）——他们都被这一幕惊呆了！

同日，日本驻中国代理公使阿部守太郎照会清政府外务部，声称："为照会事，准本国政府训令内开：间岛究为清国领土，抑为韩国领土，此事悬案已久，迄未解决。然韩民之住于该处者不下十万余，往往受马贼及无赖凌虐，向韩政府之求保护。韩政府以事关边境，且涉外交，请日本政府派

---

① 柏文蔚著、文明国编：《柏文蔚自述・五十年大事记》，人民日报出版社 2011 年版，第 19～20 页。

② 柏文蔚著、文明国编：《柏文蔚自述・五十年大事记》，人民日报出版社 2011 年版，第 19 页。

员至该处保护住民……拟由统监府迅速派员至间岛专以保护韩国居民为事……速电驻扎间岛之清国官员，免生误会”①。

正如吴忠亚在回忆中所说：“日本侵略者在制造所谓‘间岛问题’时，不是按照国际公法和外交惯例，向我提出交涉。而是采取了突然袭击的非常手段，照会未发，人马先行，以迅雷不及掩耳，使我猝不及防之势，武装进占我延边。这种恃强逞凶，横蛮无理的强盗行径，实为近代文明国家关系史上所罕见，也就越发增加了这个所谓‘间岛问题’的复杂性和严重性。”（见吴忠亚《吴禄贞的一生》）

日军突然入侵我国延边后，边境一时间“风声鹤唳，谣言四起，人心惶惶，莫知所措”；吴禄贞却能“从容镇定，临变不惊”（见吴忠亚《吴禄贞的一生》）。

一连几天，吴禄贞一行便着意调查、了解此事，方才得知：日本人自称是“奉命越江”，并在这一带设立军政机构，以“保护韩民”，实则是要强行将此地占为己有。这就是后来轰动世界的“间岛问题”。

于是，他们一方面立即向徐总督报告了此事；徐总督亦及时向朝廷作了禀报，引起了朝廷的高度重视。另一方面，他们又以高度的责任感，想方设法，说服地方官吏，组织地方军民共同抵御日本强盗的入侵。

当时，吴禄贞一行的任务是调查边务，并没有督率军民抵抗入侵日军的职责。正如吴忠亚在回忆中所说：吴禄贞目睹其事后，“不仅毫无畏避之意，反更挺身而出，立即督率当地将吏，组织当地军民，对发动突然袭击之斋藤，进行了卓有成效的抵制”（见吴忠亚《吴禄贞的一生》）。

吴禄贞心里很清楚，这吉林的延吉地区，东临俄国的海参崴，南隔图们江与朝鲜的钟城、会宁相望，西抵长白山脉，土地肥沃，物产丰富，被清王朝视为发祥地，一直封禁。乌拉总管和吉林将军按例每年在此采猎东珠、人参与貂狐、虎豹等物上贡朝廷。久而久之，关内农民因灾荒相继流入此地，采矿伐木，垦荒种地。同治年间，图们江南岸的韩国钟城一带连年灾荒，大批饥民偷偷越江至此垦种谋生；清政府无法阻拦，只得就地安置。至光绪年间，来此定居的韩民已逾万人。清廷有鉴于此，亦为加强边地开发，乃实行开禁移民实边的政策，并于1881年在局子街（今延吉市）等地设立招垦局，招募、组织中韩移民垦荒实边，每年缴纳租金。后又设立延

① 吴禄贞：1908年4月《延吉边务报告书》第8章附录：《三十三年七月十六日外务部致日本阿部使照会》，《吴禄贞集》，华中师范大学出版社2011年版，第187页。

吉厅，由抚民同知主管政务，负责此地区的军民政务与边防事宜；并在珲春正南七十里的和龙峪设有分防经历和巡检。于是，此地区便逐渐成为满、汉、韩各族人民的杂居之地。

“间岛”（又称“垦土”“垦岛”）一词，最初仅流传于越垦韩民中间。它是指图们江北一侧的光霁峪（今龙井市光开乡）一带，由沙泥淤积而成的长十里，宽一里，约两千亩的滩地。汉人多称其为“夹江”“假江”或“滩地”“江通滩”。韩国人则呼其为“斜米”（意为“江洲”）。光绪八年（1882 年），因越垦韩民在图们江北一侧私自开掘了一条水沟，将江水引出，遂使这块滩地介于一江一沟之间。清初属宁古塔辖地，光绪年间并入吉林省延吉厅，而“间岛”一词最早见于韩国管理使李范允于 1903 年写给清廷越垦局的行文中。1904 年 6 月，在《中韩两国边吏会订善后章程》（共十二款）中就明确写道：“间岛即光霁峪假江地”；并在其中的第六款规定：“古间岛即光霁峪假江地，向准钟城韩民租种，今仍循旧办理。”（见徐世昌主编《东三省政略·边务·延吉附件》）直至此时，朝鲜仍确认“间岛”是中国的领土。

延吉地区具有重要的战略和经济地位，早就为日本侵略者所垂涎。还在日俄战争时，他们就狂妄叫嚣：“长白山是东亚之阿尔卑斯山，谁成为该山的主人，后来必掌握东亚之霸权。”（东亚同文会编《对支回顾录》下卷，第 117 页）日俄战争后，日本并吞朝鲜，便积极策划侵占中国东北，而“视延吉厅为第二之朝鲜”（见《延吉边务报告》第七章，《吴禄贞集》第 177 页）。他们不仅曾先后派千余人潜入我延吉边境进行侦查、窃取情报、测绘地图等活动；还歪曲事实，捏造出一个“间岛问题”，胡说其属中属韩未定；并不断地扩大“间岛”的范围，最后竟将吉林省所属之延吉、汪清、和龙、珲春四县地区都说成是“间岛”。1907 年（光绪三十三年）8 月，日本竟派兵强占“间岛”，设立军政机构，并向清政府提出保有领事裁判权和警察权等无理要求，遭到全国各族人民的坚决反对。清政府予以否定，并派代表与日本政府进行交涉，以确凿的证据，据理力争。1909 年（宣统元年）9 月 4 日，中日双方代表在北京签订《图们江中韩界务条款》（即《间岛协约》），日本政府在铁证面前不得不承认“间岛”为中国固有的领土，并退出侵占地方（详见西北联合大学文理学院许与凯教授所著之《日本帝国主义与东三省》）。

七月十五日（8 月 23 日），日本政府以中朝国界未清，“间岛”归属未定为由，以保护朝鲜垦民为借口，在延边地区成立了非法的“朝鲜统监府间岛派出所”，以朝鲜统监府“御用挂”、陆军中佐斋藤季治郎担任所长，从而控制了延边地区；随后又在延吉一带大肆进行侵略活动，并相继在新兴坪、头道沟、湖川浦、禹迹洞、朝阳川等 14 个地方，增设了分派所，派驻宪警 270 余人；他们还在延吉一带建立基层组织 41 个社，实行所谓“都社长制”，同我国的基层行政机构相对抗。

同日，日本在朝鲜的“驻扎军”司令官长谷川好道，根据军部的指令，发布四条“训令”，要求“驻扎军”东部守备队以“隐蔽的手段”，同派出所“保持联络”“作出援助”①。

自“朝鲜统监府间岛派出所”设立后，日本人俨然以主权政府自居，发号施令；其宪警则到处生事，或制造流血事件；又收买以韩奸金海龙为首的“一进会”为爪牙，鼓动韩民欺凌华人，拒交地租；时间不长，就使各地的民间纠纷“如麻而起”②。

七月十六日（8 月 24 日），清政府外务部复照阿部守太郎，明确表示：“中韩边界向以图们江为天然界限……所谓间岛，实即延吉厅，属和龙峪、光霁峪等地，在图们江北境……此地为中国领土毫无疑义……嗣后自应仍由该地方官设法保护，以为治安。来照所称统监府派员一节，中国断难允认。”③

其间，吴禄贞见边情紧急，立即会见延吉驻军吉强军统领胡殿甲，请其将部队暗中调至沿江布防；胡统领虽然没有当面拒绝，但看上去却面有难色。在吉强军中，吴禄贞了解到：胡统领的吉强军有四个营，其中有三个营因为拖欠军饷即将发生哗变。于是，吴禄贞一边让周维桢前去向徐总督报告，多方筹措饷银；一边向胡统领承诺负责妥善处理此事，务请胡统领稳住军心，并单骑分别驰往另三个营地，声称自己是东三省总督署的吴参赞，是奉命前来劳军的；怕发生误会，故一人先到，劳军的猪牛羊及银元随后就到。他对士兵们闹响表示理解，并请大家放心，他已向总督府作了禀报，问题一定会妥善解决；而眼下已有一批日军过江，强占了中国的土地，对面尚有大批日军在集结待命，形势异常严峻；如果继续闹下去，让日本侵略军

① 《日本外交文书》第 40 卷第 2 册，日本外务省外交史料馆 1960 年刊行，第 90 页。

② 王芸生：《六十年来中国和日本》第五卷，生活·读书·新知三联书店 2005 年版，第 107 页。

③ 吴禄贞：1908 年 4 月《延吉边务报告书》第 8 章附录：《三十三年七月十六日外务部致日本阿部使照会》，《吴禄贞集》，华中师范大学出版社 2011 年版，第 188 页。

钻了空子，那后果就严重了！ 士兵们都被吴禄贞的爱国诚意感动了，表示愿意听命，同仇敌忾，做好防务，保卫边疆。

不久，拖欠军饷的事情完满解决，吴禄贞即请胡统领广贴告示，晓谕军民：斋藤此来，未得我政府同意；已请示督宪作主，任何人不可予以承认，查出必罚。“此为安定人心，端正视听之急务，亦以明示延边主权在我，与斋藤越境之非法。”（见吴忠亚《吴禄贞的一生》）

吴禄贞随又对胡统领反复叮嘱，一定要提高警惕，加强沿江各地防务，不能让日本人有机可乘。

临别之时，吴禄贞又将胡统领的部下柏文蔚（“兴中会”会员）要到自己身边任参谋，协助巡查边务。

柏文蔚曾回忆说：“闻其为革命党人，余固潜心下气，乘机供献，果相谈甚欢，调余为之参谋。胡统领亦派余从吴至长白山焉。事毕，吴回奉天，临行嘱余曰：‘好为之，余再来当借重。’果尔……八月，组织督办公署，吴荐余为二等参谋。”①

处理完吉强军的事情，吴禄贞又带部分吉强军和巡警来到和龙峪（今吉林省延边朝鲜族自治州和龙市）布置防务。在会见地方官张兆麟经历时，请其照常治理民事，不用惊慌；无论日人如何逼迫，切不可擅自离开任所。并对张经历强调说：斋藤率兵越境过来，目的就是要将你们驱逐离职，并接管这个地方的行政职权，取代我之地方行政机关，切不可上当。“此在当时，实为敌我统治势力消长之重大关键，亦为我主权尚存之重要象征，万不可张惶撤离，故首须竭力保护。”（见吴忠亚《吴禄贞的一生》）

吴禄贞还特别安排部分吉强军和巡警到龙井村（日本“朝鲜统监府间岛派出所”所在地）驻防，名义上是保护斋藤季治郎，实则是对其予以监控，以防不测。

吴忠亚曾回忆说：吴禄贞“派兵至其处，谓因其初来，恐生意外，特派兵保护。实则即以保护为名，行软禁之实，以限制其活动”（见吴忠亚《吴禄贞的一生》）。

七月中下旬，在妥善处理完驻防军和地方政府的相关事情后，吴禄贞带领周维桢、李恩荣、柏文蔚等开始做民团（即俗称之“马贼”）的说服工作，希望他们也能加入反对日本侵略军的阵营中来。

① 柏文蔚著、文明国编：《柏文蔚自述·五十年大事记》，人民日报出版社 2011 年版，第 20 页。

原来，在长白山区夹皮沟（今吉林省吉林市桦甸市夹皮沟镇）附近的桦树林子（吉林市桦甸市桦树林子乡）里，有一支当地的民团，队伍人强马壮，势力很大：东至安图的古洞河、娘娘库（今松江），南至抚松的柳垂沟，西至桦甸的那儿轰，北至蛟河、敦化，都是韩家的天下，被官府称之为“金匪”“淘金贼”——这里富有金矿，四方穷苦百姓，汇集此地挖矿淘金，平时靠民团武装保护矿区。民团的首领叫韩登举，颇富爱国之心，在中日甲午战争时期，曾组织“敌忾军”，奉旨赴辽杀敌，守辽阳，攻海城，屡创敌锋，威震辽海，为朝廷作出过很大贡献，被朝廷授予都司（正四品武官）之职。但他不愿受朝廷节制，遂弃官重返夹皮沟金矿。日俄战争后，累有日本人来夹皮沟劝说韩登举，都被其婉言拒绝了。

那时在延吉，韩登举可是个大名鼎鼎的人物。韩登举（1869—1919），号子升，又称韩边外，通称“韩统领”。祖籍山东登州人，自幼习武，胆识过人，从20岁开始协助祖父管理家业，后成为吉林夹皮沟金矿流民首领，办理团练成效显著。中日甲午战争爆发，时常协助官军抗击日寇；所部民团，作战勇敢，不避艰险，屡挫日军，因功授守备职。1900年义和团运动兴起，沙俄乘机出兵侵入东北，其又率所部抗击俄军，保境安民。1907年统带练勇协助吴禄贞保境安民，后设巡警，委为教练长。1908年，因功累晋升为四品统领。1912年被任命为吉林营务处总办、吉林省公署顾问。1919年因感染霍乱病逝吉林城。

好友张作霖、冯麟阁、汤玉麟听说吴禄贞等人要去延吉做“马贼”首领韩登举的说服工作，便主动写信给韩登举，为他介绍。

国民党中央党史史料编纂委员会所编之《吴禄贞》中记载：“不久，延吉边务紧急，禄贞奉命出巡，他所结交的胡匪张作霖、汤玉麟、冯麟阁诸人，听见他要到延边去，就写信给盘踞延吉夹皮沟、光济禄（光霁峪）一带的马贼韩登举，为他介绍。禄贞带了这封信，率领周维桢、李恩荣和测绘生十余人启程。到了夹皮沟，投信后，群匪争先招待，宴饮甚盛。”①

一日，吴、周、李三人穿上便装，带领测绘生一行人来到夹皮沟，以南方会党首领的身份拜访韩首领。见面后，吴禄贞递上张作霖、冯麟阁、汤玉麟写给他的信。韩登举看完信后，热情地接待了吴禄贞一行。但他一开始仍对吴禄贞等人存有戒备之心，便在校场聚集了数千人，要“试探”这些“南方会党的首领”。

① 《吴禄贞》,《吴禄贞集》附录,华中师范大学出版社2011年版,第266页。

在校场上，韩登举让其马队作了展示，好不威风！又让团众射击，亦枪枪命中。吴禄贞亦应邀上场一显身手，他那娴熟的骑技、百发百中的枪法，刚健有力的拳术、剑法，令四周团众喝彩声不断。韩登举对吴禄贞亦甚是惊叹、折服，当即提出与吴禄贞结为金兰之好，并邀集各团练会会首设宴款待吴禄贞一行。

在宴席上，吴禄贞谈道：延吉一带土地肥沃，物产丰富，日本人垂涎已久，还称夹皮沟为“化外区”，企图吞并；目前日本人借口保护“韩民”，已命先头部队渡江，还在龙井村设立了派出所，张贴布告，想将此地据为己有，大家能目睹不管吗？即使身在绿林，也应该有爱国之心。大家听了都很气愤，大声说道：“既然吴大哥不怕日本的军队，难道我们还怕他们吗？”也有人担心地说：“我们现在抗击日本军队，惹出祸来，以后徐总督要是向日本赔罪，派兵来剿灭我们，那该怎么办呢？”吴禄贞听了这些话后，便亮出自己的真实身份，诚恳地对大家说：“我就是徐总督的部下！我们保卫国家土地，立功边疆，徐总督是不会怪罪大家的！只要大家能助我一臂之力，共同对付日本人，将他们赶过江去，我保证大家安然无事！”以韩登举为首的各位团练会首听吴禄贞如此一说，都颇受感动，表示愿意效命①。

七月二十二日（8 月 30 日），吴禄贞深知“日本侵略者当时所打的如意算盘，就是首先以武装入侵，完成其事实上之占领。然后，以既成事实，迫我作城下之盟，使其非法占领进而得到合法承认。所以，当时问题的重心，不在北京之外交谈判，而在延边现场之占领，与反占领之斗争。如果，侵略者取得胜利，占领计划完成了，外交谈判，势将无能为力。甚至，即使我在谈判中，始终坚不承认，亦绝不可改变其占领事实。而我延边国土，从此变色易主，将成为千古恨事”（见吴忠亚《吴禄贞的一生》）。

于是，他在做好一系列准备工作之后，便本着“必示人以不可攻而后人不攻，必示人以不可欺而后人不欺”②的精神和“国家疆土，尺寸必严”的原则，正式与日本头目、中国通斋藤季治郎中佐开始交涉。

这天，吴禄贞与斋藤季治郎相约在桦树林子附近帽儿山的德圣观大庙

① 《吴禄贞》，《吴禄贞集》附录，华中师范大学出版社 2011 年版，第 266 页。

② 吴禄贞等：《延吉边务报告·叙言》，《吴禄贞集》，华中师范大学出版社 2011 年版，第 71 页。

（又称“老武庙”，在今延吉市河南街林机厂院内）当面交涉。两人一见面，吴禄贞先执弟子礼，以尽师生情谊；随后交涉公务，质问斋藤：“你们为什么要过江来侵占中国的领土？”斋藤回答说：“这个地方本来属于朝鲜管领，现在朝鲜是日本的保护国，所以我们要来保护朝鲜的百姓。你又为什么到这里来滋生事端呢？”吴禄贞严正地说：“我是中国的官员，向来就住在这个地方，应该保护中国这里的土地；你们要强占这个地方，怎么能说是我们滋生事端呢？！吴某性情刚直，不愿意多说废话，请贵军赶快退出这个地方；不然的话，那只好武力解决了！”斋藤继续狡辩说：“你要求我们退出此地，那就请将文书送到朝鲜统监处，如果有统监的命令，我们就退出去；不然，我们是不会退出去的！”吴禄贞回击道：“我不能同贵国谈判外交，我只知道保卫自己的国土！若要谈判外交，那有我国的外务部和贵国的外务省。再说，这里自古就是中国的领土，日本人必须尽快从这里退出去！”

经过一场激烈的舌战，斋藤季治郎理屈辞穷，败下阵来。当斋藤季治郎走出山庙时，只见帽儿山下，布尔哈通河畔，龙旗飘扬，刀枪林立，漫山遍野都是韩登举精神抖擞的民团武装——从安图古洞河、娘娘库至延吉只隔一道岭，数十里路程，按照事前的约定，韩登举率领民团似从天而降，不禁吓出一身冷汗，灰溜溜地回到龙井村（以上详见《吴禄贞》，《吴禄贞集》附录，第267页）。在归途中，斋藤季治郎曾对部下说：“中国尚有人在，如吴禄贞者，不可欺也！”①

吴禄贞等人的出色工作，可谓初试锋芒，出师大吉，狠狠地打击了日本人的嚣张气焰，使其有所顾忌，龟缩在龙井村，不敢再扩大事态，暂时缓解了延吉地区的紧张形势，为朝廷赢得了时间，对后来妥善解决“间岛问题”也打下了坚实的基础。

第二节　创建边务督办　巩固国家边防

在完成以上一系列工作后，吴禄贞给徐总督写了一封长信（即《致徐世昌函》）②，首先汇报了最近几个月来日本人“捏造谣言”，“蛮强无理”，威胁我国地方官，乘机非法过江侵占我国土地的情况：“日人斋藤季

① 罗正伟编：《梁州革命先烈事略·吴禄贞》，载《辛亥革命》第6册，第361页。

② 吴禄贞：《致徐世昌函》，原载《东三省政略·边务》，今收入《吴禄贞集》，华中师范大学出版社2011年版，第219～222页。

治郎奉韩国统监伊藤博文之命，驻扎延吉厅所属六道沟。现有日本兵队及朝鲜巡兵约三百人，乘马百余匹，尚有军队陆续渡江，由会宁运来之军需军械，每日车辆多至五六十乘，并预备建造房屋，购买木料，拟由六道沟至韩国咸镜道之钟城，安装电线，严禁韩民纳中国斗税，一切举动，大有强据延吉一带，视为韩国土地之势。”随后指出“吉韩交界，以图们江为天然锁钥，江北之地，田土膏腴，物产丰富；而延吉厅又为珲春、吉林、宁古塔各处交通之孔道，为吉林南部之保障”，故“万不可许其越江驻兵”，并列举了不许其驻兵的四条理由，认为：如果许其驻兵，延吉一带丰富的森林矿藏将尽被其掠夺；将会丢失吉林东南之门户；将危及整个东北；沙俄也会随之要求驻兵，可谓“牵一发而动全身”。紧接着提出了五个方面的应对措施和建议。又列举了日本过境入侵“可虑”的三个方面。亦汇报了日本侵入江北后已经采取的措施。最后请求急电外务部，照会日本驻华公使馆，召回斋藤季治郎，勘定边界，订立条约，保卫边疆安宁。

吴禄贞坚持不许日本在延吉驻兵的观点，对东三省总督徐世昌和外务部长官的影响都很大，所以后来中国在对日交涉中始终坚持了要日本撤兵，进行勘界，以维护领土主权的立场。

八月初三日（9月10日），日本东京的《报知新闻》载文云：“盖间岛之地方，于我国军事上、经济上，皆有重大之关系者也。军事上姑置不论，但就经济上观察之，该地一带，不似北韩地方之硗确。其后方虽有长白山之深山大泽，而该地则土地平坦，金矿甚富，适于牧畜……且其地势东临海参崴，北近吉林，出北满洲最为便利，天下有事之日，其重要固不俟论，即在承平之际，运用满洲的经营政策时，亦于我国发展势力上有非常重要之位置也。此我国上下识者所由以一致之意见，而认此地为最占重要之位置也。”①其贪婪野心昭然若揭。

吴禄贞预料日本侵略者不会就此罢休，遂与周维桢、李恩荣、柏文蔚带领六名测绘生，先到吉林省城查阅相关资料，为继续勘察、调查边务作准备。在吉林省城期间，吴禄贞曾前往拜访，结识了副都统衔、署理吉林巡抚朱家宝。

朱家宝（1860—1923），字经田，亦作金田，云南宁州（今华宁县宁州镇）人。光绪十八年（1892年）进士。历官翰林院编修、礼部祭司、保定知府、江苏通永道、江苏按察使等职。三十三年（1907年）擢升吉林署理

① 宋教仁：《间岛问题》，《宋教仁集》上册，中华书局1981年版，第67页。

巡抚。次年，调任安徽巡抚。1911 年武昌起义爆发后，安徽谘议局宣布独立，拥朱家宝为安徽都督。1913 年任参议院议员。1914 年任直隶民政长兼直隶都督。袁世凯称帝时，封为一等伯。1917 年赞助张勋复辟，任为民政部尚书。复辟失败后，逃往日本。1918 年回国，寓居天津。

吴禄贞、周维桢等一行查阅完资料，随即由吉林省城出发，途经敦化县、延吉厅、珲春城，沿图们江北岸东进，直达长白山脉的顶峰，然后北至夹皮沟，再由那里返回省城。他们不畏艰险，冒着酷暑，跋山涉水，穿林越涧，风餐露宿，先后历时七十三天，行程二千六百余里，终于完成了对中朝边界的延吉、汪清、和龙、珲春等地的山山水水、村村寨寨的仔细勘测、考察。同时，详尽地记载了二十一种图例，最终以五十万分之一的比例绘制成了《延吉边务专图》，后来还写出了十多万字的《调查延吉边务报告书》。此图及报告书后来转送外务部，成为中国对日谈判的有力证据，奠定了对日谈判获胜的基础。

在亲历中朝边境勘测、调查的过程中，吴禄贞更明确和坚定了自己的想法，遂特别向徐总督、并请徐总督向朝廷建议：在延吉设立边务督办公署，统一管治边疆，以巩固国防。

东三省总督徐世昌在听取了吴禄贞等人关于“间岛问题”（或称“间岛悬案”）和勘测、考察边界的详细汇报后，对他们卓有成效的工作给予了充分的肯定，尤其赞赏吴禄贞关于在延吉设立边务督办公署、专门负责办理延吉边务的想法和建议。

八月初五日（9 月 12 日），钦差大臣、东三省总督兼管三省将军事务大臣徐世昌，见日兵越江强占边界，事机紧急，若不引起高度重视，及时解决，终为我国大患；遂接受吴禄贞的建议，与头品顶戴、副都统衔、奉天巡抚唐绍仪和副都统衔、署理吉林巡抚朱家宝联名上书（即《东三省总督徐世昌等奏驻韩日兵越界请派专员办理事》），拟在延吉设立“边务督办公署”，专门负责处理边界事务，并建议派前邮传部右丞陈昭常督办吉林边务，军事参议吴禄贞帮办一切，恳请朝廷批示①。

八月十七日（9 月 24 日），朝廷下发正式批文：同意在延吉设立边务督办公署，以前邮传部右丞陈昭常为督办，赏副都统（正二品武官）衔；以“军事参议”吴禄贞为帮办，赏陆军正参领（正三品武官）并加陆军部协都

① 详见中国第一历史档案馆陆军部档案《东三省总督徐世昌等奏驻韩日兵越界请派专员办理事》，今收入《吴禄贞集》第 192～193 页。

统（从二品武官）衔。

八月二十三日（9月30日），“延吉边务督办公署”——这个“以军事机关兼理地方行政”的机构（见徐世昌主编之《东三省政略》第一卷，第9页），在局子街（延吉的旧称）正式成立，陈昭常和吴禄贞带领三百名常备军赶赴延吉就任，具体管辖地方军队、巡警和一切裁判事项。

在延吉边务督办公署，陈昭常是一个不愿干实事却坐享其成的人，所以督办公署里里外外、大大小小的事情都是吴禄贞出面处理。

陈昭常（1868—1914），字谏墀（又作简始、简穉），号平叔，广东新会潮连乡巷头村（今属江门市郊区）人。光绪十五年（1889年）举人，二十年（1894年）进士，选庶吉士。散馆授翰林院编修，改刑部主事。二十二年（1896年）与张元济发起成立京师通艺学堂。次年，随张荫桓出使英国，游历欧洲各国。二十六年（1900年），任长春知府、山海关道员。三十一年（1905年），任京张铁路总办，与詹天佑一起修建第一条由中国人设计施工的铁路。三十三年（1907年），任督办延吉边务兼吉林省各军翼长、署珲春副都统。宣统二年（1910年），署理吉林巡抚，次年实授。民国元年（1912年），被推为吉林都督。次年兼吉林民政长，同年冬以病辞官南归，途中被任为广东民政长。1914年10月15日病逝赴任途中。工诗文，著有《廿四花风馆诗词钞》《廿四花风馆文集》等。

吴禄贞除担任延吉边务督办公署的帮办之外，尚兼任有吉林营务处会办一职。他利用职务之便，将一些革命党人安排在自己身边工作：刘一清（“兴中会”会员）任公署左参赞，柏文蔚任二等参谋，周维桢则管理机要，张璧（“兴中会”会员）安排至常备军任职，谢柄朴（留日归国学生）亦留在公署任秘书。

刘一清（生卒年不详），湖北江夏人。曾参加拒俄义勇队，中国同盟会员。回国后赴东北任职，荐举为延吉边务公署参赞。后擢升为第二十镇参谋长。参加滦州起义。入民国，回湖北，出任鄂军参谋长。曾参加“护国运动”。

柏文蔚（1876—1947），字烈武，安徽寿州人。早年入求是学堂。1904年春考入武备练军学堂，肄业后至安徽公学任教。1905年入南京镇军三十三标任前队队官，同年冬加入同盟会。1906年升为管带，因谋炸两江总督端方，事泄逃往东北，入吉强营任教习。1909年升屯田军一标标统。武昌起义爆发，应邀赴沪，收复南京，出任革命军第一军军长。1912年任安徽都督兼民政长。1913年被袁世凯免职，同年参加“二次革命”，失败后逃往日本。1917年归国，任川鄂联军总指挥。1920年任建国军第二军军长。1924年选为国民党中央执行委员。1926年，出任国民革命军第三十三军军长，参加北伐。1932年，出任国民党中央政治局委员兼政府委员等职。1947年病逝于上海。

谢柄朴，生卒年不详，字虎文，湖北潜江人。早年曾中秀才，后赴日留学。入法政速成科第一班学习。回国后被任命为延吉边务秘书兼延吉地方检查厅厅长。民国初年曾任均县知县，兴利除弊有政声。1914年离任。工诗。

陈昭常、吴禄贞到任后，立即将现有的四千余兵力派到各要隘驻守，使日人知我有所准备，不敢轻易寻衅。吴禄贞见日本在会宁聚集有数万兵力，随时可能派出大批军队过江，应早作预防，遂建议陈昭常向朝廷上奏，设法多增派兵力来延吉。陈昭常谓这样会“贻人口实”，主张“稳妥”行事。吴禄贞见陈昭常如此态度，只好改建议采用屯田戍边（在三道湾创办屯田军一营）的方法，以备长远之需，为陈氏所采纳。

十月上旬，吴禄贞针对日本制造“间岛事件”的重要借口“保护韩民”，认为“欲与斋藤（籐）争衡，当以要结韩人为要务”[①]。于是，他一面严饬部属广贴布告，安抚韩民；并要求部属对韩民“务必善为劝导，详细解说”，曾多次从日本宪警手中将被他们肆意抓捕的韩民抢夺回来，予以保护；号召中韩边民携起手来，共同反对日本侵略者。一面又严惩个别韩奸，比如对于“无端生事、广布浮词”、出卖同胞，为日本效力的韩奸金海龙[②]，就予以坚决镇压。于是，延吉韩民的情况大为改观。

斋藤季治郎见状，曾暴跳如雷地指责说：“中国官宪夺回了日本官宪押送出境的韩民，是侵犯行为！”吴禄贞则针锋相对地驳斥道：“将来再发生类似事件，我照样夺回。此地没有领事裁判权！”（见《延边文物资料汇编》，延边人民出版社1983年版）正如吴禄贞在给东三省总督徐世昌的报告中所说：“至韩民之感情，并非皆真心向日，其能知恩感德而愿易华装者，亦正不少。不过韩人性极柔弱，当斋藤（籐）初来，未免疑中国无保护之力，而又迫于日人及一进会之势，非强被胁从，则多存观望。自昭常

① 吴禄贞:《对日交涉情况报告》,《吴禄贞集》,华中师范大学出版社2011年版,第210页。

② 王芸生:《六十年来中国与日本》第五卷,生活·读书·新知三联书店2005年版,第114、113页。

等到此，民情大为感动。嗣经两次示谕，韩民颇为欣慰，虽尚不敢明与一进会为难，而来我派办处及厅署禀告，欲求见昭常等泣诉苦衷，并隐告日人及一进会之举动者已不乏人。”①

斋藤季治郎，生卒年不详，日本军国主义分子。1898年为东京陆军士官学校教官。吴禄贞留日时，曾是他们的任课教官。日俄战争期间，出任乃木希典军参谋。后又在中国安东（今丹东）、旅大等地任军政要职。参与策划“间岛事件”。曾以药店经理身份住局子街（今延吉市）搜集情报。1907年出任“统监府间岛派出所”所长。长期在中国从事军事间谍活动。1918年官至日本陆军少将，曾代表日本与段祺瑞政府签订过《中日陆军共同防敌军事协定》《中日海军共同防敌军事协定》等。

十月初九日（11月17日），延吉边务督办公署帮办吴禄贞，应邀至局子街会见日本的所谓朝鲜总监府“御用挂”“朝鲜统监府派出所”所长斋藤季治郎。

此次会见前，陈昭常和吴禄贞鉴于日本所设派出所唆使少数韩民组成“一进会”四出活动，欺压韩民，侵犯我国主权的事实，为安定民心，号召军民同结一心守卫领土，曾发布告示，重申图们江北一带为中国领土和边防重地，不容侵犯。

见面后，斋藤季治郎拿出延吉边务公署发布的告示，“内摘多条，加以标识，意欲借此大开谈判，以增进其势力”；随后指出“图们江北应否属清属韩，两国政府正在交涉，不应遽为此决断之语，务请更改”。吴禄贞乃义正词严地指出：“图们江为清、韩天然国界，数百年有两国历史及旧时志书图说可证，各国无不周知。日俄战争以前，贵国之满韩地图地志，及韩国之国图，亦皆以图们江为界，历历可考，数百年来从未更变……至今日之交涉，乃贵国无端生事，非国界真有不明也。”

这斋藤季治郎原是吴禄贞在日本陆军士官学校学习时的教官，对吴禄贞亦颇为器重；此时竟以老师的身份教训和威胁吴禄贞：“今既起界务交涉，则不得自信太过，仍以更改为是！”吴禄贞针锋相对地说：“此地为我国疆土，贵国韩国亦皆信之，我何独不能自信也？”斋藤仍然狡辩说：“我之以善意劝告，无非望彼此为和平之交际，似不宜为此过分之语。”吴禄贞则强调指出：“君之美意，我所深感，然断不能因彼此私交，而乱国家之疆土。

---

① 吴禄贞:《对日交涉情况报告》,《吴禄贞集》,华中师范大学出版社2011年版,第210页。

我有土地，我自认之，何谓过分！？ 况无论我出示之过分与否，皆非贵中佐所得干预。君之来此，我政府并未承认，即据我外务部转示伊藤统监之电，亦仅谓贵中佐有保护韩民之责，界务之事非君权利所及，似无烦多此要求。”斋藤仍不死心，问道：“督办公署所出之告示，系己意抑系督抚及政府之意？”吴禄贞十分肯定而自信地回答道：“督抚奏派我等办理此地边务，我等即督抚之代表，亦即政府之代表，我等所言，即与政府所言无异。且此告示已呈督抚转达政府，我等亦不能擅自更改。贵中佐必谓未当，请贵国政府与敝国政府交涉可也！”

吴禄贞既尽师生之友谊，又以国家利益为重，有理有节，不卑不亢，驳得斋藤季治郎治哑口无言，十分狼狈①。

王芸生在其《六十年来中国与日本》（第五卷）中就曾指出：当时延吉“每生一事，口舌之争论动至数十次；每出一案，公文之辩驳辄至数千言。彼则专恃强权。我惟折以公理，故虽百出诡计，日夕图谋，尚未能于实际有所进取”②。

十月十八日（11 月 23 日），日本大阪《朝日新闻》刊登“间岛派出所”所员学村生的报告，竟恬不知耻地鼓吹：“若他日珲春、间岛韩边外，皆得算入间岛领域内，则与我九州相伯仲矣。”③

十月二十一日（11 月 26 日），为了维护神圣主权，吴禄贞奉陈昭常之命，带兵前往查封了日本人中野二郎非法插手经营的天宝山银矿（位于吉林省延边朝鲜族自治州龙井市西南方），迫使日本人不得不从天宝山撤走。同时，上奏朝廷，要求严惩藐视国法、为虎作伥的程光第。奏章中指出：“程光第身为五品顶戴之县丞，而藐视国法，竟敢勾结日寇私订条约，引狼入室。日寇强占我天宝山，将来就会蚕食整个东北，这是莫大的潜伏之患。”（徐世昌主编：《东三省政略》）于是，程光第被革职查办

这天宝山原名“红石砬子”，曾是中国八大矿山之一，无论是有色金属的地质储量，还是矿山的开采历史，都闻名全国。1889 年，大清官员恩泽调任珲春副都统，为安置从关内和朝鲜跑来的灾民，他派下属程光第（时为

① 以上内容详见吴禄贞：《对日交涉情况报告》，《吴禄贞集》，华中师范大学出版社 2011 年版，第 211 页。

② 王芸生：《六十年来中国与日本》第五卷，生活·读书·新知三联书店 2005 年版，第 117 页。

③ 陈旭麓主编：《宋教仁集》（上册），中华书局 1981 年版，第 69 页。

五品顶戴）在延边调查土地资源时发现。经请示吉林将军和朝廷，将原矿主刘大宝、陈才等人招抚，使原矿改为官办，并逐渐改善条件，扩大生产规模。1891 年，又将珲春招垦总局迁到局子街（今延吉市），并从局中召用工人 200 余人，使天宝山银矿的矿工达到 500 余人。1893 年，吉林将军长顺带领程光第等官员谒见慈禧太后，献上白银二万四千两，并请为银矿赐名。慈禧太后将“红石砬子”改作“天宝山”，全称为“珲春天宝山矿务局”。1899 年，因官僚腐败，横征暴敛，致使矿工罢工，全矿几陷停顿。程光第因欠国库 5 万两白银被朝廷撤职。随后，程光第卖身投靠日本人，在日本官方的支持下，与日商中和公司经理中野二郎订立《天宝山采矿草约》。“草约”规定“向朝鲜运出矿砂，中国官员不得干涉”，“将昔日提炼所弃矿渣全部交付中和公司”。延吉厅署一直坚决抵制，并宣布：程光第私订条约，我国不能承认。直到 1907 年，吉林边务督办才将此矿再次收归官有。日本人的狼子野心一直没有消失，1915 年，又以“天宝山合办开矿契约”的名义，将天宝山银矿强占，直到 1945 年日本无条件投降，才回归中国。

十二月间，为了对付斋藤季治郎的不断骚扰和挑衅，吴禄贞在延吉设立了边务巡警总局和珲春分局；而为了解决巡警来源的困难，培养一批训练有素、独当一面的巡警人员，以便更好地维持地方治安、防止突发事变，又创办了警务学堂，并选录华民和韩民子弟同入学堂深造，使他们成为延边第一批自己培养的巡警。

其间，吴禄贞见延吉最早的公立北山中学堂（1901 年创办）校舍破旧，设备简陋，师资缺乏、经费不足，且教学质量、教学设施以及学生的实际水平都与中学不符，遂将其改为小学堂，分初、高等两个班；并从紧张的边务经费中拨出专款，责成部下负责修葺校舍，制定章程、购置设备，招募师资，很快就使北山小学堂的面貌焕然一新。吴禄贞曾多次到学校视察，关心学堂的发展。

与此同时，吴禄贞见越垦韩民李同春在光霁峪光昭村所创办的养正学堂不仅能够培养学生的民族正气，反对日本的武装侵略，而且能够诚心接受和归服清政府的管理，颇为赞赏，遂在人力和物力等方面给予学堂许多关照；不久，又将学堂由私立改为公立，每月拨款 200 两，使办学经费得到保障；并派革命党人杨端甫去学堂讲授中文，主持教务。后来，吴禄贞还将李同春破格提拔到边务公署对外交涉科任职，进一步发挥他在造福地方和反日斗争中的聪明才智，成为越垦韩民归服中国的一个榜样。

同月里，为了尽快撰写完成《延吉边务报告书》，吴禄贞还特派柏文蔚潜入韩国京都汉城，以查阅、重金购买涉及“间岛”的相关资料。

柏文蔚曾回忆说：“时值腊月……派余赴韩京……余在汉城，为作延吉交涉之材料，于韩国户部尚书补（朴）姓之子处购得一《大东舆地全图》，价五百元。朴姓有二子，争图价涉讼，日警侦知是图为中国人所购，几经侦查，知购者为余，乃下令搜缉，谓为间岛名誉官，系国事侦探。”①

次年（1908年）的正月间，斋藤季治郎暗中派日本军宪偷偷将从韩国会宁起至六道沟止大约九十余里的地方，沿途钉上木桩，桩上将中国地名都换上“会宁驿间岛某某社”，企图暗地里将中国的领土划入韩国界内。吴禄贞侦知这一情况，怒不可遏，派人连夜将这些木桩统统拔去。日本驻华大使提出抗议，说吴禄贞用兵力毁坏里程标本。没想到，吴禄贞在下令各派办处拔去木桩的同时，已经重新钉立有华名及里数的标志，并有照片为证，使得日人的阴谋破产，哑口无言。

至此，“斋藤接连受到了”“严重抵制和打击，惊知中国有备，再不敢任意胡为。南岸日军亦不敢冒险轻进。延边局势，乃得稍转安定”（见吴忠亚《吴禄贞的一生》）。

东三省总督徐世昌对边务督办公署尤其是吴禄贞的出色工作亦给予了充分的肯定：“当日人渡江时，适禄贞前往调查，猝与相遇，相机因应抵制，其谋卒不得逞。我始专派大员，从容筹划，是吴禄贞之首功，实有不能没者。”（见吴忠亚《吴禄贞的一生》）

光绪三十四年（1908年）的三月间，经过半年多时间的辛劳，吴禄贞主持勘测考察、编写的《延吉边务报告》一书终于完成（此书原藏北京中国第一历史档案馆陆军部档案，今收入《吴禄贞》第69～193页），并附有详细图表。报告编撰完成后，吴禄贞的顶头上司、“好友”、吉林边务督办公署督办陈昭常应邀为其作序，给予了《延吉边务报告》高度的评价，随即将其付梓刊行。

吴禄贞的《延吉边务报告》，是针对日本政府提出的“间岛”为朝鲜领土，并“已派朝鲜统监带兵前往保护”的荒谬言行和险恶用心，向清政府提供的一部证明“间岛”自古以来就是中国领土的长篇报告书。该报告除《叙言》外，分为“延吉厅疆域之历史”“延吉厅建设之沿革”“延吉厅之

---

① 柏文蔚著、文明国编:《柏文蔚自述·五十年大事记》,人民日报出版社2011年版,第21页。

地理”“韩民越垦之始末”“吉韩界务之始末”“日韩谬说之纠正”“日人经营延吉之原因”“日人经营延吉之政策”八章，共计三十八节，洋洋十三万言。该报告“调集官私书籍数十种，勾稽图志亦数十种”；又“上考史乘，中稽界碑，下采舆论”；更“旁考列国之舆图，翻译西人之记载，证以日韩之邦志，断以国史及诸名家之著录，荟萃成编”①。正因为该报告既是吴禄贞“聚官私书数十种”，“考证图史，钩稽册籍”，“旁征博采”而成；又是吴禄贞等人在“冒暑就道，跋涉山川，穷极边塞”，进行实地勘测、调查、考察，“躬所阅历，见闻尤确”的基础上完成；而且铁证如山，条分缕析，“持论严正，侃侃不挠”②，所以，日本政府在事实面前，也不得不低头，承认“间岛”为中国的领土。

吴禄贞的好友钱作骧就曾说：“绶卿在日本，于朝鲜颇有研究，又新得宋教仁所著《间岛问题》一书，故能原原本本，详言其故，卒之折冲樽俎，使日人退让，而延吉厅约数县之疆土，得以保存，非伟男子而能若是乎？”③

此报告书和不久后出版的宋教仁的《间岛问题》，既是清政府对日谈判的直接依据，又是解决“间岛问题”的主要文献资料。它们共同有力地证明了间岛自古就是中国的领土。

处理完编写《延吉边务报告》④的相关事宜后，吴禄贞想起自己带领部下在图们江流域勘测、考察时所见沿岸森林，完全可以安排人力物力进行采伐，予以利用之事，便起草了《采伐图们江森林条议》⑤，呈送给徐世昌。

吴禄贞在此“条议”中，详细地论列了开采图们江一带森林的办法及所需经费，既具体，又实用，亦便于操作。后因官方经费实在难以筹措，致使此计划落空，不能不说是一件可惜的事情。

---

① 吴禄贞:《延吉边务报告·叙言》,见《吴禄贞集》,华中师范大学出版社2011年版,第71～72页。

② 陈昭常:《延吉边务报告·序》,见《吴禄贞集》,第70页,华中师范大学出版社2011年版。

③ 钱作骧:《跋吴禄贞延吉厅边务报告书三卷》,见《张难先集》,华中师范大学出版社2011年版,第48页。

④ 吉林官书局将《延吉边务报告》铅印刊行,书名题作《调查延吉边务报告书》(三卷),署名“吴禄贞等编”(今国家图书馆有藏本)。

⑤ 此文原见《东三省政略》,今收入《吴禄贞集》,华中师范大学出版社2011年版,第193～195页。

吴禄贞和他的同仁们，在东三省总督徐世昌的大力支持下，以满腔的爱国热情，经过一年多时间艰苦卓绝的斗争，屡挫日寇的阴谋，取得了阶段性的胜利，使中韩边疆获得了安宁，边防得到进一步的巩固。

第三节　肩负重任　屡挫日寇

尽管由于吴禄贞和他的同仁们卓有成效的工作，使得中韩边境获得了暂时的安宁；但日本侵略者亡我之心不死，仍然时常在边疆制造一些摩擦和纠纷，并以此为借口，寻衅滋事。于是，吴禄贞和他的同仁们采取寸土不让、寸土必争的策略，继续坚持与日寇展开针锋相对的斗争。

为了笼络人心，斋藤季治郎曾在龙井村开办了一所有 3 名医生和 1 名护士的“龙井间岛慈惠医院”，免费为边民治病。

鉴于当时延吉军民的实际需要，也是为了与斋藤季治郎相抗衡，经过一段时间联络、筹备，吴禄贞遂在光绪三十四年戊申（1908 年）五月间，从天津专门聘请了一位名叫李绍良的医官来到延吉，筹建延吉公立“边务医院”（后改名“延吉官医院”）。李绍良很快就起草了《边务医院章程》23 条，较为详细地规定了医院的性质、任务、诊疗、住院制度和医务人员职责等内容。不久，这座延吉有史以来由中国人自己创办的既有门诊部又有 14 张病床住院部的公立西医院，就正式开张了。延吉“边务医院”创办后，在保障延边军民的身体健康，应付对日斗争中不断出现的伤病员的救治方面，发挥了重要作用，迫使斋藤季治郎开办的“龙井间岛慈惠医院”曾一度关闭。

七月中旬，日本军队借工兵演习为名，在图们江上搭建浮桥，吴禄贞立即派人前往交涉，据理力争，使对方不得不拆掉已经搭建到江心的浮桥。

又一日，吴禄贞在光霁峪拿获了三名向当地韩民勒索钱财的日本走狗——日方委派的当地所谓“总社长”、作恶多端的李羲英及其帮凶。斋藤季治郎得知消息，前往延吉边务督办公署交涉、要人，吴禄贞只交给了他自称为韩国巡警的一人，另两人则交给了延吉厅治罪。同时，还截回了被日本军宪强行押解出境的我国朝鲜族边民多人，释放了被日本军宪关押的延吉厅总乡约玄德胜。

当时，对于日本宪警、浪人、商贾在延吉厅境内胡作非为、扰乱治安者，吴禄贞除了通过外交途径，向日本政府提出强烈抗议外，常常采取果断措施，予以有力回击。就连日本驻韩国总监伊藤博文也感叹道：“清国在此地实行地方行政之事实，究竟不能无视之”，并忧心忡忡地指令斋藤季治郎要“小心行事”（见王芸生《六十年来中国与日本》）。

斋藤季治郎面对吴禄贞的一系列做法，气得暴跳如雷，并来了个恶人先告状，捏造事实告到了日本驻华大使馆，说吴禄贞常用暴力妨碍日本官员保护韩民的行动。日本大使馆遂照会中国外务部，要求惩办中国官吏，并保证今后不再有此类事情发生。而清政府外务部迫于日方压力，当即致电东三省总督徐世昌，要他复查此事上奏。

平心而论，吴禄贞当时在延吉的情况实际上是非常艰难的，既要想方设法阻止和防范日本侵略者的侵占，又要应付来自内部各方面的掣肘、阻碍和压力。其好友王保民在《吴禄贞首先参加革命的见闻录记》中就记载说：“日本军警横行境内，一夕而警报频至，一日而待理百端。禄贞常指挥折冲，眠食俱废；重以兵单饷绌，将伯无灵，函电交驰，笔舌空奋，往往起舞中宵，手持《熊廷弼集》一卷，呼幕中二三子，就灯下共读之。慷慨唏嘘，拔剑砍地；时或抵掌雄谈，上下千古，以抒郁塞。”①

吴禄贞在延吉地区卓有成效的工作，遏制了日本侵略者的野心。但他们并不死心，明的不行，就来暗的。日本驻华公使时常照会清政府外务部，中伤吴禄贞，说他有意破坏中日邦交，甚至诬蔑说其“就任以来，其行动往往有故意激成事端之嫌”，对清政府施加压力，要求对吴“严加戒饬”（见《清宣统朝外交史料》第八卷）。而一贯惧怕日本的清政府，明知其险恶用心，却要自毁长城，仍然连连发出“稳慎妥协”“镇静维持”的指令（见《清宣统朝外交史料》第六卷、第七卷），以束缚吴禄贞的手脚。

七月二十二日（8 月 18 日），清政府终于顶不住日本政府的压力，下旨免去吴禄贞延吉边务督办公署帮办的职务——代之以陈昭常的亲信、东三省督练处总参议傅良佐。吴禄贞则暂时留在边务督办公署听用。

傅良佐（1873—1924），字清节，湖南乾州厅（今吉首市）人。早年入时务学堂学习。戊戌政变后，弃文从戎，考入北洋武备学堂。1902 年赴日留学，入陆军士官学校第三期，与蔡锷、蒋方震等同学。归国后历任北洋督练处提调、兵备帮办等职。1907 年任东三省督练处总参议。1908 年任延吉边务公署帮办、护理督办。1909 年被袁世凯聘为军事参议。1912 年，任袁世凯的总统府军事处处长，升任中将。1913 年任察哈尔副都统。1916 年任陆军部次长。1917 年授“冠威将军”，晋陆军上将军衔。1918

① 王保民:《吴禄贞首先参加革命的见闻录记》,《吴禄贞集》附录,华中师范大学出版社 2011 年版,第 276 页。

年任湖南督军。1920年直皖战争爆发，被拘捕；1922年释放后，退出政界，隐居京津，念经拜佛。1924年病逝于天津。

当时对吴禄贞的中伤，不仅有来自外部的，也有来自内部的：延吉边务督办公署督办陈昭常一直喜欢拉帮结派、走上层路线，朝中有不少后台；且此人又嫉贤妒能，对精明强干的吴禄贞自然是看不顺眼，遂经常在上官面前中伤他、排挤他。据时人记载：陈是一个昏聩狭隘、只图虚名、不干实事的人，“每于日人谈判，中坐不能置一辞；而禄贞辩论滔滔，日官颇折宇”①。而此时陈昭常已经擢升为吉林巡抚兼边务督办，徐世昌不便也不愿得罪他。另一方面，徐世昌也担心吴禄贞对日本人过于严厉，容易使日本人节外生枝，带来麻烦。当陈昭常再次表示对吴禄贞不满时，徐世昌只得上奏朝廷暂时免去了吴禄贞的职务。

傅良佐与吴禄贞说起来还是日本陆军士官学校的同学，在东三省总督督署时又曾经是同僚，此人为人亦“精刻量小，任用私人”，自然不会为吴禄贞说好话②。

幸亏有其师、老上司、体仁阁大学士、军机大臣张之洞在京师暗中维护，才使他没有受到处分。吴禄贞的好友程明超曾回忆说：“余于1907年丁未入燕，以主张民权，为世所嫉。吴君时在延吉，与日人折冲，有中伤者，张之洞实调护之。”③

吴禄贞不计个人安危，一心报国，却被朝廷免职，壮志难酬，心中甚是苦闷，乃填《西江月·戊申秋延边偶题》一词④，以抒发其心中愤慨：

报到金牌罢戍，空教壮志飞蓬。关心明月满廉栊，偏是嫦娥轻重。

回首乡关何处？长空几阵飞鸿。凭将秋信寄江东，万里封侯一梦。

曾经跟随吴禄贞饮餐露宿、跋山涉水、昼夜奔忙、出生入死的那些老兵，听说朝廷免了吴禄贞的职，都愤愤不平，前来看望他、安慰他，舍不得与他分离。吴禄贞亦舍不得与他们分开，遂填了《菩萨蛮·咏老兵》一词⑤，表达其心情：

---

① 费行简：《近代名人小传》，崇文书局1922年版，第318页。

② 柏文蔚：《五十年经历》，《近代史资料》1979年第3期。

③ 王保民：《吴禄贞首先参加革命的见闻录记》，《吴禄贞集》附录，华中师范大学出版社2011年版，第277页。

④ 吴禄贞：《西江月》，《吴禄贞集》，华中师范大学出版社2011年版，第252页。

⑤ 吴禄贞：《菩萨蛮》，《吴禄贞集》，华中师范大学出版社2011年版，第252页。

世人都道从军好，可怜塞上英雄老。莽莽海东天，征衫血汗斑。伤心关塞月，照彻人离别。何处是家乡，江流送夕阳。

吴禄贞因为没有具体职务，故闲暇时间较多，常与前奉天森林学堂监督、时任署理珲春副都统（第 12 任，驻今延边一带）的好友郭宗熙往来唱和，留下了不少诗篇。

郭宗熙（1878—1934），字侗伯，一字桐伯，号臣庵，别号三焦山人，室名"缏古楼"。湖南长沙人。光绪十九年（1893 年）举人，二十九年（1903 年）进士。曾留学日本法政大学。归国后历任翰林院编修、长沙府中学堂监督、奉天森林学堂监督、署理珲春副都统、吉林东南路兵备道、西北路兵备道、滨江关监督等职。入民国，历任吉林提学使、吉林教育司长、吉长道尹、吉林巡按使、吉林省长等职。1919 年退居天津。1925 年任江苏督办杨宇霆秘书长。后又曾出任中东铁路督办、国立京师图书馆馆长、山东督办署参政等职。伪满洲国成立，出任"满洲帝国"第一任尚书府大臣。卒于任。仪态雍雅，工诗词，善书法，富藏书。编撰有《缏古楼行箧书目》三册。

八月上旬，吴禄贞带人巡查至和龙峪时，正遇日本宪兵奉斋藤季治郎之命，押解两名韩民欲送对岸会宁审讯；他当即索回，称此地韩民应归中国管辖，如犯事情，应该转到延吉厅审讯。斋藤季治郎得知此事后，要求将韩民交还，被吴禄贞拒绝；斋藤便再次通过驻日公使重伤吴禄贞，要求清政府惩处吴禄贞。

八月二十二日（9 月 19 日），清政府迫于日方的压力，不得不电令吴禄贞，让其尽快回京，至陆军部军学司训练科任职。于是，吴禄贞心怀遗憾地告别徐世昌及诸好友，离开东北边疆而回京城任职。

吴禄贞刚刚被召回京不久，本来相对安宁的东北边疆，又变得纠纷迭起，危机四伏。

斋藤季治郎听说吴禄贞已被调回京城，遂与九月十八日（10 月 12 日）命令日本宪警在火狐狸沟茂功社非法修建房屋。延吉边务督办公署得知消息，立即派巡警前往阻止。日本宪警竟然开枪打死巡办徐占奎、巡兵吴起瑞，打伤巡兵多人，史称"火狐狸沟惨案"。斋藤蓄意制造流血事件，企图加剧"间岛"局势恶化，为日本入侵寻找借口。

吴忠亚曾回忆说："徐世昌到任甫及一年，延边尚属粗安之余，就把他（案：指吴禄贞）罢离延边，而代之以旧官僚傅良佐。讵知当时筹边安边，端赖禄贞。日人所惮者亦惟禄贞而已，闻其罢离，额手称庆，旋即故态复

萌，不断制造事端。傅良佐穷于应付，苦不可耐，乃称病弃职而逃。”（见吴忠亚《吴禄贞的一生》）

第四节 建功边疆 名垂青史

光绪三十四年戊申（1908 年）八月底至九月上旬，吴禄贞奉朝廷之命离开东北，仍然回到陆军部军学司训练科任职。

九月下旬，吴禄贞因老家有重要事情必须回籍处理，遂向军学司正使冯国璋、副使良弼请假，并得到他们及陆军部的批准。

冯国璋（1857—1919），字华符，一作华甫，直隶河间（今属河北省）人。早年在私塾、莲池书院学习，后因家贫而辍学。1884 年至大沽口当兵。1885 年被保荐入北洋武备学堂学习。毕业后至聂士成军中效力，颇受信任。1893 年保荐以驻日公使随员身份赴日考察军事。1896 年回国，被袁世凯招至天津编练新军，任为督练营务处总办。后随袁氏赴山东镇压义和团。1903 年擢升练兵处军学司司长，与王士珍、段祺瑞并称“北洋三杰”。1906 年署正黄旗蒙古副都统兼陆军贵胄学堂总办。后长期担任军谘使。辛亥革命爆发，被任命为第一军总统，率领北洋军赴湖北镇压革命。“二次革命”时，奉袁命攻占南京，任为江苏都督。袁死后北洋军阀分化，为直系首领。曾与湖北督军王占元、江西督军李纯联合对抗皖系首领段祺瑞，称“长江三督”。1916 年当选副总统。1917 年代理总统。1918 年被段祺瑞逼下台。1919 年 12 月 28 日在北京病逝。

因吴禄贞此次请假回籍所需时间较长，冯国璋和良弼曾于九月二十八日（10 月 22 日）联名向陆军部禀报此事（因时间较长，需要请人暂时代理其工作），并得到陆军部的同意。其事可详见《冯国璋等为吴禄贞请假回籍事呈陆军部》呈文①。

十一月间，日本政府乘清王朝有慈禧太后和光绪皇帝新丧、宣统皇帝新登基之机，命日本驻华公使伊集院彦吉向清政府外务部呈递“节略”，对所谓“中韩界务问题”，提出种种诡论和伪证，力图从根本上否认延吉为中国领土，最后对中国以前所为之论证，完全推翻，悍然要求中国政府顺从日本政府的意旨。清政府震于日本之国力，苦于日人之诡辩，惶然不知所对，只得让外务部出面应对，并急电湖广总督陈夔龙，请其派人敦促吴禄贞火速

① 此呈文原存中国第一历史档案馆陆军部档案，今收入《吴禄贞集》之《复张绍曾电》附录，华中师范大学出版社 2011 年版，第 228 页。

赴京至外务部协助工作。同时，又致电奉天，请徐世昌总督速让周维桢回京协助工作。

十二月间，吴禄贞风尘仆仆地自云梦老家回到京城，朝廷立即任命其为外务部顾问；他遂与自奉天归京的好友周维桢一起负责解答日方提出的所谓“中韩界务问题”。

第二年（1909 年）新年尚未过完，在整理、准备好相关资料后，吴禄贞就在好友周维桢的协助下起草驳复日本关于“中韩界务问题”的“节略”。

其间，因讨论、撰写驳复日本关于“中韩界务问题”的“节略”，吴禄贞与外务部尚书会办大臣梁敦彦往来颇多，成为好友。

梁敦彦（1857—1925），字崧生，广东顺德人。早年入香港中央书院学习。1872 年成为中国第一批官派幼童赴美，入耶鲁大学学法律。1881 年回国，先后在天津北洋电报学堂、福建船政学堂任教习。中法战争中，受李鸿章、张之洞派遣，负责广东、广西和湖南等地的电报线路建设。张之洞调任湖广总督，辜鸿铭被任为总署洋务文案。后历任汉阳海关道、直隶知府、北洋大学督办、外务部右侍郎，外务部会办大臣、外务部尚书兼会办税务大臣、弼德院顾问大臣等职。入民国，曾任北洋政府交通总长。梁敦彦力荐詹天佑修建中国第一条自主设计的铁路，又力促清华大学的创办。1917 年参与张勋复辟，任为“外务部尚书”“议政大臣”。复辟失败后，匿居东交民巷。后寓居天津，1924 年 4 月 10 日卒于天津。

适吉林边务处的文案匡熙民完成其《延吉厅领土问题之解决》一书的撰写，由吉林印刷局印行，并火速呈递外务部以作参考。作者在其《序言》中指出：“此书与《延吉边务报告》……如鸟之两翼，车之两轮，缺一不可”；“《延吉边务报告》为兵家之大本营，此书则其游击师也”①。故吴禄贞亦将其作为所写“节略”的重要参考。

此期间，好友程明超曾至京城与吴禄贞相聚，并相偕前往拜访过老师、老上司，时任体仁阁大学士、军机大臣的张之洞。大家谈起时政，皆唏嘘叹息。

程明超（1880—1947），字子端，湖北黄州人。幼聪慧，十岁即考中秀才。后考入武昌两湖书院学习。1902 年由两湖书院选送赴日留学，入东京弘文书院，习日语及普通学科。其间，结识孙中山、黄兴等人，接受民主革命思想。1903 年 1 月，与李书城等创办《湖北学生界》杂志，宣传

① 匡熙民:《延吉厅领土问题之解决》,宣统二年(1909 年)二月吉林刷印局刊本,第 3 页。

民主思想，弘扬革命精神。同年暑假回国参加乡试，考取举人。随后再赴日本。1905 年考入京都帝国大学法学部法律学科。1908 年毕业回国，参加清廷统一组织的考试，获一甲第三名，御赐探花，授翰林院编修。1910 年，被指定为资政院钦选硕学通儒议员。1912 年出任南京临时政府大总统孙中山的秘书长。1921 年出任两湖巡阅使公署机要处长。1926 年辞官闲居。工诗文，尤工骈文；擅书法，有“东亚草圣”之誉。

程明超曾回忆说：“1909 年己酉春，我与吴君相见于都门，与张之洞痛言时政，皆唏嘘不置。张之洞曰：‘二三子皆雄才，年少剑锋芒，以待时，假立宪之流祸不远矣。’”①

正月十六日（2 月 6 日），日本驻华公使伊集院彦古秉承日本政府的意图，为迫使清政府尽快就范，又将“东省六案”的其他几案与“间岛问题案”一起提交中国外交部，进行集中交涉。

研究东北近代史的学人知道，自 1907 年至 1909 年，日本侵略者在中国东北地区相继挑起了“东省六案”纠纷。此六案分别为：新法路案、大营路案、京奉路展修案、抚顺烟台煤矿案、安奉路沿线矿务案及“间岛交涉”案，其中以“间岛交涉”案最为重要。在上述六案的交涉中，最后只有“间岛交涉”案，中国取得了最终胜利。这其中自然与吴禄贞、宋教仁、匡熙民等人所付出的艰辛劳动分不开。

正月下旬，吴禄贞在周维桢等人的协助下，经过一个多月的辛勤劳作与挑灯夜战，终于完成了长篇《为外务部代拟驳复日本之节略》，呈交给外务部备用。

正月二十七日（2 月 17 日），清政府外务部尚书会办大臣梁敦彦在与日本驻华公使伊集院彦吉谈判东三省六悬案时，以长篇节略驳复日本的“节略”，逐条批驳日本政府所提出的严重歪曲中朝国界的“节略”，使日本公使不得不承认“间岛”为中国领土。梁敦彦所据之长篇节略就是受外务部上官之委托，由吴禄贞和周维桢所撰写完成的《为外务部代拟驳复日本之节略》②。

吴禄贞和周维桢代外务部所拟驳复日本的长篇节略——《为外务部代拟驳复日本之节略》（11000 余言），是所谓“间岛问题”交涉中，中国政府

① 王保民：《吴禄贞首先参加革命的见闻录记》，《吴禄贞集》附录，华中师范大学出版社 2011 年版，第 277 页。

② 此“节略”，原藏外交部档案，见《清季外交史料》；今收入《吴禄贞集》，华中师范大学出版社 2011 年版，第 195～209 页。

驳复日本的最后和最重要的外交文件。清政府外务部以此长篇节略驳复日本政府，以详尽确凿的证据，尤其是韩国出版的《朝鲜通文馆志》《朝鲜地理小识》，日本参谋部的《满洲志》，日人守田利远的《满洲地志》和俄国出版的《满洲地志》等有关书籍，证明延吉一带，自古就是中国的领土，日本所提之伪证，全被推翻，使其无以置辩。

自此节略发出后，日本政府不再重弹所谓“间岛”归属未定的老调了；但仍不撤兵，坚持说他们有保护韩民之责。王芸生曾在其《六十年来中国与日本》一书中追述其事说：“此节略系吴禄贞、周维桢二人起草，在历史及学术上均有重大价值，对当时交涉尤为有力。盖此节略发出之后，日本即不再坚持所谓‘间岛’非中国领土矣。”①

清政府外务部见驳复日本的长篇节略发出后，日本一直哑口无言，遂于二月二十七日（3 月 18 日），亦乘机给日本政府沉重一击——拒绝日方提交的除“间岛交涉”案之外的提案，又将《逐节申辩节略》公文递交日本驻华公使馆，并告知：中国“拟将各案送交海牙和平会公断，以听公论”②。

闰二月中下旬，日本政府见“间岛问题”被中方批得体无完肤，日方在谈判桌上已经失败，但仍不死心，便在延边地区不断制造事端，企图挑起边境冲突，为其武装占领寻找借口。而此时傅良佐见形势危急，已“坚决辞职”③。

朝廷鉴于延边地区严峻的形势，更由于吴禄贞对东北边疆情况的熟悉，加之朝中有张之洞、肃亲王善耆、庆亲王奕劻等权要的推重，不得不重新起用吴禄贞，让其再回延吉边务督办公署任职，承担起捍卫祖国边疆的重任。

俗话说：“吃一堑长一智。”吴禄贞吸取了上一次戍边受人钳制的教训，向朝廷提出了三个条件，方肯出任：其一，自任督办；其二，专折奏事；其三，不受吉林巡抚节制。这就是说边务之事吴禄贞有权独自处理，有事可直接上奏朝廷，不再受制于地方或他人。朝廷为了边疆的安宁，对其所提出的几个条件也只得同意。

吴忠亚曾回忆说：“清廷迫不得已，仍欲令禄贞回任。禄贞以前此为

---

① 王芸生：《六十年来中国与日本》（八卷本），生活·读书·新知三联书店 2005 年版。

② 王亮辑：《清宣统朝外交史料》第 2 卷，民国二十二年（1933 年）刊本，第 34 页。

③ 柏文蔚著、文明国编：《柏文蔚自述·五十年大事记》，人民日报出版社 2011 年版，第 22 页。

人掣肘，未得放手办事，大行其志，要求由他自任督办，专折奏事，不受吉林巡抚（陈昭常）节制，方肯回任。清廷以应变无人，只得允其所请。”（见吴忠亚《吴禄贞的一生》）

三月间，吴禄贞再次回到局子街，就任延吉边务督办公署督办，授陆军协都统（从二品武官）并赏加陆军副都统（正二品武官）①，可谓位高权重。

抵达延吉任所后，吴禄贞就立即着手告示安民，设立派办所，修建戍边楼，整顿防营（裁弱留强，补足空额，加强军纪），训练新军（创办屯田军），兴办学校（创办初等小学 8 所，高等小学 4 所），修建延吉至各地的道路，加强边疆建设，以防外敌侵入。

当吴禄贞与部下、朋友们再次登上戍边楼眺望星空时，不禁心潮起伏，激情满怀，乃放声吟诵道：

烽火鸡林戍，筹边两度来。春风吹细柳，塞月照墩台。虎节黄金印，骊歌白玉杯。登楼望长白，处处阵云开。

诗战咸祖约，春光入塞先。风云驱旧岁，珠玉灿新笺。月朗元宵夜，灯辉古戍边。遥知东阁宴，好句已盈千。②

四月间，延吉边关的形势又开始紧张起来。此时，日本政府在中韩边界的朝鲜一侧不断调兵遣将，其驻兵已多达二万五千余人，占日本在朝鲜兵力的一半以上。他们不仅不断派人过江骚扰，强占民地建造房屋，设立宪兵分遣所；而且还唆使日本浪人到处寻衅，强奸朝鲜妇女，殴打中国军警，故意制造事端，以给清政府施加压力。

鉴于此种情形，吴禄贞除采取果断措施予以回击外，又曾多次要求朝廷增派兵力，加强边陲防务。他在奏折中说：“若非厚其兵力，注重江防，令其野心稍戢，边务大局，万难维持。”（见《清宣统朝外交史料》）而患有“恐外症”的清政府竟以“增兵恐引起交涉”为理由，拒绝他的请求；并一再电令他“事事稳慎妥办”，“镇静维持”。不得已，吴禄贞只好从奉天、长春、吉林等地调进部分新军、巡警充实边防，使兵力增至“四千余名”。吴禄贞就是在这样极其艰难的条件下，怀着愤懑的心情，寸土不让

① 徐世昌主编:《东三省政略》卷 1《边务 · 延吉篇》,沈云龙《中国边疆丛书》(第一辑),文海出版社 1967 年版,第 246 页。

② 吴禄贞：《元夜步壬林韵兼简倜伯盟长》（二首），《吴禄贞集》，华中师范大学出版社 2011 年版，第 247～248 页。

地守卫着祖国边疆国土的。

吴禄贞见朝廷不肯派兵，自己又不能坐以待毙，为防患于未然，遂四处游说、奔波，筹集经费，自建新军一镇，又在三道湾创设屯田军一营（任命革命党人柏文蔚为标统），“以此作为外事交涉的后盾，并以备万一”①。

柏文蔚在其《五十年大事记》中记载说：“就职之次日，即奏请成新军一镇，成屯田一标，镇统吴自兼，屯田标统为余。吴对余曰：‘一年以后，吾人其横飞矣。’余笑而默然。”②

五月间，吴禄贞又在极其困难的境况下，为维护天宝山的银矿主权，阻止日本人霸占土地，为受害军、民追赔抚恤费，发展当地教育等方面做了大量有成效的工作，为边疆的稳定、发展、安全作出了重要贡献。

吴禄贞为朝廷镇守边关，殚精竭虑。然而他始终都没有忘记他另外所肩负的历史使命。自他重回边务督办后，便利用其工作之便，分别接待过前来东北的高宜权、孙师武、吴昆、方培良、杨端甫等革命同志。又与被誉为“关外三杰”的蒋大同、商震、陈干等人结识，积极支持他们在东北进行各种的民主革命活动。

蒋大同（1883—1910），字卫平，直隶平府（今河北卢龙）人。早年入永平师范学校，仰慕谭嗣同为人，取字慕谭。后弃文从武，入保定陆军速成学校。1905年参与抵制美货运动，遭缉捕，逃亡东北。联合商震、陈干等爱国人士创办辽阳陆军小学、沈阳劝学公所、商业专门学校、官话字母总塾。与陈干、商震被称为“关外三杰”。曾加入同盟会。1907年拒绝盛京将军赵尔巽的委任，只身赴西伯利亚边境考察，被俄军逮捕。在狱中向中国难友宣讲革命道理，被誉为“东方圣人”“关外大侠”。1908年获释，归长春，与友人创办《长春日报》，揭露沙俄野心，宣传民主革命思想。1910年入呼伦贝尔兵备道宋小濂幕，协助其办外交。后前往俄界交涉边界纠纷，在黑龙江被俄军杀害，年仅28岁。

商震（1888—1978），字启予，祖籍浙江绍兴，出生于河北保定。1905年考入保定陆军速成学堂，同年加入同盟会。1906年被开除学籍，赴东北与蒋大同等共谋革命大业，遭通缉，赴日留学。1909年奉命至长春，从事革命活动。1911年初毕业于驻锦州新军某部之随营学堂，被保送入东

① 金元山、王晓兵：《中日“间岛交涉”与宋教仁、吴禄贞》，《日本研究》1993年第1期。

② 柏文蔚著、文明国编：《柏文蔚自述·五十年大事记》，人民日报出版社2011年版，第22页。

三省陆军讲武堂。1912年推为“关外民军总司令”，不久被授予陆军部高级顾问。1913年因参与反袁获罪被捕，经冯玉祥等力保获释。1915年随陆建章入陕镇压白朗起义，升任团长。1916年陈树藩督陕，驱逐陆建章，率本部投靠晋军。1917年奉命率部北上“讨逆”，取胜返晋后，升任晋军第一混成旅旅长。1924年出任晋军第一师师长。1926年任前敌总指挥，率部将阎锡山的势力扩展至绥远，被任为代理绥远都统。阎锡山易帜，被任为第一军军长，参加北伐；北伐胜利后，被任为河北省政府主席。1929年调任山西省政府主席。1935年任河北省政府主席兼天津市市长。1936年任河南省政府主席。抗战爆发，历任第十二集团军总司令兼三十二军军长、第九战区副司令长官、第六战区司令长官、国民党军事委员会办公厅主任、外事局局长等职。抗战胜利后，历任联合国军事参谋处中国首席代表、蒋介石总统府参军长、盟国管制委员会中国代表兼驻日本军事代表团团长等职。1949年辞职定居日本，后曾两次回国观光。1978年病逝于东京。

陈干（1881—1927），原名贵川，字明侯，山东昌邑人。幼时家贫好学，少即赴东北谋生。1901年投身军营。1904年随盛京将军赵尔巽学习军务。1905年与德仲克设立“讲报社”和“八旗学堂”，任校长，邀商震、蒋大同来校任教，宣传革命思想。1906年赴日观操，加入同盟会。回国后与同志谋暴动，事泄遭追捕，逃往日本。1907年回到家乡，继续宣传民主革命。1908年与刘冠三在青岛创办“震旦公学”。1910年春再至东北，与熊成基、蒋大同、商震等密谋反清起义，失败后逃亡南京。辛亥革命爆发，被任为山东民军统领。1912年授少将，出任三十九混成旅旅长。袁世凯窃国，上书斥袁，并辞职归乡。1917年出任山东省政务厅厅长。1918年辞官避居青岛。1922年出任鲁案中日联合委员会第一部委员，交涉山东归还问题。北伐时，被任为军部参议。1927年，任第二支队司令，率部攻入山东。不久，奉命退往南京，为桂系军阀杀害。著有《倥偬集》《欧战拾遗》《鲁案》《威案》等。

六月间，廖仲恺自日本中央大学毕业后回国，参加清廷组织的统一考试，被授予法政科举人，并奉孙中山之命，进入吉林巡抚抚署担任翻译，同时负责领导东北革命同志开展工作。吴禄贞以工作之便，时常与廖仲恺接触，商议革命工作。

廖仲恺（1877—1925），原名恩煦，又名夷白，字仲恺。广东惠阳人。出生于旅美华侨家庭。1893年回国。1902年留学日本。1905年加入中国同盟会，任总部会计长。1909 年入吉林巡抚抚署任翻译。辛亥革命后回广东，任总督府总参议，兼理财政。积极参与反袁斗争。1921 年孙中山任非常大总统，出任财政部次长兼广东财政厅厅长。1922 年代表孙中山与苏联代表越飞会谈，于次年发表《孙文越飞宣言》。1923 年被任命为广东省长和财政部长。1924 年国民党改组，被选为中央执委、常务委员、政治委员会委员，并先后兼工人部部长、农民部部长、黄埔军校党代表、广东省省长、财政部部长、军需总监等职。孙中山去世后，坚持革命的三大政策，积极支持省港大罢工。1925 年 8 月 20 日，在广州被国民党右派暗杀。工诗词，擅书法，著作编为《廖仲恺集》《双清文集》。

不久，熊成基奉黄兴之命赴东北负责筹款和准备起义，住在长春日本留学生臧克明家里，曾派同志前来柏文蔚和吴禄贞处筹款；柏、吴曾叮嘱他们，在东北实行武装起义时机尚未成熟，为安全着想，请其速离东北而赴日本为妥。

柏文蔚在其《五十年大事记》中曾记载说："方培良、杨端甫又至，为熊渭耕（熊成基，字味根，又名渭耕）奔走者也。余为筹五百元，吴绶卿给五百元，交方培良携往接济焉。方熊渭耕在安庆起义失败，逃往日本，旋由日本回长春，潜迹于同学臧某家。"①

曹亚伯在《各地纷起革命军》中回忆说："是时，日知会会员吴禄贞练兵于东三省，同志徐竹平、徐干、商震、柏烈武辈皆往助，得以与蒋大同（字卫平）结合，大刀阔斧开辟榆关以外之新天地。熊成基败后往投之，所谓具英雄之慧眼者也。"②

同月里，原云贵总督锡良被朝廷任命为钦差大臣，总督奉天、吉林、黑龙江东三省事务，同时兼任热河都统，抵达奉天就任；而原钦差大臣、东三省总督徐世昌则被调回京，擢升为协办大学士。

于是，锡良便成了吴禄贞在东北的顶头上司。锡良（1853—1917），字清弼，巴岳特氏，蒙古镶蓝旗人。同治十三年（1874 年）进士，历任山西知县、知州、候补知府、山东兖沂曹济道、山西冀宁道、山西按察使、湖南布政使等职。1900 年因护驾有功，擢升山西巡抚。1901 年调湖北巡

① 柏文蔚著、文明国编:《柏文蔚自述・五十年大事记》，人民日报出版社 2011 年版，第 20 页。

② 曹亚伯:《武昌革命真史・前编》，《曹亚伯集》(上)，华中师范大学出版社 2019 年版，第 242 页。

抚，旋授河南巡抚兼河道总督。1903 年擢升四川总督，积极推行新政，力主自办铁路，取得了川汉铁路修筑的自主权。1906 年派兵进藏平定上层喇嘛和土司势力的变乱，加强藏族经济文化的建设。1907 年调任云贵总督，创练新军，设立讲武堂。1908 年派兵镇压黄兴等领导的河口起义。1909 年授钦差大臣、东三省总督，加强东北防务，建立清乡局，编练巡警和民兵。1910 年遏止了中俄边境鼠疫的蔓延，受到许多国家的称赞。1911 年 6 月以病辞职。同年，被任命为热河都统。宣统帝宣告逊位后，即告病归养。1917 年病逝。著有《锡良遗稿》。

七月初十日（8 月 25 日），吴禄贞得知外务部将于近期与日本政府就中韩界务问题签订协议，且知道了协议的大致内容，心情十分沉重。思虑再三，乃致电外务部，重申了自己的意见。对允许日本在图们江北岸四处地方开通商埠，尤其是在百草沟、头道沟和局子街这三处开通商埠坚决反对：因为百草沟、头道沟不仅是交通要道，而且是森林、矿产最丰富的地方；至于局子街，则是当时延吉的行政重地；如果这些地方被开通为商埠，那将会后患无穷，请外务部务必慎重。

七月二十日（9 月 4 日），经过半年的艰辛谈判，清政府外务部会办大臣梁敦彦与日本驻华公使伊集院彦吉在北京正式订立《图们江中韩界务条款》（亦称《间岛协约》），全文共七条，其中第一款明确规定：“中日两国政府彼此声明，以图们江为中韩两国国界，其江源地方自定界碑至石乙水为界。”①

吴忠亚曾回忆说：“先三叔受命于危难之际，前后三年，两戍延边，以一身肩负反占领斗争重任，再接再厉，不屈不挠，绝不使侵略者，得稍逞其占领野心于延边。斋贼（案：指斋藤季治郎）挟其强大国力，三载经营，一筹莫展，始终都未能在延边站稳脚跟，日本侵略者终不得不知难而退，最后签订了《中韩边界条约》，正式承认图们江为中、韩国界，江北延边一带为我国领土，并悄然撤退其入侵人马，还我延边主权。这是当年先三叔署理延边，为保卫国土所曾建立之不朽功勋。其间，斗争之惊险曲折，应付之艰难微妙，非千言万语所能尽。”（见吴忠亚《吴禄贞的一生》）

《图们江中韩界务条款》的最终签订，吴禄贞的功劳是很大的。虽然中国保有了图们江以北的领土完整，排除了日本的殖民工具——间岛派出所

---

① 王芸生：《六十年来中国与日本》第五卷，生活·读书·新知三联书店 2005 年版，第 254 页。

及其他军事力量，限其在二月内撤清，在一定程度上维护了这一带的司法主权，这在中国近代外交史上也算得是一次难得的对外交涉的胜利。但是，此条约中，清政府在开通商埠、设立领事馆、修建铁路等方面，仍给日方作了让步，留下了诸多隐患。

中、日正式签订《图们江中韩界务条款》的消息传来，条约中仍然允许日本在延吉设立领事馆、开通商埠、修建铁路。吴禄贞深感报国无门，壮志难酬，于是，仰天长叹：

自古和戎非良策，一误不可况再误。边人未归征人恨，大地河山待鼓铸。①

九月十四日（10月27日），朝鲜统监府统监曾弥荒助正式照会朝鲜内阁总理大臣李完用，告知日本已与清政府签订《图们江中韩界务条款》，统监府间岛派出所也将于11月1日撤除，由日本驻间岛领事馆代之。

九月二十一日（11月3日），日本“间岛总领事馆”在龙井村正式成立，吴禄贞奉指令作为中国政府官员出席。这简直让他悲愤万分，难以忍受——这对他真是一个极大的嘲讽！他恨不得立即拔剑上阵与敌人血战，把失去的权利统统夺回来。于是，当即挥毫写下了“尺地寸土肯让人，匣底龙泉光欲吐。安得一战定三韩，貔貅百万争先赴”的诗句②。

日本人的总领事馆设在龙井，却冠以“间岛”之名，可见他们图谋“间岛”的贼心始终不死。1934年12月1日，伪满洲国又建立了“间岛省”，省会在延吉县（今吉林省延吉市）。辖境相当于今天吉林的延吉、龙井、和龙、安图、图们、珲春、汪清等市县之地，直至1945年日军投降后废除。将前后的情况联系起来看，当年这场关于“间岛问题”交涉的历史意义就很清楚了，亦可见出吴禄贞眼光之锐利、长远。

九月二十七日（11月9日），朝鲜内阁总理大臣李完用复照表示：“对此准允，并已将协约用官报予以公布。”③

李完用的表示意味着朝鲜政府已承认和接受此约——《图们江中韩界务条款》（即《间岛协约》），并承认图们江为中朝的界河。至此，中朝两国

---

① 吴禄贞：《放歌步谢大虎文原韵》，《吴禄贞集》，华中师范大学出版社2011年版，第245页。

② 吴禄贞：《放歌步谢大虎文原韵》，《吴禄贞集》，华中师范大学出版社2011年版，第245页。

③ 见（韩）《旧韩国外交关系附属文书》卷八，第390页。

长期的国界争议基本结束。

十月上中旬，吴禄贞根据条约签订后的边境形势，已经把重心放在了延吉、珲春全境的军政防务事宜上。为了加强边境防务，他再次上书朝廷，请求拨款一百万两银子，编练陆军一镇（两个旅）。而最后朝廷给他的回复却是：国库“经费支绌”，无银两可拨。无奈，吴禄贞只得自筹银两解决困难。

十月间，日本侵略者在无法坚持其对“间岛”领土[①]的要求后，遂改为坚持他们对韩民有所谓的“保护权”。针对这一新的情况，吴禄贞写了《吴协统意见书》（因吴禄贞任延吉边务督办时，尚兼有陆军协统衔，故有此题目；此意见书原载《东三省政略》，今收入《吴禄贞集》第212～214页）。其中，阐明了吴禄贞对新阶段对日交涉的总看法，对日方提出的所谓“保护权”问题，有其深刻的见解——坚决否定日方对韩民有所谓的“保护权”。他一针见血地指出：“今若认其有保护权之后，彼将今日增兵，明日设吏，一以保护韩人为辞，甚且由此推行有韩民之区……皆可阳藉保护之名，阴行侵占之实。喧宾夺主，得寸进尺，我于彼时再行抗言，其周折必较尤甚。则许其保护，即无异授以进取之阶，必致渐失国权，予人口实。是则界务虽清，亦不过空负主人之虚名而已。”

这些观点，也是吴禄贞后期在延吉办理边务交涉期间的基本态度。

王保民在《吴禄贞首先参加革命的见闻录记》中记载：“1909年秋，日人始以延吉为我国领土。而部定界约，乃多失败。禄贞深恨清朝当局误国，事前不以与斗抗电清朝政府指斥瑕赏，一面革善后书万余言抵东督锡良约其并力激争，共图抗救雇约经签字，铸错已成，徒教忌嫉而已。自时厥后，其抑郁塞磊落之气，乃一发于诗歌，而抱革命思想，推倒满清之志，图入虎穴取虎子，更为坚决。”[②]

同月间，吴禄贞在延吉厅河南修建的占地290亩的、古朴典雅、雄伟壮观的“延吉边务公署楼”（亦称“戍边楼”）落成。吴禄贞带领部下站在楼顶上，凭栏远眺，一股自豪感不禁油然而生，出口吟道：

筹边我亦起高楼，极目星关次第收。万里请缨歌出塞，十年磨剑笑封侯。鸿沟浪靖金瓯固，雁碛风高铁骑愁。西望白山云气渺，图们江水

① 吴禄贞：《吴协统意见书》，《吴禄贞集》，华中师范大学出版社2011年版，第213页。

② 王保民：《吴禄贞首先参加革命的见闻录记》，《吴禄贞集》附录，华中师范大学出版社2011年版，第276页。

自悠悠。[①]

在吴禄贞的坚强领导下，由于部属和边民的大力支持和参与，这时的延吉地区呈现出一派社会稳定、百姓安居乐业，百废初兴的局面，吴禄贞不仅被学界称之为清末“著名的民主革命家和外事活动家”[②]，而且还被海内外誉之为“间岛英雄”[③]。

① 吴禄贞：《戍边楼落成登临有感》，《吴禄贞集》，华中师范大学出版社 2011 年版，第 246 页。

② 刘树泉：《简论吴禄贞》，《沈阳师范学院学报》1980 年第 4 期。

③ 邓宾善：《壮志未酬身先逝——记“民国大将军”吴禄贞》，《档案春秋》2008 年第 1 期。

第六章　鞠躬尽瘁　献身共和

吴禄贞在东北任职的时间虽不算长，却功绩显著，位高权重；加之此期间其辖区内革命党人活动频繁，故有人怀疑他“有革命嫌疑”。朝廷为加强对他的控制，遂以延吉的对日交涉事务已经结束，且国库“经费支绌”为由，撤销延吉边务公署，调其回京，委以闲职。后听从革命党人的建议，吴禄贞贿赂其师庆亲王奕劻，得任陆军第六镇统制，试图掌握军队实权。武昌起义爆发后，吴禄贞暗中联络党人，加快了策划在北方举行起义的步伐，并组建了“燕晋联军”，被推举为大都督兼总司令，计划率军直捣京师，从而推翻清王朝，建立中华民国。然而，就在举义的前夕，吴禄贞被“敌人”残忍杀害，为实现共和的目标而鞠躬尽瘁，献出了宝贵的生命，结束了他短暂而又辉煌的人生。

第一节　出国考察

宣统二年正月初八日（1910 年 2 月 17 日），清政府发现：吴禄贞在延吉边务公署任职期间，其辖区内时有革命党人四处活动，怀疑他“有革命嫌疑”①；加之此前妒忌他的人不断进谗言，遂以延吉的对日交涉事务已经结束，而国库“经费支绌”为由，将延吉边务公署撤销，调其回京任职，以便于控制。

柏文蔚在其《五十年大事记》中记载说：“清政府疑吴有所谋，遂议裁撤边务，根本取消。吾人所经营与希望，付之流水，良可慨已。”②

吴忠亚曾回忆说：“清廷对他一直都是阳为笼络，暗为疑忌，及至他建功延边，声威远震中外时，疑忌之心更甚，故《图们江中韩界务条款》甫经签订，清廷即以节省开支为名，裁撤边务督办公署，把他调回北京，授以内

---

① 安龙祯：《吴禄贞传略》，《学问》2003 年第 9 期。

② 柏文蔚著、文明国编：《柏文蔚自述・五十年大事记》，人民日报出版社 2011 年版，第 23 页。

蒙古副都统虚衔，实则置之闲散，使他不能有所作为。”（见吴忠亚《吴禄贞的一生》）

事实上，吴禄贞性格豪爽，行动果敢，办事认真，在平时的公务中得罪过不少人。其政敌亦妒忌他累建功勋，升迁迅速；加之其平日里虽有特殊身份作掩护与革命同志联络、往来，但有些活动还是太过明显，不能不引起旁人的注意。正是由于“忌他而说坏话的人太多”①，朝廷自然会引起重视，并设法予以控制了。

大约也是在这个期间，吴禄贞与已升任奉天陆军小学堂总办的张世膺结识；因两人都是日本东京陆军士官学校的校友，故二人相见恨晚，很快成为挚友。

二月上中旬，吴禄贞处理完相关公务，即将离开延吉回京，然这里的一山一水，一草一木都让他难以割舍，遂挥笔写了《留别戍边楼》《留别长白山》两诗②，以表达其依依不舍之请：

突兀楼台长白隈，郁葱佳气荡余灰。临风几度烽烟急，把酒犹惊羽檄来。万叠峰峦迎我笑，三年幕府为谁开。只今空有白云在，黄鹤飘然去不回。

翳天古树开春路，接地浮云绕翠峰。烽火全消孤塞月，天地远注一江松。气凌五岳支千派，影压三韩岭万重。小驻旌旗怅离别，携将秀色壮行踪。

吴禄贞舍不得离开这块土地，这块土地上的老百姓更舍不得吴禄贞离开。当地老百姓得知“吴青天”要离开延吉了，也知道留不住他，他们便做了“万民伞”“万民衣”赠送给吴禄贞。“万民伞”“万民衣”上缀有千万条写有人名的绸条，代表着千万颗爱戴他的心。不仅如此，延吉各界人士在吴禄贞离开延吉后，还在布尔哈通河南岸、延吉边务公署大楼院外的西南角为他竖立了一块“去思碑”，上书“吴都护禄贞去思碑”，以纪念他反抗日本侵略和开发治理延边的历史功绩。此“吴都护禄贞去思碑”于九一八事变时，被日本侵略者“凿毁参半”；1935 年“又借口将其拆除”③，这自然是后话。

① 《吴禄贞》,《吴禄贞集》附录,华中师范大学出版社 2011 年版,第 268 页。

② 吴禄贞:《留别戍边楼》《留别长白山》,《吴禄贞集》,华中师范大学出版社 2011 年版,第 249、248 页。

③ 浦美玉:《吴禄贞与延吉边务督办公署》,《兰台内外》1997 年第 6 期。

吴禄贞启程离开延吉的那一天，延边的老百姓不知从哪里知道的消息，一下子从四面八方汇聚在一起，足足有几里路长，夹道欢送这位一心为百姓办实事的“吴青天”。

吴禄贞在延吉戍边三年，坚持“寸土不让”立场，呕心沥血，外御强敌，内固主权，为国家争取平等的国际地位，立下了不朽的历史功勋；延吉厅一度出现了人丁兴旺、吏政廉洁、百废初兴的可喜局面。作为一位民主革命者，这反映出他坚定的反对帝国主义的立场和强烈的爱国爱民的精神。也正因为如此，老百姓没有忘记他，历史没有忘记他。

也是在这个时候，传来可喜消息：由于吴禄贞、宋教仁等人和清政府外务部以及延吉广大边民艰苦卓杰的斗争，迫使日本侵略者不得不对外宣布：“延吉地方朝鲜族居民服从中国法权，归中国地方官管辖裁判。”①

离开延吉回到京城后，吴禄贞被朝廷以记名副都统授予镶红旗蒙古副都统②。

这镶红旗蒙古副都统为正二品武官，官阶甚高，地位亦不低，却是个闲职。这对于那些不愿干实事、一心只想往上爬、又善于钻营的官迷来说，可说是个美差；但对吴禄贞来说，整天正经事不多，而要做的主要是迎来送往，赴宴应酬，或相邀游览古迹名胜，这让他感到很不适应，甚至有些厌烦。于是，吴禄贞借故推掉大部分游宴活动，遂利用这些充裕时间，将自己在延边戍边期间所写之诗整理、汇集成册，名《戍边草》。

吴禄贞回京城任职不久，革命同志汪精卫的未婚妻陈璧君遂前来登门拜访，并出示孙中山先生的亲笔信，请他设法救援汪精卫和黄复生。

提起陈璧君、汪精卫和黄复生，那可都是清末至民国时的著名人物。陈璧君（1891—1959），字冰如，原籍广东新会，出生于马来西亚槟榔屿乔治市，为南洋富商陈耕基之女。15岁时进入当地中学读书。同年，孙中山至马来西亚槟城成立同盟会分会，她积极参加活动，被发展成会员。结识汪精卫，一见倾心。不久，追随汪精卫至日本留学。1909年随汪返国至北京从事革命活动。1912年与汪精卫结婚。“二次革命”失败后，随汪精卫赴法国留学。1919年回国。抗战爆发后，与汪精卫力主对日平和。1939

① 转引自金元山、王晓兵：《中日“间岛交涉”与宋教仁、吴禄贞》，《日本研究》1993年第1期。

② 中国第一历史档案馆：《光绪宣统两朝上谕档》第36册，宣统二年三月初四日，广西师范大学出版社1996年版，第58页。

年国民党六大召开，选为中央监察委常务委员。1940 年3 月，汪伪国民政府在南京成立，出任中央监察委员兼“广东政治指导员”。1944 年汪氏病逝后赴广州，投靠伪广东省省长妹夫褚民谊。1945 年日本战败投降后，以汉奸罪抓捕入狱。1959 年 6 月 17 日病逝上海提篮桥监狱医院。

汪精卫无论是其早年，还是其晚年，都是中国近现代史上的著名人物。汪精卫（1883—1944），原名兆铭，字季新，祖籍安徽婺源，后迁居浙江山阴，父游广东，改入番禺籍。1903 年赴日留学，入法政大学。1905 年加入同盟会，被推为评议员之一。一度任《民报》主编。1910 年因谋炸摄政王载沣被捕，判死刑；后减刑监禁，武昌起义后获释。辛亥革命后，被袁世凯收买，与杨度等人组织国事共济会，破坏革命，拥袁窃国。“二次革命”失败后，赴法留学。1919 年回国，任职广东政府。历任广东教育会长、广东军政府最高顾问、总参议、国民党中央执行委员、广东国民政府常务委员会主席兼军事委员会主席和宣传部部长等职。“中山舰事件”后，被迫离粤赴欧。1927 年回国，主持武汉国民政府；旋发动“七一五”反革命政变。九一八事变后，向蒋介石靠拢，出任国民党中央政治会议主席、行政院院长和外交部部长等职，主张对日妥协。1936 年，继任国民党中央政治会议主席。七七事变后，任国民党副总裁、国民参政会议长。1938 年 12 月离开重庆，公开投降日本侵略者。1939 年底，与日本签订卖国的密约《日支新关系调整纲要》。1940 年 3 月，在南京成立汪伪国民政府，任主席兼军事委员会委员长。1944 年 11 月死于日本。

黄复生也是清末至民国时期大名鼎鼎的人物。黄复生（1883—1948），初名位堂，字明玉，后改名树中，字理君，四川隆昌人。1901 年入泸州川南经纬学堂学习。1904 年毕业后赴日留学，入弘文学院及东京株式会社习工业。1905 年加入同盟会，被举为四川分会会长，兼《民报》经理。1907 年初回国，任成都府中学堂日文翻译，暗中则积极发展革命同志；与熊克武等同志准备 11 月发动泸州、永宁起义，在制作炸弹时身受重伤，数月始愈，故改名复生。起义事泄，复逃亡日本。1909 年秋，与喻培伦等潜至北京，设立暗杀机关。次年春，与汪精卫、喻培伦等谋炸摄政王载沣，事泄被捕入狱。1911 年 11 月获释，参与组建京津同盟会。旋赴上海。入民国，任临时政府参议员兼印铸局长，旋随参议院入京。“二次革命”失败后，逃亡日本。1916 年回国，被四川督军罗佩金聘为顾问。护国运动兴起，先后出任四川靖国联军总司令、代理四川省省长、川东道尹、靖国军援鄂第一路总司令、重庆关监督兼交涉员等职。1926 年起，历任国民党第二届中央执行委员、国民党中央候补委员、国民政府立法委员、国民政府委员兼政务官惩戒委员会委员等职。1936 年中风半身不遂。1946 年在重庆成立辛亥革命同志联谊会，力主维护孙中山的三民主义，反对内战，实现和平。1948 年被聘为总统府国策顾问。同年 10 月病逝。

革命党人汪精卫、黄复生在北京谋炸摄政王载沣，事情败露，被捕入狱的事情，是轰动当时京城的一件大案，吴禄贞自然知道：3 月 31 日那天，汪精卫和黄复生将自制的炸药安放在摄政王载沣每天上、下朝必经的银锭桥下。但此事被人发现了，偷偷将炸药取走，致使爆炸未遂。案发后，清廷外松内紧，暗中大肆缉捕。半个月后，二人被捕入狱，性命危在旦夕。此案关系重大，要想营救却不是那么容易的事情。

吴禄贞明知营救之事要做起来极其困难，但事关革命同志的性命，且有中山先生的函托，他仍然四处游说、多方设法，终于使二人从死刑改为监禁，并于“武昌首义”后获释。

这摄政王载沣（1883—1951），是光绪皇帝载湉（1871—1908）的弟弟，宣统皇帝溥仪的父亲。1908 年 11 月 14、15 日，光绪皇帝和慈禧太后（又称“西太后”“那拉太后”，1835—1908）相继去世，宣统皇帝溥仪（1906—1967）继位。因宣统皇帝太小，而以其父摄政。载沣掌权后，鉴于军机大臣兼外务部尚书袁世凯的权势日盛，难以驾驭，而对袁世凯所推行的许多新政措施亦颇为不满，尤其是对袁世凯在戊戌期间出卖维新派，致使其兄光绪皇帝被慈禧太后幽禁瀛台至死一事非常痛恨，遂以他“患足疾，步履维艰，难胜职任”为由，罢免了他的职务，命其回籍养疴。载沣与皇族亲贵少壮派铁良、良弼等人，企图重用留日陆军士官生以削弱北洋军的势力。这也是近几年吴禄贞受到朝廷重用的原因之一。

此时，正值革命党人实施武力推翻清王朝统治高潮即将到来之际。为促使这一革命高潮的早日到来，孙中山和黄兴等同盟会领导人都很重视革命党人乘机打入清廷内部做官和掌握兵权的工作。

同年七月初七日（8 月 11 日），为加强陆军新军的建设，朝廷特派吴禄贞为“阅操委员”，前往英、德、法等国观操①。

出国之前，同盟会员、同乡挚友李书城前来看望吴禄贞，并为他送行。李书城想到同志们私下的商议，就对吴禄贞说：“你现在是副都统，虽然职务与抚台相当，但职权却比抚台差远了；我觉得你应该设法争取弄个巡抚做

① 《宣统政纪》卷 38，宣统二年七月戊申，中华书局 1987 年版。

做，最好是去湖南或山西当巡抚。这样的话，对我们今后的革命活动、武装起义，都是非常有利的事情。”

听了李书城的话，吴禄贞迟疑了一会才说道：“现在对我来说，外放去任巡抚并不是太难的事，只要舍得花二万两银子，送给我的老师庆亲王奕劻，请他出面帮忙，即可实现愿望。可二万两银子不是一个小数目，让我眼下到哪里去筹措这笔巨款呢？再说，朝廷刚下旨，我马上就要出国去，哪里又有时间来做这件事情呢？”

李书城听后心中有数，马上对吴禄贞说：“这件事情不急，你照常奉旨出国，等你回国后再实施；至于银两的事情，你不必操心，我来想办法！”

八月中旬，吴禄贞奉命离京动身前往德、法等国观操（即考察军事）。

其间，吴禄贞在自德国前往法国，途经比利时首府布鲁塞尔时，曾与湖北同乡、朋友、时正在该国陆军学校学习的李梁①相聚。两人阔别十年，而在异国相逢，分外高兴。临别之际，两人难舍难分，吴禄贞遂将自己的近照赠送给李梁留作纪念。照片的背面尚有吴禄贞亲笔题记，对其寄予厚望：

> 宣统二年秋阅操德法，道出比都，晤李梁三弟，计自鄂渚分袂，十年于兹矣，海外重聚，快乐万状。李梁将学为武将，肄业比国陆军学校，将来必为吾辈后起之秀。国家多事，李梁勉之。小兄吴禄贞写记②。

同年十月间，清政府阅操委员吴禄贞结束在法、德等国的军事考察活动，自国外回到京城，仍任镶红旗蒙古副都统之职。

第二节　手握重兵

宣统二年（1910 年）十一月上旬，同乡挚友李书城听说吴禄贞已经自国外回京，便急急忙忙赶到他家，一番寒暄之后，就将他从时在军咨府任职的同乡好友黄恺元处筹集到的二万两银子交给了吴禄贞，请他抓紧时间活动，争取尽快外放任职。

这黄恺元也是吴禄贞的同乡好友、同盟会员。黄恺元（1884—1923），字保昌，号葆苍，湖北宜昌人。父黄任斋，开钱庄和布号，为地方首富。其幼习经史，后考入湖北武备学堂，1902 年赴日留学，入东京陆军士官学校第五期。1905 年加入同盟会，1906 年回国，任军咨府科员。

① 李梁，湖北人，中国赴比利时留学生，生卒年及事迹不详，待考。

② 此照片及题记见 1912 年 1 月 6 日上海《申报》。

旋以万两银子捐授道台，又以二万两为吴禄贞贿庆亲王奕劻，谋得第六镇统制职。辛亥革命爆发，随黄兴至武汉，任战时司令部顾问。入民国，任陆军部军需局局长，第八师第二十九团团长代旅长。二次革命失败，与王孝缜、陈裕时等逃亡日本。不久，与陈赴英考察军政建设。1916 年回国，闻蔡锷组织护国军讨袁，前往劝说汤芗铭反袁。后不问政事，退隐西湖旁之南山，购置家庙一座，题名曰“净梵寺”。1920 年初，剃度为僧，为太虚法师首传弟子，法号传心，字大慈，闭关趺坐。1923 年秋圆寂。

吴禄贞没想到李书城等人的行动这么快，随即亦将这笔银子存入了庆亲王奕劻的管家为他开具的银号里，并将存单放入一个红封套内装好。

一日，吴禄贞专程登门去拜见他的这位“老师”——首辅军机大臣、庆亲王奕劻，并将装有存单的红封套呈上，作为“门生”回国后前来拜见“老师”的贽敬。奕劻与吴禄贞相交几年，对自己这位“门生”的精明强干、年轻有为，亦甚是赏识。如今新自国外考察回国，自然要为他的前程着想和尽力了。

这奕劻为人贪鄙昏庸，结私揽权，与其子载振（曾任商部尚书、工农商部大臣、弼德院顾问大臣）、大臣那桐（曾任户部尚书、体仁阁大学士、军机大臣、内阁协理大臣）卖官鬻爵，被时人讥讽为“庆记公司”。生活腐化，挥霍异常，有巨款存入英商的汇丰银行。他七十大寿时，各地巴结进献者络绎于道，王府门前车水马龙，列起了长阵；所收之礼仅现银就达五十多万两，礼物的价值更在百万两白银以上。虽然累有御史弹劾他收受贿赂，但因甚得慈禧太后的宠信，故总是不了了之。如今，他更是皇族中辈分最高、职位最高之人。皇上、摄政王自然都要给他一点面子，故所说之事无有不准。

权要人物办事就是果决。几天后，庆亲王奕劻就回话了，他告诉吴禄贞说：“眼下各省的巡抚都没有出缺的，只有保定陆军第六镇统制段祺瑞升署江北提督，正需人补缺，你可先去履任，后面等有机会再给你调省缺。”

李书城等党人得知消息，认为这也是一个不错的职位。吴禄贞自然也要千般、万般地感谢“恩师”的提携、栽培。

十一月二十二日（12 月 23 日），朝廷下旨，任命吴禄贞为陆军第六镇统制①。

吴忠亚曾回忆说：吴禄贞自从延吉回京后，“革命壮志重遭压制，心情

① 中国第一历史档案馆：《光绪宣统两朝上谕档》第 36 册，宣统二年十一月二十二日，广西师范大学出版社 1996 年版，第 58 页。

非常苦闷，其左右党人李书城、黄恺元等为之出谋献策，并由黄恺元为之筹措白银二万两，贿于庆亲王奕劻（他是清王朝咸丰皇帝之弟，同治、光绪之叔，宣统之叔祖，在当时宗室中，身份最高，权力最大，也贪鄙最著；公开卖官，人称‘庆记公司’），才得被任为第六镇统制”（见吴忠亚《吴禄贞的一生》）。

关于吴禄贞得到同乡好友黄恺元之助，筹措白银二万两贿赂庆亲王奕劻，得授陆军第六镇统制一职之事及其经过，其同乡挚友李书城在《回忆吴禄贞二三事》（载《辛亥革命回忆录》第五集）中有具体记载。

清末新军的镇，相当于后来的师。根据《陆军营制饷章》的规定：国家常备军的编制以两镇为一军，两协为一镇（官兵 12512 人），两标为一协（官兵 4038 人），每标三营，每营四队。每镇尚辖有炮队一标（官兵 1756 人），马队一标（1117 人），1 个辎重营（754 人），1 个工程营（667 人）。步、炮、工兵每队均为三排，每排三棚；马队两排，每排两棚；辎重队三排，每排三棚。

由此可见，常备军的编制，已成为一个步、骑、炮、工、辎重各种兵种协同作战的单位，这与中国传统的营制已完全不同，是一种适应形势变化的现代化编制。

关于清廷任命吴禄贞为陆军第六镇统制的原因，吴忠瑛在《吴禄贞一死关大计》中说：“此时清廷所以任命吴禄贞，第一当是有意剪除袁世凯的势力；第二可能是良弼的推荐，因为良弼与吴禄贞为日本士官同期同学，交情素厚，此时良弼任军谘使（参谋次长），有权任命吴禄贞为统制。”①

此说法不准确。应该说，吴禄贞能被任命为第六镇统制，首先是“其师”，时任首席军机大臣、兼管财政处、陆军部的庆亲王奕劻的功劳，其次才是铁良和良弼为“剪除袁世凯的势力”而极力保荐的结果。此时出任禁卫军训练大臣（他出任军咨府军谘使是在 1911 年的 12 月）的良弼，虽然颇受军咨大臣载涛的信任，但他只能推荐、保举，却没有权力来任命北洋新军的高级将领；再者，良弼是东京陆军士官学校第二期学生，与吴禄贞的弟弟祐贞是同期同学，与禄贞则是同校前后期的同学，在学校时结识，是好友，但不是“同期同学”。当然，要是没有同乡党人为其谋划，并为其筹措巨款，也不会这么快得任此职。

① 吴忠瑛:《吴禄贞一死关大计》,《吴禄贞集》附录，华中师范大学出版社 2011 年版，第 275 页。

吴禄贞是一个极重情感的人，故在其前往第六镇赴任之前，由他领衔，又联络在京中任职的哈汉章、卢静远、易迺谦、文华、富尔逊、图国盛等留日士官生向朝廷呈递了一封《为已故大学士张之洞官鄂最久，功德在民，请建专祠事折》①，请求批准在湖北捐建专祠。因此奏折未被收入《吴禄贞集》中，故全文移录于下：

镶红旗蒙古副都统臣吴禄贞等跪奏，为已故大学士张之洞官鄂最久，功德在民，请建专祠，吁恳天恩，俯准建立专祠，恭折仰祈圣裁事。

窃原任大学士张之洞，以翰林起家，初掌文衡，叠膺疆寄，洊陟纶扉。去岁因病出缺，海内人士均以老成凋谢，同声惋惜，宦迹所历，追悼弥殷，皇上笃念荩臣，恤谥有加，已属无可赘渎。

惟该故大学士，敭历中外四十余年，自同治七年视学湖北，光绪十三年总督湖广，先后官鄂二十余年，在官最久，政绩最著，所以系人民之去思者亦特深。自该故大学士入阁后，学界立有“抱冰堂”，军界有“广雅堂”，以表甘棠之念。闻该故大学士卒于位，则皆私设木主，春秋致祭，犹采贤臣祀典功德在人与建专祠之例，函商臣等同乡京官，以为宜具奏请旨建立专祠。上副朝廷之褒崇，下永人民之讴颂。

臣等窃维该故大学士历事先朝，公忠廉正，内赞大计，外镇兼圻，与故直隶督臣李鸿章，皆以宣勤最久，勋望相埒。凡所设施，类能先天下而独忧，登斯民于衽席。

溯自粤匪倡乱，湖广屡被蹂躏，克复以后，故抚臣胡林翼，竭力支拄，恃以供给中原，虽战守有资，而疮痍未复。该故大学士莅位任，鉴外辱之纷乘，图内力之充实，休养生息，民团渐苏，其为政务以开濬利源，使政费有出，事业无废，而民不觉扰累。

比年以来，湖北以小省而负担义务特重，皆故大学士扩张官营事业，为收入大宗，辅以消费各税，故贫民之加担有限，公家之岁入骤增。近因税源纳诸中央，官业日即收缩，财用告匮，新政渐停，益知故大学士之苦心焦思，为鄂民筹教养之资者，其功德终不可谖也。平生事迹不可殚书，谨就臣等闻见所及，分条汇述，为我皇上陈之：

① 吴禄贞等：《为已故大学士张之洞官鄂最久，功德在民，请建专祠事折》，中国第一历史档案馆藏《录副奏折档·光绪朝职官类》；转引自孔祥吉《日本档案中的张之洞与革命党——以吴禄贞事件为中心》，《福建论坛》2010年第5期。

一曰学政。教育一端，该故大学士最所置重，自视学湖北，即建经心书院，讲明经术。及在总督任内，首建两湖书院及武备、自强各学堂，规模宏远，成就甚众。值兴学命下，复广建师范、实业、方言诸学。省垣之内，广厦如林。犹恐地方教育未能普及，力筹赔款而以各州县认捐款项拨还，就地办学。于是，鄂省境内立校始遍，岁选茂异，分赴东西洋就傅，费赀颇巨，造士之多亦甲于天下。京内外举行新政，率皆借才为用，此其办学之明效也。

一曰军政。光绪二十一年湖北陆军改用新法。该故大学士首注意于将才、军器，广置军学，资遣出洋学生，以资教练。创设枪炮厂、无烟药厂，植中国军械专厂之初基；又购置兵轮、鱼雷艇，以重江防。长江上下恃以镇摄（慑），此其练兵之实绩也。

一曰实业。通商以来，武汉浸成巨阜（埠），而输入日增，漏卮难塞。该故大学士创建纺纱织布、缫丝、制麻各厂，以抵制外货；设劝业、善技、益智各场，以启迪民智。修水利以防氾滥，铸银币以资运转，倡办京汉各路以利交通，开采煤铁诸矿以辟地利。凡有兴作，不避艰巨，此其振兴实业之惠政也。

他如建言定策，条陈时政，利赖所及，更仆难终。而最关大局者，尤在庚子变乱，保护东南平和之举，维持半壁，转危为安，其功固在朝廷而不限于一隅，然全鄂人民，获免涂炭，以是尤思该故大学士不置。此次请修祀典，实出于爱戴至诚。前两江总督臣张人骏奏请于江宁建立该故大学士专祠，业经奉旨俞允，而鄂民受惠尤深，感恩弥笃。臣等夙托门墙，克聆绪论，念以养以教之功，怀树木树人之计，凡所尽节于朝廷，多承故相之熏育，众情怀德，江汉同深。

叠经在籍绅民函商臣等，意见佥同，合无仰恳天恩，俯准于湖北省城，捐建该故大学士专祠，由地方官春秋致祭，以隆报事而顺舆情。出自逾格鸿施，谨合词恭折具陈，伏乞皇上圣鉴训示。谨奏。

张之洞是吴禄贞的恩师，在其人生的各个重要时期，都曾给予他有力的支持。张之洞去世时，吴禄贞时正远在延吉，未能亲临祭奠恩师。故在张之洞去世一年之后，吴禄贞等人具折上奏，不仅称赞张之洞“先后官鄂二十余年，在官最久，政绩最著，所以系人民之去思者亦特深”；而且还从学政、军政、事业三个方面具体而又充分地肯定了张之洞在湖北的突出贡献，使湖北成为“以小省而负担义务特重”的先进地区，因而“鄂民受惠尤深，感恩弥笃”，且“爱戴至诚”，是张之洞去世后对其政绩评价最高的奏章之一。从中亦可看出吴禄贞等弟子对张之洞在他们归国以后所给予的各方面关照的真挚的感激之情。

哈汉章（1879—1953），字云裳，回族，祖籍河北沧州河间，后落籍湖北汉阳。附生出身，考入两湖书院深造。1899年赴日留学，入东京陆军士官学校第二期。1902年10月回国，历任湖北将弁学堂教习、练兵处军令司运筹科监督、军咨处副使正参领、将军府总监等职。1910年随载涛出国考察。1911年任陆军正参领兼滦州会操西路军副总统官。入民国，任袁世凯总统军事顾问，晋授陆军中将。1923年，任蒙疆善后委员会委员。1925年回汉阳隐居。1953年在北京病逝。著有《春藕笔录》。

卢静远（1874—1945），字惺源，别号新远，湖北竹溪人。附生出身。早年考入两湖书院深造。1898年赴日留学，入东京陆军士官学校第一期。1902年3月回国，考中恩科举人。入湖北将弁学堂任教习。1904年任练兵处军令司运筹科监督。后历官军咨处第一司司长、军咨府第一厅厅长、赏副都统衔等职。入民国，任陆军部参谋司司长。1914年授陆军少将，1923年晋陆军中将。1931年投靠伪满。1938年授陆军中将，出任汪伪华北临时政府行政委员会参议。1940年出任伪新民会秘书长，1945年在四川成都病逝。

易迺谦（1880—？），别名丰卿，湖北汉阳人。1899年入东京陆军士官学校第二期。1902年回国，曾在湖北新军任职，后调陆军部任军制司司长。官至陆军部次长。

文华，亦名文萃，生卒年不详，驻防湖北荆州旗人。1898年赴日留学，入东京陆军士官学校第一期。1902年回国，官至军咨府军咨官、侍读学士。

没想到朝廷的答复如此之快：吴禄贞等人上奏的当天（十一月二十四日，即12月25日），即接到谕旨："已故大学士张（之洞），准于鄂省捐建专祠。"①

十二月上旬，尽管"统制"与"巡抚"的官职、官阶相同，然其实权还是有差距的。不过，吴禄贞和同仁们都觉得，眼下能够掌握一个镇的兵权，是一个非常难得的机会；况且第六镇又在直隶保定，离京城不是太远，是清军中拱卫京师、控制全国的主要军事力量之一，将来发动武装起义攻取京城极为方便，便欣然邀请同乡挚友李书城一起前往保定接任。从此，他

① 中国第一历史档案馆藏：《军机处随手登记档·宣统二年》。

也成为手握重兵、威震一方的“诸侯”。

第三节　运筹帷幄

吴禄贞赴保定接任后，立即奏请任命同盟会会员、留日士官生、原陆军部骑兵科科长张世膺为第六镇的参谋长；并电催弟子张璧自东北入关，匆匆赶到直隶保定，出任第六镇的参谋官；另奏请委任同乡挚友、革命党人周维桢为第六镇秘书长。

这第六镇由武卫右军和南洋自强军组成，是袁世凯惨淡经营了多年的一支嫡系部队，前几任的统制王士珍、赵国贤、段祺瑞和现任的协统李纯、周符麟以及各标统，都是袁世凯一手提拔起来的心腹。他们对非北洋派的吴禄贞颇为抵触。吴禄贞到任后，见这支队伍从官长到士兵都暮气沉沉，毫无生气；平时队伍也不出操，纪律松弛，与自己的预想相去甚远，靠这样的军队去实现自己的理想是完全不可能的。

于是，经过一番考虑，吴禄贞开始着手对全镇进行整顿，试图通过对人事的变动，将这支部队控制在自己的手中。然而，从上至下，阻力重重。

吴禄贞对第六镇进行整顿的具体情况，从后来一份举报他的密函（即《检察官花翎陆军步协参领吴宗煌揭报第六镇统制吴禄贞擅改编制纵兵抢夺等情密呈》）中就可以知道一个大概。密函中告他：一是“到差任事未及三月”，不仅裁掉了各营“查马掌”的十七人，“各营伙夫”三百四十名，还“裁减”了不少营中所用“长夫”；说他这样做是“目无部章”，“目无朝廷”。二是“镇司令部所属各官长，除参谋官外，如中军、执法、军械、执事、书记等官，不及两月，已将资劳最深之人先后撤换一尽”。三是“纵兵抢夺”，案发多起，事后“有心庇护”，“不肯严拿”。四是“任性妄为”，收受贿赂，不禀告陆军部批准就任用新派人物。因此，“全镇之将佐弁兵无不人人自危，各怀去志”，“军心因之摇动”。有鉴于此，希望朝廷“特简威信素孚大员前来接统，以资镇抚之外，恭候钧裁”①。

而当时的实际情况是，吴禄贞要安排一些“新派人物”或革命同志做第六镇的下级军官或文职官员是完全没有问题的；而要想安排“新派人物”和革命同志做高一级的军官则很难。比如吴禄贞曾上报陆军部请任命李书城

---

① 《检察官花翎陆军步协参领吴宗煌揭报第六镇统制吴禄贞擅改编制纵兵抢夺等情密呈》，见《吴禄贞集》之《复张绍曾电》附录，华中师范大学出版社 2011 年版，第 228～229 页。

为标统（团长），就没有被批准；又呈请军咨府任命李书城为参谋长，也没有被批准。罢免或撤职高一级的军官亦是如此：吴禄贞曾呈请撤换烟瘾颇大，又毫无军事知识的协统（旅长）周符麟，也被陆军大臣荫昌拒绝。故其此时的心情并不是太愉快。

荫昌（1859—1928），字五楼，后改为午楼，满洲正白旗人。早年入同文馆，毕业后任驻柏林使馆翻译。1884 年入德国军事学校学习。次年回国，历任北洋武备学堂翻译、监督、帮办、总办。1900 年调山东袁世凯麾下佐军务，升副都统。次年，任出使德国、荷兰钦差大臣。1905 年任陆军部右侍郎兼署江北提督。1906 年署陆军部尚书，旋改陆军大臣。1908 年再任驻德国钦差大臣。1910 年授陆军部尚书，年底升陆军大臣。1911 年责任内阁成立，任陆军大臣。武昌起义爆发，奉命率军镇压，屡战屡败。袁世凯任内阁总理大臣，改任军资大臣。民国后，曾出任袁世凯总统府高等顾问、侍从武官长、参政院参政、参谋总长等职。张勋复辟时，曾潜入紫禁城任禁卫军统领。1923 年授为将军府庄威上将军。1928 年病逝。

因为对陆军第六镇进行整顿以及在第六镇军官的任用上与陆军部大臣荫昌发生矛盾，吴禄贞气愤至极，竟意气用事，下令将周符麟撤职，又未听从程明超等友朋的劝告，竟草函“数千言，痛诋荫昌”①。吴禄贞此举，不仅与荫昌的矛盾激化，而且招致了第六镇各级军官的不满。

吴禄贞是一个性格豪爽、耿直、敢作敢为的人，因其要求屡被陆军大臣荫昌拒绝，故非常生气。他便给荫昌写去一封措辞激烈的信，不仅指责此前第六镇的腐败、周符麟等军官的不称职，而且斥责荫昌只知做官，不尽职守。荫昌看了此信，不禁大怒，自此对吴禄贞更是事事牵制，处处作对，甚至产生了找机会除掉他的私念。后来，陆军部虽然调走了周符麟，但任命接替他的吴鸿昌，仍然是北洋系的人，周符麟从此也对吴禄贞怀恨在心。

程明超曾回忆说：“1911 年辛亥春，君莅六镇统兵，将大改革。有协统周符麟者，出身马贼，君请更之，而清陆军部荫昌不许。君草书数千言，痛诋荫昌。余时在保定，见其文，止之不可。荫昌得书后大怒，遇事与君龃龉。”②

吴忠亚亦曾回忆道：“六镇所辖十二协（旅）协统（旅长）周符麟出身

---

① 王保民：《吴禄贞首先参加革命见闻录记》，《吴禄贞集》附录，华中师范大学出版社 2011 年版，第 277 页。

② 王保民：《吴禄贞首先参加革命见闻录记》，《吴禄贞集》附录，华中师范大学出版社 2011 年版，第 277 页。

马贼，形同匪盗，且吸食鸦片，简直就不像个军人，他（案：指吴禄贞）力主撤换，荫昌也极力阻止，不予批准。他对六镇的改造工作，受到这样的阻碍，实在气忿极了，而为了革命，更是忍无可忍。最后决定硬干，径自下令撤了周符麟，并写信给荫昌，痛责其误军误国。这当然要使周符麟恨之入骨，荫昌也极（积）怨更深。”（见吴忠亚《吴禄贞的一生》）

吴禄贞在陆军第六镇开展的全面整顿，自然会触及北洋军的利益，遭到大部分守旧官员的嫉恨，军机章京吴宗煌就曾上《检察官花翎陆军步协参领吴宗煌揭报第六镇统制吴禄贞擅改编制纵兵抢夺等情密呈》[①]奏章弹劾吴禄贞。

宣统三年（1911 年）年初，不仅全国各地要求清政府实行宪政的呼声越来越高，而且南方革命形势亦发展迅猛，并筹划组织更大规模的武装起义。适吴禄贞在北京东城大方家胡同所建之私宅一幢落成（门牌九十二号），其书斋“娱园”里，时常有革命同志前来与之密谈北方革命进行方略。故吴禄贞在军务之余，亦在暗中加紧与革命同志的联络，开始筹划在北方举行武装起义，与南方相呼应的相关事宜。

吴忠亚曾回忆说：“当时他的北京私寓，成了北方革命党人秘密集会的场所，他也就在实际上成了‘北方革命党人的首领’。”（见吴忠亚《吴禄贞的一生》）

三月二十日（4 月 18 日），军咨大臣载涛奏请“拟援照旧案”，“定于本年秋间举行会操”，“在滦州、开平一带，调集军队练习野外勤务及攻守一切战法”[②]。

四月初十日（5 月 8 日），清政府迫于社会舆论压力，不得不裁撤军机处，成立责任内阁。然责任内阁成立后，却以庆亲王奕劻为总理大臣，且内阁大臣多为满洲贵族，故被时人讥讽为“皇族内阁”。

四月二十日（5 月 18 日），清政府同意军咨大臣载涛的奏请，谕令军咨府着手组织在直隶永平府举行秋操，并“着派冯国璋充东军总教官，舒清阿

① 此奏章原存中国第一历史档案馆陆军部档案，今收入《吴禄贞集》之《复张绍曾电》附录，华中师范大学出版社 2011 年版，第 228～229 页。

② 中国社会科学院近代史研究所中华民国史组：《清末新军编练沿革》，中华书局 1978 年版，第 84 页。

充西军总教官"[①]。"永平秋操"的相关事宜由军咨府、陆军部会同地方督练公所负责筹划。清政府又派军咨大臣载涛任监操大臣，全权负责秋操的筹办事宜[②]。

从当时各方面的情况综合来看，"永平秋操"是一次遵循新军秋操前例进行的军事演习（亦兼有阅兵的性质）。按照新建陆军定制，一般每三年举行一次秋操（全称"秋季军事操练"），即全国性的军事演习。此前已进行过三次秋操，即"河间会操"（1905年10月22～26日）、"彰德会操"（1906年10月22～25日）和"太湖会操"（1908年11月18～21日。前两次秋操比较正规，充分展示了新建陆军，尤其是北洋军的军事实力；第三次的"太湖会操"却因14日、15日光绪皇帝和慈禧太后的相继去世以及19日熊成基领导的"安庆起义"的爆发而草草收场。

清政府筹办此次（第四次）秋操，"既有延续新军秋操前例开展军事训练之目的，也带有回应日本在辽东半岛军事扩张的意图"[③]；同时，也是迫于全国高涨的革命形势，为展示罢斥袁世凯后由皇族亲贵统帅新军的实绩。

闰六月二十三日（8月17日），吴禄贞收到仍流亡海外的梁启超通过其同门好友，亦是吴禄贞朋友的潘之博带给他的一封书函（可名之曰《致吴禄贞书》）[④]：

绶卿都护我兄足下：

别来忽将十稔，相思发于寤寐。乃者若海东渡，同居两月，极道公拳拳相思之盛心。若海目光不可一世，其于论人少所推挹，而独心折于我公。鄙人用是益以早得纳交自庆幸也。今国势杌陧，不可终日。中智以下，咸忧崩离，然历征我国史乘，大抵际阳九否极之运，然后有非常之才出而拯之，其枢机则在一二人而已。今后之中国，其所以起其衰而措诸安者，舍瑰玮绝特之军人莫属也。由此以谈，则天下苍生所望于公者，岂有量哉。若海当代振奇之士也，生平所见，舍我公外，诚罕其比。其与鄙人之相昵，亦逾骨肉。今因其北游，辄修寸简，以写相思。书所不尽者，则若海面谈也。新秋乍凉，惟为时自摄。千万！启超

---

① 《清实录(附)宣统政纪》,中华书局1987年版,第946页。

② 《清实录·(附)宣统政纪》,中华书局1987年版,第1025页

③ 彭贺超《宣统三年的永平秋操》,《历史档案》2014年第2期。

④ 丁文江、赵丰田编:《梁任公年谱长编》,上海人民出版社1983年版,第562页;此书函今未见收入《吴禄贞集》中。

顿首。

吴禄贞自 1900 年因回国参加“自立军起义”在饯行宴会上与梁启超相识，至今已是十年光阴；此后，两人各忙其事，再无往来。今突然接此信函，且信函中竭力与吴禄贞套近乎、拉关系，对吴禄贞极力赞美、吹捧，不知其意欲何为？也许是梁氏见眼下吴禄贞身居要位，手握“重兵”，以后有“借重”的地方？

书函中所谓之“若海”即吴禄贞的友人潘之博。之博（1869—1916），字若海，亦作弱海，号弱庵，广东南海人。少时不喜举子之业，尝从军广西。后入万木草堂，师从康有为，与麦孟华齐名。曾官于民政部，旋客上海。1914 年，江苏都督冯国璋慕其名，招入幕府。袁世凯欲称帝，遂与亦在冯幕的同学麦孟华策划联合各省倒袁；事泄后遭追捕，逃亡至香港避祸。不久，呕血死。为人伉爽豪迈。工词，著有《弱庵词》。

八月初七日（9 月 28 日），上海《民立报》刊载有军咨府颁布的《永平秋操之教令》，其第一条明确规定了秋操的操期：“八月二十六日，第一日会操；二十七日，第二日会操；二十八日，第三日会操；二十九日，阅兵式。”①而为了举行此次“永平秋操”，军咨府下令抽调第一、第二、第四、第六、第二十镇一部及禁卫军一部分编为东、西两军，共计 33000 人②。

根据“永平秋操”的计划方案：东军系由第一、第二、第二十镇各部，编成混成第一镇和混成第三协，由军谘使冯国璋为总指挥官，在滦州集结，自秦皇岛西进；西军系由第四、第六镇及禁卫军、混成第二协，编成混成第四镇和禁卫军混成第二协，以陆军部正参议官舒清阿为总指挥官，在开平集结，自通州东进③。而内定，此次秋操西路军取胜。军咨府又饬令奉天督练公所派人会同军咨府、陆军部各员前往永平府一带勘定秋操的具体地方④。最终将“永平秋操”的地点选定在“滦州城以西四十余里的开阔地，

① 《永平秋操之教令》,《民立报》辛亥年八月初七日，第 3 页。

② 《中国秋操之预志》,《协和报》1911 年第 48 期，第 10 页。

③ 中科院近代所:《清末新军编练沿革》,中华书局 1987 年版，第 85～87 页。

④ 《派员会勘秋操地基》,《盛京时报》宣统三年六月初六日第 5 版。

西至坨子头村西龙山（俗称‘拐子山’），南至五子山，北至京奉铁路”①。

按照军咨府的指令，抽调参加“永平秋操”的各镇和近卫军各部，必须于八月十五日（10 月 6 日）前后赶到永平府集结；随后按照东、西军原来所订计划自行演习②。

根据“永平秋操”的具体实施计划：八月二十五日（10 月 16 日），东、西两军在永平府会合聚集；二十六日（17 日），正式开操，东、西两军马队在永平、滦州之间冲锋；二十七日（18 日），东、西两军步兵冲锋；二十八日（19 日），东、西两军决战；二十九日（20 日），举行阅兵式③。

因此，已被确定参加“永平秋操”而分散各地的各镇、各协新军及禁卫军，在八月上中旬期间，便陆续向永平府集结。

陆军第二十镇统制张绍曾奉命率所部自沈阳、新民（今辽宁省沈阳市新民市）一带入关，抵达直隶永平府（今河北省秦皇岛市卢龙县）参加“永平秋操”，驻扎在直隶滦州（今河北省唐山市滦州市）。

原驻奉天北大营的新军第二混成协协统蓝天蔚亦奉命率一部入关，抵达直隶永州府参加“永平秋操”，亦驻扎在滦州。

吴禄贞的陆军第六镇亦奉命抽调步队第一标由标统吴金彪带领，前来直隶永平府参加“永平秋操”。

吴禄贞认为这是一个千载难逢的好机会，遂以看望参加秋操官兵的名义，前往滦州与日本陆军士官学校同学、倾向革命的二十镇统制张绍曾和湖北武备学堂同学、日知会会员、陆军士官学校第二期同学、第二混成协协统蓝天蔚相会，秘密商议在清政府举行秋操期间举行操地兵变事宜。

张绍曾（1879—1928），字敬舆，直隶大城（今河北省廊坊市大城县）人。家居天津。早年入天津武备学堂，后保送日本留学，入东京陆军士官学校第一期炮科，与吴禄贞、蓝天蔚被称为“士官三杰”。毕业后任第三镇炮兵标统。1905 年任直隶督练公所教练处总监督。1910 年随贝勒载涛赴欧美考察陆军，回国后任陆军贵胄学堂监督。1911 年 2 月调任第二十镇统制，驻沈阳一带。为参加“永平秋操”，奉命调驻滦州。武昌起义后，通电清廷，要求立宪；又与吴禄贞等谋联合倾覆清廷。吴禄贞遇刺后调任

---

① 唐向荣：《滦县文史资料——辛亥滦州起义》（第 7 辑），河北省滦县委员会 1991 年版，第 34 页。

② 《永平秋操出发期》，《盛京时报》宣统三年八月十四日，第二版。

③ 《秋操布制已定》，《盛京日报》宣统三年五月二十六日，第二版。

长江宣抚大臣。1913 年调任绥远将军兼垦务督办。因平定外蒙古叛乱有功，授陆军上将。1915 年参与讨袁活动。1917 年任陆军训练总监。1922 年曾出任北洋政府陆军总长。1923 年出任内阁总理兼陆军总长。主张迎孙中山入京协商南北统一，遭总统曹锟所忌，不久去职，居天津。1928 年 3 月 22 日在赴友人宴时遇刺身亡。

八月十九日（10 月 10 日）下午，阅操大臣载涛以西军的基本操演已经完毕，遂“率阅兵处（总监处）全体幕僚巡视西军宿营地，以便翌日奖评”①。

根据《永平秋操之教令》的规定，军咨府将于八月二十三日（10 月 14 日）正式在开平镇（今唐山市开平区）设立“总监处”，作为“永平秋操”的总领导机关②。“总监处”之下则设中央审判处、综理处、外宾接待处、参观照料处等机构，具体处理“永平秋操”中出现的相关事宜。

当天夜晚，滦州城外参加“永平秋操”的营地突然接到“武昌十万火急电”③。

“武昌起义”的突然爆发，不仅打乱了陆军部和军咨府的“秋操”计划，不得不立即停止，以应对南方的危急局势；也打破了吴禄贞等人计划乘“秋操”进行时举行起义的计划，不得不另做打算。

八月二十日（10 月 11 日）下午，阅操大臣载涛乘专列自永平回到京城，随即“赴军咨府会商组织陆军大臣行营司令处”；返京前，已“命第一（三）混成协全协及第四镇全镇，整备待命”④。

这里需要说明一下：丁士源（1879—1945）时任秋操警务处长。据《练兵处档》《陆军部档》所收录之“永平秋操”东、西军编练清单，未见有“第一混成协”番号；可能是丁氏后来写作《梅楞章京笔记》时，将“第三混成协”误写成“第一混成协”。

同日，“第一（三）混成协、第四镇全镇”奉命“陆续由滦州登车南下”⑤。

同日里，吴禄贞得知“武昌起义”的确切消息，异常兴奋；为了接应湖北义军，他经过深思熟虑，遂上书陆军部，请求率领所部南下“平乱”；实

① 丁士源：《梅楞章京笔记》，中华书局 2007 年版，第 311 页。

② 《永平秋操之教令》，《民立报》辛亥年八月初七日，第 3 版。

③ 丁士源：《梅楞章京笔记》，中华书局 2007 年版，第 311 页。

④ 丁士源：《梅楞章京笔记》，中华书局 2007 年版，第 311～312 页。

⑤ 丁士源：《梅楞章京笔记》，中华书局 2007 年版，第 312 页。

际上是希望能和湖北义军接触，以便见机行事，率领所部阵前倒戈；陆军大臣荫昌早就怀疑吴禄贞怀有二心，处处严加防范，自然不会批准他的请求。

李书城曾回忆说："这个重大时刻到来时，他的心情很复杂，主要是一则以喜，一则以恨。喜的是他当年在武昌所播下的革命种子，于今已开花结果了；恨的是第六镇这支军队还没改造好，不能由他指挥如意。如何打破这种困难局面，冲出虎穴包围，立即行动起来，响应武昌首义，以践其'南北呼应'之约，快其犁廷锄穴之志，就是他当时所要全力解决的问题。他为此召集在京党人，反复商量计议，决定由他以'讨伐叛军'为名，自请率部出征，等到武汉前线，同首义军队取得联络后，再举行阵前起义，回师北上。但他是个性格豪爽、革命锋芒很露的人。这时，他的这个'苦肉计'刚一提出，就为荫昌所破坏，并乘机抽出其所部第十一协（旅），编入第一军，南下打武汉义军；这也就是把他手中的兵力，夺走一半，使他更陷于势单力弱，孤掌难鸣之境。"（见吴忠亚《吴禄贞的一生》）

八月二十二日（10月13日），阅操大臣载涛鉴于当时的特殊情况奏请停操，并建议优先抽调秋操新军开赴武汉前线："本年秋操……现因革命军起，抽调军队赴鄂……可否停止，请旨。"①

同日，清政府立即谕令："本年大操，着即停办"②；于是，"永平秋操"至此流产。

同日上午，陆军大臣荫昌率参谋长易迺谦、副官长兼总执法官丁士源、军医处长何守仁等诣阙请训；下午一点钟，陆军大臣荫昌奉命率第四镇、第三混成协乘车南下，前往镇压武昌起义军③。

清政府迫于严峻的形势，于八月二十三日（10月14日）下旨，重新起用已罢官在家闲居的袁世凯，任命其为湖广总督，速赴任镇压起义。而袁世凯此时却以"足疾"尚未大愈，既不坚辞，亦不请赏假，故意拖延时间。

同日，清政府颁布组编三军南下的谕令，正式授予第一军出师名义："着将陆军第四镇暨混成第三协、混成第十一协编为第一军，已派荫昌督率赴鄂。"④同时，又下令集结滦州参加秋操的新军各回原来防地。而驻军滦州的第二十镇统制张绍曾和第二混成协协统蓝天蔚不仅拒绝撤回奉天（今沈

---

① 《中国大事记》,《东方杂志》1911年第9号,第2页。

② 《清实录·(附)宣统政纪》,中华书局1987年版,第1097页。

③ 丁士源:《梅楞章京笔记》,中华书局2007年版,第312～313页。

④ 《清实录·(附)宣统政纪》,中华书局1987年版,第1101页。

阳），亦拒绝南下武汉。张绍曾还当众宣告："湖北革命，名正言顺，专尚征讨，不合人情。况以同种相残，世界无此蛮行。所有军队，均不前进。"①

同日，吴禄贞亦接到朝廷旨令，调第六镇第十一协南下，并命他随行。于是，吴禄贞自京城致电保定第六镇司令部，谓朝廷命将第十一协（协统李纯）改成混成协编入第一军，由陆军大臣荫昌率领赴汉，镇压起义军；第十二协（协统由吴鸿昌署理）仍驻扎保定。（见张国淦辑《辛亥革命史料》，《吴禄贞集》第234页）

吴禄贞接到朝廷命令后，自思朝廷此次点名要其率军南下，也不知生死将会如何，遂在京中设宴，广招友朋，饮酒话别。

次日（八月二十四日，即10月15日），吴禄贞正准备出京随部队南下，忽有朋友前来告知陆军大臣荫昌要在赴鄂途中加害自己的阴谋。吴禄贞得知此秘密消息，遂立即以身体有病为由，请假就医。

据钱基博《吴禄贞传》中记载：吴禄贞请求带兵南下"平乱"，荫昌怀疑其有二心，若让其带兵前去，将会出大问题，便与载涛密商，自己亲自率兵南下，不准其要求，但将其镇之兵抽调走一个协，且让其随行，"谋毙诸途"。吴禄贞刺探出荫昌的阴谋，若随其去，"恐不免"，乃"辞以疾"，才幸免于难②。

九月初六日（10月27日），清政府见南方形势愈来愈紧张，遂任命袁世凯为钦差大臣，节制湖北水陆各军，立即南下镇压革命军。袁世凯这才自彰德（今河南安阳市）出发，抵达湖北孝感督师。

九月初八日（10月29日），山西革命军发动起义，杀死巡抚陆钟琦，宣告山西独立，"山西军政府"成立，并推举阎锡山任都督。

同日，第二十镇统制张绍曾联合第二混成协统领蓝天蔚、第三镇协统卢永祥、第三十九协统领伍祥祯、第四十协统领潘炬楹等联名上《奏请立宪折及拟定政纲十二条》奏折，要求朝廷改革政治，召开国会，实行宪政。

张绍曾等人的奏折递呈后，朝廷"亲贵""大哗"，不得已下"罪己诏"，接受立宪条件为权宜之计。

同日，吴禄贞派参谋长张世膺抵达滦州，督促张绍曾将清廷南下的军用

---

① 张国淦：《辛亥革命史料》，龙门联合书局1958年版，第201页。

② 钱基博：《吴禄贞传》，《湖北革命知之录》，《张难先集》，华中师范大学出版社2011年版，第45页。

火车截留，以免军火运至前线用来镇压湖北革命军。

亦是在当天，第二十镇统制张绍曾在彭家珍、张世膺等人的协助下，在滦州将朝廷从欧洲购买的、由西伯利亚经京奉铁路运往湖北前线的大宗军火扣押了，并将此事电告湖北军政府，使之无后顾之忧。

这真是变生肘腋！清政府得知消息，十分震惊，立即派曾与张绍曾有师生之谊的海军大臣载洵前往滦州“疏解”，但毫无结果：张绍曾仍然既不派兵南下，又不回原驻地新民（今沈阳市新民市）。无奈，清廷只好再派在新军中颇有声望、又与张绍曾、蓝天蔚有同学之谊的吴禄贞前去“劝导”“抚慰”。

国民党中央党史史料编纂委员会所编之《吴禄贞》中记载：“九月初，滦州军要求清廷立宪，京师大为震动，因为禄贞在新军中具有声望，并且和一般将校多系友好，非命他前去，不能解决这个难题，就派他去宣抚。”①

其实，清廷此时让吴禄贞前往滦州“劝导”“抚慰”张绍曾，这是他们使出的“一箭双雕”之计：既是调虎离山——将他调离他正在整顿的部队，又显示出对他的倚重，好稳住他、考验他。吴禄贞接到命令后，正好想利用此机会与张绍曾、蓝天蔚等人再仔细密谋起义之事，因而并不推诿，将计就计，欣然前往。

同日，陆军部电令：正式免去第六镇第十二协协统周符麟职务，以标统吴鸿昌署理协统，并调京旗第一镇一标至石家庄，归其调遣；而以副官长曹进署理标统。（见张国淦辑《辛亥革命史料》，《吴禄贞集》第234页）

吴禄贞临出发之前，曾让副官长王孝缜去将其同乡好友、代表广西来直隶参加“永平秋操”、眼下正逗留京城的同盟会员何遂找来。

何遂（1888—1968），字叙甫，祖籍福清，出生于侯官。1904年于福建武备学堂，结识林觉民、方声洞、陈更新等人，开始参加反清革命活动。1906年毕业后，至南京第九镇任排长。1907年考入河北保定陆军随营军官学堂（后改陆军大学）。同年加入同盟会。1909年毕业，至广西督练公所参谋处任筹略科科长兼陆军干部学堂教官。次年，同耿毅等组建同盟会广西支部，任参议。1911年调第六镇任参谋。吴禄贞遇害，毅然率领第六镇部分官兵宣布起义，被推为“燕晋联军”副都督。1915年至陆军大学任教。1917年参加护法，任靖闽军司令；事泄，逃亡日本。1924年参与策划“北京政变”。1928年出任十七路军总参议。抗战开始，任第一战区高

---

① 国民党中央党史史料编纂委员会：《吴禄贞》，《吴禄贞集》附录，华中师范大学出版社2011年版，第268页。

级幕僚室主任，为国共合作做了许多有益工作。新中国成立，被任为华东军政委员会委员、司法部部长，全国人大一、二、三届代表。好书法，善绘画，喜收藏。

大家一见面，吴禄贞就对他说：“我早就听勇公（王孝缜字）谈起你，正好你现在来京城了。细话不多说，以后有的是时间。我现在有一件非常急、又非常重要的事情托付给你。”接着便将眼下的情况简要地向他作了介绍，最后说：“事情已经刻不容缓，办公文已经来不及了。你持我的手令，立即出发，去保定报到，到第十二协当参谋，也就是你保定陆军随营军官学堂同学吴鸿昌的那个协。你到保定后，如果队伍有行动，你就跟随队伍一起出发，要尽力控制队伍，拖住它，不要真的同山西革命军打起来就行。”

当天晚上八点钟，第六镇第十二协署理协统吴鸿昌就“奉到军咨大臣训令”，因“山西太原变乱”，“着派该混成协迅即开拔，星夜赶至太原附近，相机防剿”。不久，吴鸿昌又奉到陆军部电令，内容略同前电（详见后面《吴鸿昌致陆军部呈文》，《吴禄贞集》第 230 页）。由此亦可见出清政府对吴禄贞确有防备，他们竟趁吴禄贞不在军中，越过他而直接给他的部属下命，调他们去进攻山西革命军。

吴鸿昌（1873—1964），字题臣，又字提沉，祖籍徽州，后迁居江苏宿迁。祖父吴元魁、父亲吴耀南曾参加过中日甲午战争。1908 年毕业于陆军大学第一期。1909 年任归绥道武川巡防营统领兼管带。1911 年任山西巡防中路统领。不久调任第六镇十二协署理协统。吴禄贞遇刺后，吴鸿昌遵绥远将军堃岫命令退守归绥。1912 年，任陆军第六师步兵第十二旅旅长兼步兵第二十三团团长。1914 年改任陆军第六师步兵第十一旅旅长、赣南镇守使。1916 年晋升陆军中将。1917 年，张勋复辟，曾通电反对。1919 年兼署第九混成旅旅长。1964 年在台湾去世。

九月初九日（10 月 30 日），吴禄贞自京城出发，抵达滦州，并受到张绍曾和蓝天蔚的热情接待。此次随吴禄贞一起赴滦州的尚有其东京陆军士官学校的同学、军咨府第三厅厅长陈其采。吴禄贞抵滦后，得知张绍曾、蓝天蔚等人上书要求立宪，意在要挟清廷，预想清廷不会答应。然事虽不成，却可为进一步抗命调遣找到借口，以争取时间，筹划起义。于是，他和张绍曾、蓝天蔚等人立即密商讨论，制订作战计划。随后又召开军官会议，吴禄贞指出：“荫昌倾北京精锐之师南征武昌，南方已乱，北京空虚。设提一旅之师，大功垂手可得。今滦州军队，已近万人，悉皆精锐，直抵丰台，以逼于北。禄贞由保定调部下所余一协，直抵长辛店，以逼于南。三镇二协，再为后援。何求不获，何事不成。”[①]与会者一致同意吴禄贞的建议。吴禄贞又对将士们说：“诸君倘偕我倒戈，掩北京不备，可勿血刃而定。然后绥靖士民，易置帝政，而传檄东南，释甲寝兵，天下事大定矣。何必去搞什么君主立宪呢！”话音刚落，就赢得大家的一片欢呼，皆赞成吴禄贞的主张[②]。

同日，吴禄贞为了让朝廷放心而松懈戒备，当天就电告朝廷，谓滦州的将士一致拥护朝廷，并没有图谋二心。

为了麻痹朝廷，也为了给武汉革命军传递信息，吴禄贞、张绍曾拉上陈其采联名给黎元洪致电（即《张绍曾、吴禄贞等致黎元洪电》）[③]，略谓“武汉惨变，中原云扰，咎在朝廷”；“众公迫于爱国热诚，行激烈之改革，其事至难，其心诚苦”；“绍曾、禄贞、其采等迭奉朝旨，督师南下，然断不忍牺牲同胞之生命，助我政府之淫威，已将根本大计，劝告朝廷”；“方今国势，外患更甚于内忧，同室操戈，列强伺衅，种类相残，国于何有？”“现曾电请政府，力饬北军停止战事，并希望贵军采稳健之计划，即时停止战事，静候机宜。俟两军战事中止以后，集合民代表共造诣北京，协议组织新政府，及筹备办法，庶国家前途，有建设而无破坏。诸公赤诚爱国，谅表同情，伫候电音，不胜翘盼”。

军官会议之后，吴禄贞与张绍曾、蓝天蔚又在一起商定：以第二十镇为第一军，从滦州西进；以蓝天蔚的第二混成协为第二军，作为后援进行策应；吴禄贞率领第六镇为第三军，由保定北上，形成两路夹攻之势，一举占领北京。

俗话说：“百密必有一疏。”后来的事实就是证明。吴、张、蓝等密谋起义之事，很快就被吴禄贞的留日同学，此次同来滦州的军咨府第三厅厅长陈其采向朝廷告了密。当天，吴、张、蓝三人商议完兵变事宜后，就发现陈其采已经不在滦州了——陈其采实际上是清廷派来监视吴禄贞等人的。随后又发现原来停留在滦州车站的二百多节火车车厢，也被调走了。事实上，清廷早已加强了对他们的防备，担心他们利用铁路运兵；又秘密调动部

① 侯少白：《辛亥山西起义纪实》，《辛亥革命回忆录》（五），第 129 页。

② 《辛亥革命》资料丛刊（六），上海人民出版社 1957 年版，第 371 页。

③ 吴禄贞等：《张绍曾、吴禄贞等致黎元洪电》，原载《革命文牍类编》（第三册），今收入《吴禄贞集》，华中师范大学出版社 2011 年版，第 223 页。

队，加以防范。即使如此，也动摇不了吴、张、蓝等人武装起义的坚定决心。

陈其采（1880—1954），字霭士，浙江吴兴人。陈其美胞弟。诸生。早年入南洋武备学堂学习。1898 年赴日，入东京陆军士官学校第一期。曾任留日同学会会长。1902 年回国，历任驻沪新军统带、湖南武备学堂总教习、湖南新军统带、陆军第九镇正参谋官、军咨府第三厅厅长等职。入民国，授陆军少将，曾任中国银行杭州分行副行长。1927 年后，历任浙江财政厅厅长、财政部江海关监督、江苏财政厅厅长、国民政府主计处处长、中央银行常任理事、国民政府委员、国策顾问等职。1949 年至香港，后赴台湾。

国民党中央党史史料编纂委员会所编之《吴禄贞》中亦说："禄贞看见全军将士一心，即刻电禀朝廷，陈述诸军一致拥护朝廷，并无异谋，借以疏懈清廷的戒备。暗地却同各将领开会商讨响应民军计划"；"那（哪）知会商以后，骑墙派的分子竟秘密报告清廷，清廷听到这个消息，非常惊怕，立刻密调滦东各路大军集中北京，来阻止各军的行动"①。

适好友杨德麟自武汉抵达直隶滦州，与吴禄贞、张绍曾、蓝天蔚相会，告知武汉战况，并一起共商联合御敌、实行"中央革命"，推翻清廷之谋。

曹亚伯曾在《杨笃生蹈海》中回忆说："八月十九日武昌首义，清廷欲调驻奉第二十镇张绍曾南下，德麟联合日知会同志蓝天蔚、吴禄贞与张绍曾进谋。张固志士，师次滦州，密拟断京津、京张两路。吴禄贞断京汉，直捣清廷巢穴。不幸袁世凯不明大义……杀吴禄贞于石家庄车站。其参谋长张鹏飞及秘书长周干丞亦同及于难，德麟仅以身免，后随蓝天蔚走沪，筹划北伐事宜。"②

当天，秘书长周维桢亦自保定赶到滦州向吴禄贞报告：军咨府趁吴不在第六镇之机，直接给第十二协署理协统吴鸿昌下令，调他们去山西镇压起义军，今天就要出发；并调了一个团的禁卫军随行，名为助战，实则监督其行动。

《吴禄贞》中亦记载说："一部分旗籍部队则奉了清廷密令，阳为助

① 《吴禄贞》，《吴禄贞集》附录，华中师范大学出版社 2011 年版，第 268 页。

② 曹亚伯：《武昌革命真史·前编》，《曹亚伯集》（上），华中师范大学出版社 2019 年版，第 345～346 页。

战，暗为监视，以防变故。”①

吴禄贞听完周维桢的报告，感到很震惊，他对诸位好友说：“我阻挡各军不去攻湖北，今天我自己反而要奉命率部去攻山西，还有何面目见诸公？”②他立即与张绍曾、蓝天蔚等友朋告别——他得赶回保定去应对这一突发的新情况。

吴忠亚后来曾回忆道：“清政府竟乘他远离六镇的时候，直接调令他的部下，去攻打山西义军，对他意味着什么？他是完全明白的。当即就对张绍曾说：‘娘子关枪声一响，我就全毁了！我革半辈子的命，现在我的部下竟要去充当清廷镇压革命的凶手，叫我怎能有脸见人，又怎能对得起革命将士呢？我必需（须）马上赶回去，料理那边的事。’”（见吴忠亚《吴禄贞的一生》）

吴禄贞在回保定的途中，审时静思，一个联合山西革命军共同举行北方起义的计划已在其脑中逐渐酝酿成熟：他打算组织“燕晋联军”，一方面从东、西两侧夹击兵力空虚的京城，一方面截断南、北交通，阻止袁世凯北上救援。等夺取北京后，再与南方革命军合击袁世凯，革命大功即可告成。

陈夔龙在其《梦蕉亭杂记》中记载说：“奉军张绍曾占据滦州车站，威胁朝廷立宪，结纳新授晋抚吴禄贞，带领第六镇全军驻扎石家庄，据直晋交界之道，拟俟前驱赴太原受事讫，即回戈直赴北京。绍曾亦由滦赴京，两道夹攻都城，图不世之大举。石家庄军队并可阻截项城入鄂之师，不能北上，以免后顾之虑。”③

同日，何遂持着吴禄贞的手令来到第六镇第十二协报到，署理协统吴鸿昌见来人是自己保定军官学堂的同窗好友，自然没有什么不同意见，并热情地接待了他，向他简单地介绍了眼下的情况。

当天下午六点，吴鸿昌携何遂奉命率领“战步队二十三标二三两营、马队一营、陆炮二队、工程半队”由保定开拔，至“晚十一点半钟到石家庄”（详见后面《吴鸿昌致陆军部呈文》，《吴禄贞集》第230页），并吩咐手下将司令部就安排在石家庄。

当天晚上回到保定后，吴禄贞见第十二协已经出发了，便写了一封亲笔

① 《吴禄贞》，《吴禄贞集》附录，华中师范大学出版社2011年版，第269页。

② 《吴禄贞》，《吴禄贞集》附录，华中师范大学出版社2011年版，第268～269页。

③ 陈夔龙：《梦蕉亭杂记》，荣孟源、张伯锋主编之《近代稗海》（第一辑），四川人民出版社1985年版，第415页。

信，派秘书长周维桢持函立即前往山西与阎锡山商谈组织“燕晋联军”事宜。信一开头就称赞阎锡山的革命举动，并指出其后面还应该有更大的行动：“公不崇朝而据有太原，可谓雄矣。然大局所关，尤在娘子关外。”接着强调说：“革命之主要障碍在袁世凯，欲完成革命，必须阻袁入京。若袁入京，无论忠清与自谋，均不利于革命。望君以麾下晋军东开石家庄，共组‘燕晋联军’，合力阻袁北上。”

吴禄贞又吩咐副官长王孝缜作为自己的特使，立即动身，前往武昌面见黎元洪，报告自己的“中央革命”、三路直捣北京的计划，并请湖北军政府届时亦配合采取行动，拖住袁世凯，使其无法脱身北上。

王孝缜，生卒年不详，字勇公。福建闽县（今福州市）人。1903 年赴日留学，入东京陆军士官学校第五期。早期同盟会员。曾任第六镇副官。后至武昌，任战时司令部副官长。历任陆军第 8 师第 30 团团长、旅长、师长。1936 年 3 月 18 日，授陆军中将衔，后曾任国民政府中将参军、典礼局局长等职。

王孝缜走后，吴禄贞担心其路上遭遇不测，又另派心腹亲信、第二十一标一营排长许伯堃前去武昌面见黎元洪，向其报告自己的计划。

后王孝缜、许伯堃都安全抵达武昌见到黎元洪。当黎元洪获悉吴禄贞的军事部署后，喜出望外，连声说：“吴绶卿代表来了，事情就好办了。”①

先后送走周维桢、王孝缜、许伯堃之后，吴禄贞马上来到保定育德中学，将自己的计划向郝仲清作了简要的介绍，并请他尽快组织好民团，积极配合行动。郝仲清答应一定全力配合，并向吴禄贞介绍了同盟会在山西革命军中的情况，到时亦可配合行动。商议、交代、安排完有关事情，吴禄贞告别郝仲清，便又回到了京城。

郝仲清（1879—1957），名濯，字仲清、仲青。原籍河北霸州，先辈迁居天津郝家堡。21 岁中秀才，曾教授私塾。1907 年保定高等师范学堂毕业后，任崇实中学教员，同年加入同盟会。1909 年创办育德中学，任监督，被推为同盟会保定支部负责人。1912 年任顺直临时省议会议员。1913 年任参政院议员。曾参与反袁斗争。1921 年回保定任育德中学校长。抗战爆发，迁校至河南西峡口，改校名为国立一中一分校。抗战胜利后，学校迁回保定复校。1949 年后，保定本校停办，北京市将原大中中学

① 陶菊隐：《北洋军阀统治时期史话》第一册，生活·读书·新知三联书店 1978 年版，第 92 页。

改名为北京私立育德中学，仍以郝仲清为校长。1952 年改名市立第二十二中学，仍任校长，并兼任河北省政协委员。从教 50 余年，桃李满天下。1957 年 9 月去世。

保定育德中学是同盟会保定支部所在地，校长郝仲清是支部负责人。他与吴禄贞往来、联系密切。“武昌首义”爆发后，学校停了课，校园就成了保定的革命总部，原来的实验室也成了他们研制炸药的场所。吴禄贞计划在“燕晋联军”组成后，便立即回师保定，宣布保定独立，成立“燕晋联军都督府”。

送走吴禄贞，郝仲清立即行动，一面组织会员配制炸药，为起义准备武器；一面派人去篆刻“燕晋联军大都督”关防大印，拟定“安民告示”。

九月初十日（10 月 31 日）早晨，陆军第六镇十二协署理协统吴鸿昌率部在石家庄换车西进，当天抵达井陉县（今石家庄市井陉县）。此时，署理标统曹进打来电话对吴鸿昌说：他已亲自到与山西接壤的南峪村去观察过，山西前线的兵力空虚，娘子关的防卫也很单薄；请协统催促队伍加速前进，到时突然发起攻击，一鼓作气，拿下娘子关等地不成问题；娘子关等地一破，大军就可长驱直入，直捣太原了。

参谋何遂得知这一情况，心中暗吃一惊。他牢记临行前统制吴禄贞对自己的嘱托，一路上便以地形复杂、山势险峻、切不可盲目进攻为由，说服吴鸿昌将三个营的兵力分散驻扎在获鹿（今石家庄市获鹿区）与微水（今石家庄市井陉县微水镇）之间的一天门、二天门、三天门。这样一来，几天之内估计都无法打仗。吴鸿昌虽是北洋系一手培养起来的军官，是忠于袁世凯坚决反对民主革命的，但却胆小怕事，优柔寡断。他见自过了获鹿后，就进入太行山，铁路两边峰峦起伏，地势险峻复杂，担心会中埋伏，遂对何遂的建议都予以采纳。于是，留下三个营的兵力，又随何遂坐车返回石家庄司令部。

《吴禄贞》中说：“参谋何遂、朱鼎勋视察前线，到了乏驴岭，深知晋军城防不大坚固，内中有主张迅速攻打的，何遂是禄贞心腹，见禄贞还没有到，便捏造虚伪的言辞，阻止前进，六镇的兵就暂驻石家庄。”①

而此时，山西革命军已经占领滑驴岭（又称“乏驴岭”，河北省井陉县天长镇西部的一个山村，地势险要）、娘子关（今山西省平定县娘子关镇）和固关（即山西省平定县内的固关长城）等地，并在加紧修筑阵地，与清军

① 国民党中央党史史料编纂委员会：《吴禄贞》，《吴禄贞集》附录，华中师范大学出版社 2011 年版，第 269 页。

对峙。

同日，吴禄贞回到京城后，前去向载涛、良弼禀告赴滦“抚慰”张绍曾的情况，并与他们就如何铲除袁世凯势力及目前形势进行深谈。

载涛、良弼平素与吴禄贞关系密切，他们颇想借助吴禄贞等人的力量，利用此次机会，铲除旧势力（袁世凯等），建立新势力。良弼是吴禄贞日本陆军士官学校的同学，一直对他甚是关照，自不必说。这载涛的来头更大。载涛（1887—1970），姓爱新觉罗，是皇族，字叔源，号野云，亦作夜云。满洲正黄旗人。清宣宗爱新觉罗·旻宁之孙，醇贤亲王爱新觉罗·奕譞第七子，清德宗爱新觉罗·载湉异母弟，清宣统帝爱新觉罗·溥仪的叔叔。1890 年封二等镇国将军，不久晋升辅国公。1902 年袭贝勒。1908 年加郡王衔，任专司训练禁卫军大臣。1909 年奉命管理军咨处事务，不久，赴法国索米骑兵学校，专修骑兵作战科目。1910 年学成后，奉命赴日、美、英、法、德、意、奥、俄八国考察陆军。1911 年任军咨大臣并掌管禁卫军。1912 年 1 月，与载洵等成立“宗社党”。1917 年张勋复辟，任为禁卫军司令。1918 年，徐世昌任为将军。1927 年任为翊卫使。1929 年，迫于生计，将贝勒府卖给了辅仁大学。1931 年被聘为国难会议会员。日本侵华期间，拒绝至伪满洲国任职。新中国成立，任中国人民解放军炮兵司令部马政局顾问、总后勤部民政局顾问、国家民委委员、北京市民委副主任、民革中央委员；还是第一至三届全国人大代表，第二、三届全国政协委员。喜京剧，好武术，善绘画。吴禄贞有意与他们周旋，并利用他们来对付袁世凯，以完成自己的使命（见张国淦辑《辛亥革命史料》，《吴禄贞集》第 232 页）。当然，载涛、良弼对吴禄贞等留日士官生有利用，亦多有防备。

在京城期间，吴禄贞还密约了革命党组织负责人姚荐楠，将自己与张绍曾、阎锡山等计划联合举义的情况向其作了通报，希望届时京城的革命党做好组织接应工作。

姚荐楠（1882—1967），字梓材，安徽寿县人。诸生。毕业于保定军校速成班炮科，受革命思想熏陶，加入同盟会。后入京从事反清革命活动，是北京地区的负责人。参加辛亥革命。袁世凯窃国，参加“二次革命”；失败后逃往日本，入日本大学习法政。北伐时，出任国民革命军第四军团总参议。南京国民政府成立，在中国国民党中央党史史料编纂委员会任职。

《吴禄贞》中曾说：吴禄贞“一面拍电报给滦州第二十镇统制张绍曾，

着他赶快带领部队前来，借清君侧为名，会师正阳门。一面密约北京民军首领姚荐楠，根本覆灭虏廷。斯时清帝溥仪，已准备逃往热河”①。

吴禄贞自感此次赴石家庄，诸事难料，生死难卜，遂前去拜访日本好友内藤先生，将自己前几年和周维桢赴西北考察所撰写之《沿途日记》及其他一些私人物品交给他代为保管。当时，吴禄贞曾赠给内藤先生一张自己在欧洲阅操时所拍摄的照片，以留作纪念；并在照片背后亲笔书写了三行字：“宣统二年摄于柏林　检赠　内藤先生　希　惠存　陆军副都统吴禄贞留志。”②

此相片的“像主着军服，佩绶带，头戴大盖帽，藤椅中侧坐，右手半屈倚藤椅栏，宝剑垂于两膝间，左手半屈紧握剑把，双目前视。相片下方随附有德文 3 行，注明相片是由 Anna Frohlich 女士在柏林的 Bellevue 街道 5 号拍摄”③。此照片和《沿途日记》一起，今藏于日本京都大学图书馆人文科学研究所。

九月十一日（11 月 1 日），迫于眼前的严峻形势，皇族内阁集体辞职，清政府任命袁世凯为内阁总理大臣，负责组织责任内阁。

吴禄贞心里清楚，目前袁世凯是阻碍革命的最大障碍，清廷任命袁世凯组阁，袁世凯必然会设法尽快回京，而“袁一入京，则六镇新军为袁用，即为朝廷所用，吾辈欲成大事，必须阻袁入京”④；而“老袁不除，吾党将与有十年战争”⑤。于是，吴禄贞在心里开始筹划阻袁入京的具体办法。

同日，吴禄贞自京城来到石家庄，刚一到就让部下将吴鸿昌和旗兵标统宫长贵叫来议事，并下令清军立即停止进攻山西义军。

这京旗一镇与陆军第六镇素无往来，此次奉派前来石家庄本来就没有作战任务，只是奉命执行监视之责。吴禄贞竟然下令“扣留袁营军火”，又“连日奉清廷谕旨向晋军开导，各旗兵见之愤甚”⑥。如今又听吴禄贞下令

---

① 《吴禄贞》，《吴禄贞集》附录，华中师范大学出版社 2011 年版，第 269～270 页。

② 聂红萍：《〈沿途日记〉与吴禄贞西北考察》，《暨南学报》（哲学社会科学版）2019 年第 2 期。

③ 聂红萍：《〈沿途日记〉与吴禄贞西北考察》，《暨南学报》（哲学社会科学版）2019 年第 2 期。

④ 阎锡山：《阎锡山早年回忆录》，传记文学出版社 1981 年版，第 27 页。

⑤ 王用宾：《记山西在辛亥革命前后的几件事》，《辛亥革命回忆录》（第 5 集），文史资料出版社 1981 年版，第 121 页。

⑥ 《申报》1911 年 11 月 9 日第 3 版。

让清军停止进攻山西义军，故“官统带颇不受调度，致生嫌隙”①。

协统吴鸿昌则有些不解，向吴禄贞问道：“军咨府的训令上是叫我们‘相机进剿’，你怎么下令让我们停止进攻呢？”吴禄贞回答说：“（我）已呈请内阁、军咨府、陆军部代奏，准其招抚，不动枪火，民生自不受涂炭之灾，岂不甚善？”（见《吴鸿昌致陆军部呈文》，《吴禄贞集》第230页）

根据吴禄贞的命令，吴鸿昌遂下令将部队“运到五里铺（今石家庄市井陉县微水镇五里铺村）、井陉（今石家庄市井陉县）一带驻扎，以图进击”（见《吴鸿昌致陆军部呈文》，《吴禄贞集》第230页）。

秘书长周维桢等吴禄贞将紧急事情处理完，便前来将其此次赴山西面见阎锡山的商谈情况向他作了禀报。

阎锡山看完吴禄贞的信函，仍有顾虑，并表示：要组织“燕晋联军”，必须以共同消灭在石家庄的那一个团的禁卫军为先决条件。吴禄贞听完周维桢的禀报，认为如果这样做，就会过早地暴露北方起义的计划，甚至会影响到整个北方起义是否能按时、顺利地进行。

经过慎重考虑，吴禄贞又决定派与阎锡山等熟识的同盟会员何遂再去山西做工作。

吴禄贞将石家庄仔细考察一番之后，为了指挥的方便，就决定以正太火车站站长办公室作为自己的指挥部。

为了对抗“武昌起义”和应付滦州“兵谏”，清政府于九月十三日（11月3日）颁布了《宪法重大信条十九条》，宣布实行责任内阁制。

《宪法重大信条十九条》虽然规定皇族不得为总理大臣，但仍规定皇位世袭，不受侵犯，皇帝有权任命总理和国务大臣，海陆军直接由皇帝统率。对于人民的权利却只字未提。吴禄贞得知此消息，认为这是张绍曾、蓝天蔚等人弄巧成拙，反被清廷利用，十分惋惜地说：“推翻清室，指顾间事。可惜张敬舆勇气不足，主张《十九信条》，铸成大错。”又担心张绍曾上清廷的当，遂立即电告张绍曾说：要清政府实行宪政，“那是与虎谋皮，绝无成就。赶速定期会师，直捣北京，推翻满清，成立民国，使革命早日完成”②。

① 谢良瀚：《吴禄贞被刺事实》，《武昌起义档案资料汇编》（下卷），湖北人民出版社1983年版，第200页。

② 侯少白：《辛亥山西起义纪实》，《辛亥革命回忆录》（五），文史资料出版社1963年版，第129页。

九月十三日（11 月 3 日），吴禄贞向清廷内阁拍发了一封电报（即《致清内阁电》）[①]，一方面向朝廷报告“山西变乱情形”，另一方面报告了近几天自己所采取的又剿又抚的做法，随后报告自己遇到的困难，“娘子关地势极险，革军以步队一标，炮二十余尊固守，颇难克服”，希望“设法筹拨山炮一营，步队一标，火速前来，无任祷盼”。最后建议说：“（山西）巡抚被戕，地方无主，人心惊恐，似宜请简贤员来晋，以安民心，而挽危局。是否有当，伏候钧裁。”

虽然清廷从署理协统吴鸿昌的密报中，发现第六镇统制吴禄贞所报不实，但又不敢对吴禄贞采取过激行动，只得回电（即《清帝谕旨》）[②]说：“办理均合机宜，应即照所拟办理。该署抚单骑往抚晋军，尤属忠勇可嘉，着将抚慰情形，随时迅速电奏。”（又见张国淦辑《辛亥革命史料》，《吴禄贞集》第 235 页）

同一天里，同乡好友孔庚自汉口来到石家庄，并告诉吴禄贞：昨天，清军已攻占汉口。清军先猛烈炮轰汉口市区，然后开始纵火，烧一段前进一段；加上“兵骄将悍，纵肆杀戮，奸淫掳掠，无所不为，商民外窜一空”。顷刻间，整个繁华闹区被化为灰烬，“烟焰数日未熄”，死伤百姓无数，情形惨不忍睹[③]。

孔庚（1873—1950），字文轩，号雯掀，湖北浠水人。幼随父读书，聪慧过人，曾中秀才。后入经心书院就读。1903 年与吴禄贞暗组革命机关。后赴日本，入陆军士官学校第六期。1905 年加入同盟会，参加民主革命活动。1907 年毕业回国，先后在广西、北京任军职。武昌起义爆发，往来北京、孝感，传递信息，联络同志，谋划革命。1914 年任中央陆军第九师师长兼晋西镇守使；后通电反袁，被阎锡山免职。1922 年赴广州任孙中山大本营参议。1927 年当选为国民政府委员，曾主政湖北。1932 年受聘为国难会议委员。后创办张楚中学，出任董事长。1937 年抗战军兴，与邓初民、孟宪章等创办《民族战线》周刊，积极宣传抗战。1946 年在重庆创办《民主日报》，并被选为立法委员。1947 年晋升陆军二级上将，回到武昌

① 吴禄贞:《致清内阁电》,《吴禄贞集》,华中师范大学出版社 2011 年版,第 225～226 页。

② 《清帝谕旨》,原存中国第一历史档案馆陆军部档案,今收入《吴禄贞集》,华中师范大学出版社 2011 年版,第 226 页。

③ 吴禄贞:《致清内阁电》,《吴禄贞集》,华中师范大学出版社 2011 年版,第 224 页。

寓居。1950年2月在武昌去世。

吴禄贞听了非常气愤，立即给清廷发去一封事由为“为时世危迫，恳明降谕旨停止战争，以固人心而维大局事”的长电（即《致清内阁电》）①。电文大意称：“武昌起义”是因为原总督瑞澂“骄横无状，逼变鄂军”，派大量海、陆军前去镇压的结果。我们应懂得“压制之力愈大，而反抗之祸愈烈”的道理。眼下“内地十八省纷纷告警”，而“倡叛独立者，既及十省”。即使“克复武昌”，“而其余各省，若欲一律平定，非有十镇精兵，万万军费不可”。可国库“军费已经告罄”。如果仍然要“延长战争至力尽财穷”的话，那列强就会“乘隙而来，将坐收渔人之利”。于是建议朝廷“明降谕旨，大赦各省革党，速停战争，庶可以息兵革之祸，而救危亡之局”。电报中还强调说：“朝廷若不速定政见，深恐将士忿激，一旦阻绝南北交通，而妨害第一军之后路，则非禄贞所能强制也！是非利害，伏惟朝廷计之。”电文中还说：对汉口所发生的惨不忍睹的情状，“部下将士闻之坠泪。禄贞桑梓所关，尤为痛心”。电文明确提出：鄂省发生的惨状，皆因“陆军大臣荫昌督师无状”，“司长丁士源、易乃谦奉迎助虐，结怨人民，激变各省军队”所致，应予“严行治罪”。

吴禄贞的此封电报简直就是“兵谏”。而对于吴禄贞的兵谏，清政府感到胆颤心惊。摄政王载沣打算“迁都热河，以避兵锋”。庆亲王奕劻则说：袁世凯的意见是我们绝不能撤离北京。他们急切地盼望着袁世凯立即回京就任内阁总理之职，以应对危局。而此时吴禄贞的第六镇守在石家庄，袁世凯无法回到北京。怎么办？经过一番谋划，他们决定擢升吴禄贞为山西巡抚，督促其速去山西赴任。这一办法既可笼络住吴禄贞，又能让其脱离第六镇，更可间离吴禄贞与晋军的关系——可谓“一石三鸟”。

九月十四日（11月4日），吴禄贞致电（即《致张绍曾函》）②张绍曾，首先称赞其军“秩序井然，士气愤发”；随即告知其已“联合三镇、五镇、二十镇、混成第二协，作秦庭之哭，为四万万同胞请命”；又商定，“如政府不允所请，各军均向北京进发，驻扎京师附近”；并“分电各省，已允响应”，请“我公将此意宣布管带以上官长”，以“高举义旗，首先赞助”，乃“军界幸甚”。

---

① 吴禄贞：《致清内阁电》，《吴禄贞集》，华中师范大学出版社2011年版，第223～225页。

② 吴禄贞：《致张绍曾函》，《吴禄贞集》，华中师范大学出版社2011年版，第227页。

同日早晨，署理标统曹进怒气冲冲地跑到吴禄贞那里去告何遂的状，说他是革命党，把队伍搞得一塌糊涂，有助敌的嫌疑。吴禄贞见状，就将曹进抚慰了一番，明确地对他说："我们不太了解敌人的虚实，娘子关又易守难攻，如果贸然攻击，可能会出大问题。何参谋主张稳扎稳打，做得很对！"曹进的气还未消解，振振有词地说："山西混成协有一个参谋跑过来，讲得很清楚，山西那边完全是空的！"吴禄贞耐心开导他说："敌方跑过来的人所讲的话，哪能全信，要防止其中有诈。现在朝廷命令'剿抚兼施'，我已命令周维桢和刘文锦到娘子关去宣抚，你说的那位山西来的参谋正好带路一起去。"曹进听了此话，感到愕然。吴禄贞又对曹进说："你的看法也很有道理，队伍太分散不利于行动。现在我命令你，立即将分散在外的各支队伍全部调回石家庄，集中待命！"曹进无奈，只得硬着头皮去执行命令。

同一天里，北京一列运载有几十万元军饷、十几车皮粮食、弹药、棉军装去汉口的火车，路过石家庄。如果这些军火顺利运抵湖北前线，那将对湖北义军是一个巨大的威胁。吴禄贞根本就来不及考虑将会带来的后果，就果断下令将这列运送军火的火车扣留下来，并动员大批车站工人将军饷和货物统统搬进了石家庄车站的库房。

随后，吴禄贞给军咨府、陆军部和资政院致电（即《致军咨府、陆军部、资政院电》）①说："官兵收复汉口，纵兵烧杀，惨无人理，禄贞昨已电奏，请饬停战……禄贞谨仰体朝廷德意，凡有运往战地军火、子弹，暂行扣留，以消战争而保和平，谨以奏闻。"

吴禄贞在所谓"晋军就抚"的幌子下，不仅密谋与山西义军联合，组成"燕晋联军"，而且接连公开干出了"奏请停战"和"截留军火"的两件大事。这两件大事都是震撼一时的革命行动，无疑是对清军的严重打击，对义军的有力支援；虽不免有些过早地暴露了自己，但也是形势所迫，出于万不得已。

也是在这一天，朝廷下发旨令，任命吴禄贞为封疆大吏——署理山西巡抚。按照正常情况，吴禄贞是要进京面见皇上并谢恩的。如今属于非常时

① 吴禄贞：《致军咨府、陆军部、资政院电》，《吴禄贞集》，华中师范大学出版社 2011 年版，第 222～223 页。

期，故清廷谕令：“山西巡抚着吴禄贞署理，迅速赴任，毋庸来京陛见。”①

吴忠亚曾回忆说：“这是清廷的一条大毒计：它一面想用巡抚高位，利诱吴禄贞为它效忠，使吴禄贞必须拼命攻打山西；一面把吴禄贞进一步摆在同山西义军利害、直接冲突的位置上，使山西义军，必须拼命抵抗吴禄贞。这样，就自然折断了吴禄贞与山西义军的联系。”（见吴忠亚《吴禄贞的一生》）

朝廷任命吴禄贞为山西巡抚，从表面上看是抚慰他，让他知恩图报，为朝廷效命；实际上是增加山西方面对吴禄贞的猜疑和敌意，以阻止和离间双方的合作。对于朝廷的任命，吴禄贞明里表示接受、服从，并声称已派人前去篆刻关防大印，随即启程赴山西就任；暗地里则派心腹加紧做山西都督阎锡山的工作，以促成燕、晋的早日联合，完成推翻清王朝的民主革命大业。

此时身处孝感行辕督战的内阁总理袁世凯，可谓心急如焚，手下不断地来向他报告：部队的枪支已损坏过半，子弹已所剩无几，士兵没有棉衣、布鞋，粮食快吃完了，军饷急待发放……他原本信心十足，以为军用物资很快就会运到。当运送军用物资的列车在石家庄被吴禄贞扣留的消息传来时，有如五雷轰顶，吓得他急火攻心，口吐鲜血！随后又得知吴禄贞发给军咨府的电文，指责北军焚烧汉口，大失民心，坚决“主张南北停战”；并声称：如果“南方不听，自告奋勇讨伐；北方不听，断其后路”。这让袁世凯感到极其恐惧和愤怒。于是，一个阴毒的计划在他脑中形成。他马上让手下将对吴禄贞恨之入骨，时正在孝感行辕的原陆军第六镇协统周符麟找来，给他面授机宜。周符麟领命后，便起程北上。

袁世凯策划谋害吴禄贞的真正目的有二：其一，袁世凯欲利用南方的革命军要挟清政府，讨价还价，以达到自己控制或取代清政府的目的。但吴禄贞对袁世凯之人素无好感，知其有野心，故处处防备他，与之相对，袁世凯也深知吴禄贞是他实现个人野心的最难对付的对手。其二，北方是袁世凯长期经营的老巢，是其对抗、剿灭南方革命军的后方基地；而吴禄贞率第六镇扼守石家庄，使他无法北上；他不能回到自己的老巢，其他的事情都无从谈起，因此必须将自己的心腹大患——吴禄贞除去。

九月十五日（11 月 5 日），朝廷下令解除陆军第二十镇统制张绍曾职

① 《内阁官报》(78)，1911 年 11 月 9 日，文海出版社 1965 年版，第 89 页。

务，任命其为“长江宣抚使”；当时有部下劝其先不去赴任，留下与吴禄贞共举大义再说。

吴忠亚曾回忆说：当时张绍曾“被迫离职，绍曾部下的管带（营长）王金铭、施从滨、冯玉祥等人，都是坚决革命的，力劝张绍曾不要离职”（见吴忠亚《吴禄贞的一生》）。

同日，受吴禄贞的派遣，何遂乘专列抵达井陉（今河北省石家庄市井陉县）；随后打电话与娘子关（今山西省平定县娘子关镇）联系，对方立即派了一队人到滑驴岭（今井陉县天长镇滑驴岭村）来接他，然后一起去娘子关，与山西革命军守将姚以价密谈。何遂简明扼要地将最近一段时间里发生的情况向姚以价作了介绍，并告诉姚氏说：“吴统制的意图是联合张绍曾、蓝天蔚和山西革命军直捣京城！”姚氏有些不解，反问道：“吴统制昨天不是被朝廷任命为山西巡抚了吗？那将我们的阎都督放在哪儿？”何听了马上说：“什么巡抚？这不过是朝廷玩弄的花样而已。吴统制现在一心想的是直捣北京，哪里会来做什么山西巡抚！况且，吴统制现在的处境亦很危险！”随后就将吴禄贞在滦州与张、蓝密议起义，被陈其采告密之事对姚讲了。姚听后便建议，还是请吴统制来此与阎都督面商，以解除阎都督的疑虑较为妥当。何遂立即表示：“这样最好，只是去太原不大方便，可否请阎都督来娘子关一趟，他们可以在这里当面谈。”于是，姚以价当即给太原打电话与阎锡山联系，并征得阎锡山的同意，约好双方明天就在娘子关见面。

姚以价（1881—1947），字维藩，号龙门，山西津河人。幼时父母双亡，靠叔父抚养成人。1902年考入山西武备学堂，与阎锡山、温寿泉等同学。1904年与阎锡山、张维清公派赴日留学，入东京陆军士官学校。1907年归国，在山西督练公所任教。1909年升任八十六标五营管带，后转任八十五标管带。武昌起义爆发，率领八十五标部分官兵积极响应，一举攻占太原。山西独立后，被委任为东路军司令，率军防守娘子关、固关一带。入民国，受阎锡山排挤，赴江西，被李烈钧任为总参谋长。袁称帝，任援陕滇军司令。1924年，授将军府晋威将军。1930年后，被南京政府任为陆海空军总司令部参议。抗战爆发，居陕西，各方奔走，捐资抗战。1947年病逝西安，追授陆军上将。著有《世风校正》《抗战实录》《读书札记》等。

当天晚上，何遂立即自娘子关赶回石家庄，将与晋军洽谈的情况和安排作了禀报。吴禄贞表示同意，并当即致电（即《致陆军部、军咨府电》）① 北京，声称已派“副官知府周维桢、参谋朱鼎勋②驰入敌军谒见首领，晓以国家艰危之大局及改良政治之苦心，已允输诚。顷已下令停止进攻”。并谓自己“即将单骑赴娘子关抚慰晋军。详情容再电陈，并乞代奏”。

九月十六日（11 月 6 日），朝廷致电吴禄贞，略谓：“电奏悉，所陈各节，均中肯綮，数日之间，招抚晋省混成一协，巡防队二十余营，尤见谋勇兼优，深堪嘉尚。”“所请大赦革党，所停战事两节，已两次明谕，开除党禁。”“现在陕西乱事未靖，山西省外各州县亦有警耗，正赖该署抚坐镇其间，妥善招抚，先靖西路之乱，以固据本。”（见张国淦辑《辛亥革命史料》，《吴禄贞集》第 235 页）

下午一时，吴禄贞在张世膺、周维桢、何遂、孔庚等人的陪同下抵达娘子关。阎锡山在温寿泉、姚以价、赵戴文等人的陪同下出迎。双方就在娘子关正太铁路车站正式会晤。刚一见面，吴禄贞就对阎锡山声明：“清室授我山西巡抚，只是一种笼络手段，我是决不会就任的！”随后又诚挚地说：“我们都是站在革命的立场，我方非常愿意与晋军联合，组成‘燕晋联军’。”可阎锡山对吴禄贞的话将信将疑，仍有戒备，赞成与否，笑而不答。

温寿泉是山西副都督。温寿泉（1881—1956），字静庵，山西洪洞人，诸生。1902 年考入山西武备学堂，1904 年赴日留学。1905 年加入同盟会和铁血丈夫团。1909 年回国，任山西大学堂教习、山西督练公所会办兼陆军小学堂监督。1911 年积极响应武昌起义，与阎锡山率义军杀死山西巡抚，宣布独立，阎锡山被推为都督，温寿泉为副都督。军政府成立，任为军政部长。入民国，出任山西副都督兼军政司司长。1929 年任山西省政府建设厅厅长。后通电辞职，举家至北京定居，出任傅作义的高等顾问。抗战期间，不畏威逼利诱，拒绝与日本人合作。解放战争后期，曾积极劝说傅作义，为北平和平解放作过贡献。解放后被选为山西省第一届政协委员。不久，出任北京市文史研究馆馆员。1956 年病逝于北京。

赵戴文被称为是阎锡山的军师。赵戴文（1866—1943），字次陇，晚

---

① 吴禄贞：《致陆军部、军咨府电》，原存中国第一历史档案馆陆军部档案，今收入《吴禄贞集》，华中师范大学出版社 2011 年版，第 226～227 页。

② 朱鼎勋，生卒年及事迹不详，只知其曾任第六镇参谋，后来出任过第二十六师参谋长，授陆军中将军衔。

号清凉山人，山西五台人，诸生。1890年入晋阳书院肄业，1893年转入令德堂（山西大学前身），毕业后回乡办民团，旋任教于宁武中学、山西大学堂。1905年赴日留学，入弘文学院师范科就读。同年加入同盟会。1906年秋，与阎锡山结伴归国，任教于农林学堂和晋阳中学堂，并暗中从事革命活动。武昌起义爆发，协助阎锡山光复太原，任为东路军参谋长。1912年任都督府秘书厅长。1916年后长期在山西、北平担任军政要职。南京国民政府成立，历任监察院长、国民政府委员、太原绥靖公署总参议、山西省政府主席等职。抗战时，兼任第二战区长官部政治部主任、国民党山西省党部主任委员。著有《军事讲演录》《清凉山人文稿》等。

吴禄贞见此情状，便明确地对阎锡山说："你应该清楚，我是老革命党，曾加入'兴中会'，组织自立军在安徽大通起事失败，是与唐才常一起起义的失败者，你可放胆同我合作，我是不会骗你的。"①又对阎锡山说："不满你说，晋军的情况我一清二楚"。随后诸如军队建制、人员情况、武器装备等等，如数家珍；并毫不隐瞒自己的观点：晋军如果单独举事很难成功，自己如果不与晋军联合也有很多困难，只有大家联合起来一起行动才能成功，希望阎都督"千万不可再游移"。

山西都督阎锡山见吴禄贞如此坦诚，遂慨然说道："绶卿言重了，我同意合作，一切都听你的！"于是，阎锡山立即召集起义军的重要将领开会，请吴禄贞训话。

阎锡山（1883—1960），字百川、伯川，号龙池，山西五台县人。幼入私塾，14岁辍学，在自家钱铺学商。1902年考入山西武备学堂学习。1903年被官费保送到日本留学，入日本陆军士官学校。1905年加入同盟会。1909年毕业回国，任山西陆军小学堂教官、监督。同年参加清廷组织的会试，列上等，被赏给陆军步兵科举人并授予协军校的军衔。不久升任山西新军第四十三协第八十六标教练官与标统。1911年率部起义，被推为山西都督。1914年授"同武将军"。袁世凯称帝，晋封一等侯。1916年任山西督军，次年又兼任省长。长期盘踞山西，投机自保。1927年投入国民党集团。1931年出任太原绥靖主任，支持蒋介石的不抵抗政策。抗战中，暗地与日寇勾结。抗战胜利后，积极参与蒋介石的反共内战。1949年逃出太原。退至广州，出任国民党政府行政院长。同年底飞往台湾。著

① 侯少白：《辛亥山西起义纪实》，中国人民政治协商会议全国委员会文史资料委员会编：《辛亥革命回忆录》第5集，中华书局1963年版，第129页。

有《阎伯川先生言论辑要》《三百年的中国》等。

在山西义军将领的会议上，吴禄贞首先强调："山西是我们中华民族最重要的堡垒。将来中国一旦对外有事，海疆之地是不可靠的，到那时，山西要肩负重大的责任，所以山西一定要建设好。今天山西革命的成败关系重大，山西的独立会使京师震动。"接着，吴禄贞又说道："现在我已与驻滦州的二十镇统制张绍曾、第二混成协协统蓝天蔚联系好了，他们由滦州一带向北京进逼，我们联合起来沿京汉线北上，会师北京，驱逐满清，建立民国，是一定可以成功的。"[①]他又指出："现在袁世凯派人到武汉捣鬼，他是有阴谋的。我们如果早到北京，就可以将他的计划全部打破！因此，'燕晋联军'的组成，意义重大。"并强调说："袁世凯是中国的第一个毒东西，他若到京，就成为革命的最大障碍"；只有"等他过石家庄时杀之，以除此害"。

吴禄贞这里所说之袁世凯在武汉"捣鬼"，是指袁世凯对武昌革命军采取的一打一拉、一张一弛的作战方针，以诱使革命党人向他妥协，然后再由他来收拾局面，"统一中国"。吴禄贞反复强调山西的重要地位，就是要使在座的山西军官都感到亲切和自豪，容易接受吴禄贞的观点。

最后，吴禄贞话锋一转，顺势说道："现在朝廷任命我为山西巡抚，我是革命党，这对我来说真是个笑话！我算什么巡抚，阎都督才是你们山西的主人，我是来替他带兵的！"（以上详见张国淦辑《辛亥革命史料》，《吴禄贞集》第 233 页）

听完吴禄贞的讲话，下面有军官振臂高呼道："我们拥护阎公奉吴统制做'燕晋联军'大都督！"顿时，会场响起了雷鸣般的掌声。随后，阎锡山站起来，明确表示："我们拥护吴公禄贞为'燕晋联军'大都督！"听了此话，全体官兵一致赞成，再次热烈鼓掌。

于是，大家当即商定：吴禄贞任"燕晋联军"大都督兼总司令，阎锡山和张绍曾任"燕晋联军"副都督兼副总司令，山西都督府副都督温寿泉任"燕晋联军"参谋长。（以上详见张国淦辑《辛亥革命史料》，《吴禄贞集》第 233 页）

此次会议还决定：鉴于陆军第六镇的复杂情况，先派三营山西义军去石家庄由吴禄贞调遣，以壮革命声势。临别之时，阎锡山对吴禄贞说：所派

① 周玳：《袁世凯行刺吴禄贞的经过》，《武汉文史资料》第四辑，第 108 页。

去石家庄的三营官兵，已准备就绪，第一列车马上就发车。

对于吴禄贞“招降”晋军及与阎锡山会谈之事，《吴禄贞》中记载说：吴禄贞“带领吴鸿昌、何遂在晋军防地的城下，请出守城官长仇亮，对他说了一片大道理。仇亮听了这席话，十分佩服，当日带领部队前来归服。他又到山西太原去说服阎锡山”①。这些说法均误，详细情况可见笔者前面所述之具体过程。

第四节　为共和献身

就在吴禄贞带领张世膺、周维桢、何遂、孔庚等人赴娘子关与山西都督阎锡山共商举义大计之时，有人发现原陆军第六镇十二协协统周符麟就像一个幽灵，偷偷地潜回到石家庄军营，并迅速与一些平时对吴禄贞不满的军官取得了联系，在一起秘密会议。

周符麟（1855—？），直隶清河人。幼家贫，父早亡，靠母亲做针线度日。稍长，外出学徒做木工，奉养母亲。1885 年入伍当兵。因身材魁梧，胆识过人，颇为上官器重，曾送入新建陆军学堂肄业，并历官营长、管带、标统。1900 年以护驾慈禧太后有功，被封为武卫军军门提督。1907 年升任陆军第六镇步兵第十二协协统。1911 年被撤职。1912 年任为第 6 师第 11 旅旅长、河南省洛阳巡防营统领，授少将军衔。1916 年 4 月，授为陆军中将。1917 年至 1922 年，任直隶省冀南镇守使。1924 年 4 月 17 日，获授将军府“钤威将军”。晚年定居河北保定府，对家乡治理清河出力颇多。

当天（九月十六日，即 11 月 6 日）傍晚时，吴禄贞偕张世膺、周维桢、何遂、孔庚等人又自娘子关回到了石家庄自己的指挥部。

晚饭后，何遂见火车站周边情况有些异常，仿佛觉得是周符麟到石家庄来了，并在和一些军官串联，立即将情况向吴禄贞作了禀报。吴禄贞听后淡淡一笑说：“近卫军一个团的人天天跟在我身边，我都不怕，这几个人怕什么？！”

又过了一阵子，何遂发现从滦州溜去北京告密的军咨府第三厅厅长陈其采也到石家庄来了，好像在与周符麟等人暗中联系，就又去劝吴禄贞加强警戒说：“山西的革命军就快到了，是否派一个营过来给你担任警卫？”

吴禄贞见何遂紧张的样子，反而宽慰何遂说：“不用了，骑兵营管带马

① 《吴禄贞》，《吴禄贞集》附录，华中师范大学出版社 2011 年版，第 269 页。

蕙田负责警戒，有他带的侍卫队就够了！ 他是我的心腹，靠得住！”

过了一会儿，吴禄贞的亲信军需官李真得到密报，谓周符麟、马步周等人曾召开秘密会议，商议行刺吴统制的事情，便立即前来向吴禄贞报告。可“禄贞自从招抚晋军，往来奔走，都是单人匹马，不带卫队，表示他的坦白。 由山西回防以后，不驻营房，夜晚驻宿正太铁路站房，仍旧不设警卫，听了李真的报告，毫不在意”①。

不久，吴禄贞的弟子、时任第六镇马队司令的元柏香从他的结拜弟兄、时任随军运输科长的瞿寿程处得知马步周要暗害吴禄贞的消息，也匆匆赶来见吴禄贞，将消息报告给老师，请他早作预防。 吴禄贞听到这一消息，略微想了想，便马上派人将马步周找来，开门见山地问道：“听说你要杀我？那你就杀罢！”马步周立即上前跪下，极力否认。 吴禄贞乃说：“量你也不敢！ 起来吧。”马步周走后，吴禄贞仍然埋头工作，并未增派人手加强防卫。

吴禄贞知道山西的革命军马上就要到了，就派何遂跟马步周带着慰问品一起前去接待，并请何遂转告山西的革命军，自己现在还有别的事要处理，明天早上再去看望、慰问他们。

在前去接待、慰问山西革命军的途中，何遂还曾对马步周叮嘱说：“吴统制对你非常器重，你可不能辜负他。 现在形势紧张，你一定要加倍小心呀！”

当天晚上十点钟，山西革命军的三营官兵陆续到来，就驻扎在离火车站六七里地的正太铁路一侧，带兵的是祖树棠营长。

此时，吴禄贞和张世膺、周维桢、张厚琬等人正在石家庄火车站东边的电报局楼上，“召集中级以上军官”会议，宣布 7 日早晨“采取革命手段”，“直赴北京”。 会上还给所有参加起义的将士“分发白布臂箍，使各缠左臂，以为符识”，以便在暗中区分敌我；行动中凡有不服从命令者，则“以军法从事”②。

会议结束后，吴禄贞和张世膺、周维桢、张厚琬等人又匆匆赶回设在正太铁路火车站的指挥部。

---

① 《吴禄贞》，《吴禄贞集》附录，华中师范大学出版社 2011 年版，第 270 页。

② 恽宝惠：《袁世凯再起与吴禄贞被刺》，《八十三天皇帝梦》，文史资料出版社 1983 年版，第 223 页。

夜已深，万籁俱寂，忙碌了一天的吴禄贞一点倦意也没有。他一边饮着酒，一边看着地图与张世膺、周维桢、张厚琬等人研究着起义中的各种细节。

张厚琬（1886—？），字忠荪，直隶南皮（今河北南皮）人。张之洞之孙。少即留学日本，毕业于东京陆军士官学校第八期炮兵科。回国后历任陆军第六镇参谋、南京第八师炮兵团长、陆军炮兵上校等职。民国后，曾任总统府咨议、北京陆军大学教育长、东三省巡阅使署参谋处长、东三省保安总司令部参谋处长等职。1925 年任段祺瑞执政府陆军次长，后因病辞职。1926 年任东三省保安总司令部参议。1927 年任东北陆军讲武堂教育长，曾作为张作霖的代表，出使过日本。

吴忠亚曾回忆道："六镇司令部的人们，更是忙得喘不过气来……纵横千里，亿万同心，大家都正以空前紧张和无比兴奋的心情，在忙着迎接充满希望，充满光明的明天，谁也合不上眼。"（见吴忠亚《吴禄贞的一生》）

按照最后商定的三路大军会师北京的计划是：张绍曾率第二十镇沿京奉线西进，然后北上直取北京，并分兵扼守密云，防止宣统逃往热河；阎锡山除派部分兵力扼守京汉铁路上的黄河大桥，以阻止袁世凯北上之外，所率民军的主力部队则沿着京汉铁路北上；吴禄贞率第六镇北上直取北京。占领北京后，各部再回师南下，全歼袁世凯的部队。吴禄贞感到已经胜利在握：废宣统为庶民，通电全国，改国体为共和，邀请各省代表到北京开会，选举孙中山先生为大总统，指日可待！

时钟已敲过十一响，机要秘书送来了张绍曾的电报，电文为："我军整装待发，即请与山西义军前来会师。"①

吴禄贞将张氏电报递给张世膺，随即拟定了一份复电（即《复张绍曾电》）②交给机要秘书："愿率燕晋子弟一万八千以从。"

当晚十一点半钟，何遂安顿好山西义军回到司令部，向吴禄贞、张世膺、周维桢等禀告了接待、慰问晋军的情况。吴禄贞精神甚是兴奋，高兴地将两份电报拿给他看。何遂看完电报，连连说道："真是太好了！太好了！"吴禄贞亲切地抚摸着何遂的肩膀，见其忙碌了一整天，面容疲倦，就让他与张厚琬早点回房间去休息。

---

① 见《复张绍曾电》注释，《吴禄贞集》，华中师范大学出版社 2011 年版，第 228 页。

② 吴禄贞：《复张绍曾电》，《吴禄贞集》，华中师范大学出版社 2011 年版，第 228 页。

吴禄贞刚刚送走何遂和张厚琬，只见旗兵一镇的管带张光武“求见”，并“坐谈二十分钟”后方才离去[①]。

张光武刚走，侍卫队队长马步周带领几名侍卫来到指挥部，见吴禄贞等人尚在工作，便高声说道：“恭贺大人，听说统制已经擢升山西巡抚，即将赴任，我等特来向大帅贺喜！”说罢，一齐跪了下去。吴禄贞上前扶起马步周说：“没有什么好恭贺的。但还是要谢谢你们。大家辛苦了，去安排大家轮流休息一下吧！”马步周等一行人走后，指挥部又是一片寂静。

九月十七日（11 月 7 日），凌晨一点钟，司令部里仍然是灯火通明，指挥官们憧憬着：“再只过几个小时，就会听到一声炮响，把古老沉寂的北国大地，从睡梦中震醒过来，出现翻天覆地的变化；石家庄联军起义的枪声，将会同武昌首义的枪声，‘南北呼应’，交织成一支光荣、胜利的辛亥革命进行曲。”（见吴忠亚《吴禄贞的一生》）

已是凌晨一点半钟左右，北方的秋夜，皓月繁星，寒气袭人；吴禄贞身披军大衣正在伏案批阅文件，突然一串人影从站台冲进指挥部，一起举枪向吴禄贞、张世膺、周维桢连射数枪。吴禄贞猝不及防，连来人的面孔都未看清，就身中数枪，但他仍强忍剧痛，拔剑夺门而出；不幸刚到门口，就被埋伏的刺客扑倒在地。此时，一个黑影立即跑上前去割下了吴禄贞的首级，然后提着跑出指挥部，顺着站台消失在夜幕中。

张世膺和周维桢突然听到枪声，立即抬起头来，见吴禄贞中枪，满身流血，就要前去护卫，不料自己也中了枪弹，行动困难，很快也倒在了血泊中。

张世膺（1884—1911），一名华飞，字育和，九江府德化县（今九江市柴桑区）人。父早亡，与母相依为命。幼即勤奋好学，名闻乡里。1902 年至九江求学，与好友徐秀均、蔡公时、吴照轩等组织进步团体“慎所染斋”，传播新文化，探求新思想。同年入江西大学堂，与沈文龄、彭贡辉等同窗秘密结社，从事反清活动，遭当局通缉，逃往日本，入东京振武学堂学习，继入陆军士官学校深造。1905 年加入同盟会，并被推为江西分会主盟人。同年奉命回国从事反清活动。1906 年参与“彰德秋操”，后调奉天任教训处提案。1911 年参加“永平秋操”后调任陆军部马兵科科长。武昌起义爆发，清廷派陆军南下救援，与吴禄贞联络，设法阻止陆军南下。同年冬，升任第六镇参谋长。11 月 7 日与吴禄贞同时遇难。

---

① 陆保璿：《南北春秋》，《满清稗史》，文海出版社 1970 年版，第 714 页。

周维桢（1880—1911），字干臣，湖北麻城人。16岁时入湖北经心书院，治经史学。后赴日留学。1900年与吴禄贞回国参加自立军大通起事，失败后复去日本，入弘文学院师范科。参与创办《湖北学生界》，著文驳斥保皇派忠君言论，倡导革命思想，被停止官费。旋归国，在湖北、湖南、四川等地从事革命活动。1906年随吴禄贞赴西北视察边防，被陕甘总督升允押解回京。1907年赴东北，协助吴禄贞经营吉林延吉边务，起草《延吉边务报告书》，主张抵抗日本及沙俄对延吉的侵扰。1911年武昌起义爆发后，推动吴禄贞拟东联滦州，西合三晋，横断京汉要冲，遥作武汉声援；并至石家庄，亲冒巨险，单骑赴娘子关，与晋军议和。11月7日在石家庄车站和吴禄贞同时被袁世凯派人暗害。

《吴禄贞》中记载说："十六日夜，（吴禄贞）正和参谋长张世膺、副官周维桢在站房中批阅机密文牍，逆贼马蕙田率领队官梁云空、排长杨福魁、头目苏守鲁、王泽宣等，突然冲门入室，大呼奉密旨杀吴禄贞，他人不问。禄贞听了，立刻从座上跃起，拿马刀连砍数贼，不料一弹飞来，正中要害，遂仆倒地上，世膺、维桢护禄贞不成，也中弹死，贼众见目的已达，竟割取了禄贞的头颅逃走。"①

尚在睡梦中的何遂，突然被一阵枪声惊醒，听见房外有人在喊："兵变！兵变！"他心知有变，急忙起床，摸枪没摸着，情急之中只抓着一把短剑就冲出屋子，只见站台上一个士兵也没有，而有几个人影匆匆从指挥部跑出来。他立即大喊："站住！站住！"这些人却不理会他，愈跑愈快，一溜烟就消失在夜幕中（详见何遂《辛亥革命亲历纪实》，《辛亥革命回忆录》一，第477～478页）。

何遂顿感不妙，立即向车站站长办公室跑去，刚跑到门口，就被绊了一跤，低头一看，正是吴禄贞躺在地上，遂伏下身去连声呼叫："绶卿！绶卿！"再细看，全身血污，头也不见了，顿时大惊失色。再抬头看室内，还有多具尸体。何遂记得车站仓库驻有一个连的守军，便向仓库跑去，边跑边喊："快来人啦！统制被人刺杀啦！赶快跟我报仇去啊！"他跑近仓库，只听前面几个穿军装的人叫喊道："这家伙乱喊什么！杀了他！"接着就是一阵子弹飞过来。何遂见情况不对头，立即往回跑，再去找其他人前来帮忙处理善后事宜（见何遂《辛亥革命亲历纪实》）。

《武昌革命真史·正编·（辛亥）九月十六日》中亦记载说："是晚

① 《吴禄贞》，《吴禄贞集》附录，华中师范大学出版社2011年版，第270页。

（即十六日晚），吴禄贞被刺于石家庄，其秘书长周干臣、参谋长张世膺同及于难，刘百刚、孔庚、副官曹进等皆痛哭”；“自后周符麟、马慧田二汉奸永为段祺瑞供养焉，所以遵袁世凯之秘命也”①。

当日凌晨，“吴禄贞及幕僚将校为满人联队所属士兵杀害”后，“吴之部下第二十三联队为复仇，正准备与满人联队开战”②；不久，“刺杀吴禄贞将军的满兵已被驱散”③。

几个小时后，山西义军的仇亮、景梅九、倪德勋、齐燮元带领义军来了，十二协的同盟会员瞿寿堤、陈永庆也来了，参谋张厚琬也来了。经过大家商议，石家庄无险可守，应该将队伍撤到娘子关去，尤其是要将装满仓库的物资运走。于是，他们兵分两路：一路由瞿寿堤、陈永庆、仇亮等人组织人力迅速将囤积石家庄的物资运到娘子关，再由娘子关转运至太原——整整运了两天，仅现银就有 30 余万两；一路由何遂、倪德勋等人立即将吴禄贞和张世膺（当时周维桢的尸体尚未发现）的尸体运到娘子关。

此时，被调来“助战”、驻扎在石家庄的那一团禁卫军，听说吴禄贞统制被刺杀，颇为震惊，害怕第六镇的官兵怀疑他们，向他们报复，便连夜向北方溃逃。

《吴禄贞》中记载：“旗军恐怕被六镇暗算，人各自畏，抛弃子弹百万发，器械二百多箱，马几百匹，饷银数万两，分作三股，向北溃散。晋军乘机收了禄贞遗骸，器械、子弹、银两，一齐向西运去。”④

此时的石家庄，尚处于混乱之中。第六镇的官兵听到统制吴禄贞被枪杀身亡的消息，大家都感到震惊。一时谣言四起，众说纷纭，有人竟传说凶手是吴禄贞的侍卫队长马步周。听到这样的消息，大家都感到不可思议。因为大家都知道，这马步周与吴禄贞的关系有如兄弟，是吴禄贞的心腹。马步周（生卒年不详），字蕙田，安徽人。光绪三十三年（1907 年）毕业于北洋速成学堂，入常备军，驻延吉。后其军隶吴部，吴禄贞见其美风仪，善骑射，便将其要到身边，且对他非常信任，并提拔其为骑兵营营

① 曹亚伯：《武昌革命真史·正编》，《曹亚伯集（中）》，华中师范大学出版社 2019 年版，第 525～526 页。

② 日本外务省外交史料馆：《清国革命动乱之际该国当局遭难件》，冯天瑜、张笃勤：《辛亥首义史》，武汉出版社 2011 年版，第 36 页。

③ （英）莫理循：《〈泰晤士报〉驻华首席记者莫理循直击辛亥革命》，夏坤译，福建教育出版社 2011 年版，第 121 页。

④ 《吴禄贞》，《吴禄贞集》附录，华中师范大学出版社 2011 年版，第 271 页。

长，后来更是将其调到身边做了侍卫队队长。马步周嗜赌，每有赌债，都是吴禄贞为其偿付，视其为兄弟，待其为手足。他怎么会枪杀吴禄贞呢？据有人传说，袁世凯在此前已经通过周符麟等人，用二万两银子收买了马步周这个平时善于逢迎、善于伪装、骗取了吴禄贞信任的阴险小人。于是，马步周遂乘进出之便将吴禄贞刺死，也不知是真是假。

也有人说，吴禄贞接统陆军第六镇之后，“以为原镇腐败”，曾进行过较大整顿，得罪了一批原镇的官兵；而他“本人又常在北京，偶在保定，稍驻即去”；“此次车站办公，在左右者，亦系原镇中兵士若干人，听其召唤”，并未“选调得力之人”或“亲信卫队”担任“保护之责”；加之其“平日看事太易”，“故有十六夜不幸之事”（见张国淦辑《辛亥革命史料》，《吴禄贞集》第234页）。

吴禄贞在北方起义前的关键时刻被刺杀，顿使群龙无首、起义流产。这对辛亥革命造成的损失是巨大的。因为北方起义是继武昌起义后关乎全局的最为重要的一次革命行动，他的流产，使北方的大好革命形势，骤然低落下来。正如事后有人曾评价说：吴禄贞在石家庄被刺杀，使革命势力在北方无法生根，而成为北洋派的天下；如果吴禄贞不死，“其事业必大有造于中国，并影响及于世界无疑”①；更有人断言：“绶卿不死，京津大局，必早底定。武汉南北两军亦不致激成恶战。然则绶卿死而因之死者且千万人”②，致使袁世凯颇为顺利地取代了清朝天下！

武昌起义爆发后，吴禄贞的行动自然会引起全国的关注，革命党人对他更是寄予厚望。如果他不被刺杀，起义正常举行，革命顺利进行，袁世凯怎么可能篡权窃国？那么，“中国的历史也许会呈现出另一种局面”③，这一段历史也将会重新书写！

当天早上，朝廷致电吴禄贞略谓：“电奏悉，筹划备极周妥，群情安贴，顺受指挥，朕怀甚慰。”“山西巡抚行营木质关防，着该署抚自行刊刻启用，以昭信守。”“山西各属伏莽尚多，应即驰赴省垣，接任视事，藉资镇慑。所请六镇十二混成协暂留山西之处，着军咨府、陆军部酌核办

① 曹亚伯：《武昌起义真史》，《曹亚伯集》中册，华中师范大学出版社2019年版，第526页。

② 张元济：《吴绶卿先生遗诗序》，《吴禄贞集》，华中师范大学出版社2011年版，第254页。

③ 赵宗颇、夏菊芳：《吴禄贞传》，上海人民出版社1982年版，第98页。

理。”（见张国淦辑《辛亥革命史料》，《吴禄贞集》第235～236页）

根据这封电报的内容来看，此时朝廷尚不知道吴禄贞被刺身亡的消息，且吴禄贞应该在昨天有电报致内阁、军咨府和陆军部，详细禀报自己招抚晋军，“先靖西路之乱，以固据本”的具体安排（见张国淦辑《辛亥革命史料》，《吴禄贞集》第235页），只是今天尚未见到此电报。

同日，军咨大臣载涛接到吴禄贞被刺杀身亡的电报，乃“大惘计划失败”（见张国淦辑《辛亥革命史料》，《吴禄贞集》第235页）。

载涛此处所谓“大惘计划失败”，并不是惋惜吴禄贞的起义计划失败，而是指载涛、良弼等皇族亲贵想利用吴禄贞等留日士官将领抑制袁世凯的计划失败。

同日，“燕晋联军”副都督兼副总司令阎锡山得知吴禄贞被刺消息，非常沉痛地对部下表示：“我们阻袁入京之谋成为泡影，抱恨之深，实非言语可以形容。”并极力赞扬吴禄贞“英俊豪爽，肝胆照人。料事之确，谋事之忠，在娘子关短短一会，在我心目中永远留下不可磨灭的印象”①。

当天上午，署理协统吴鸿昌将何遂请到司令部，说有要事相商，实则想乘其不备，将其杀害；岂料何遂的保定军校同学、同盟会员倪德勋一直跟在他身边，加之此时车站站台上到处都是手臂上扎着白布的士兵，才未敢贸然下手，只得找了个“下去布置布置，以备不虞”的借口溜走了（见何遂《辛亥革命亲历纪实》）。

当天晚上，第六镇第十二协协统吴鸿昌见“革匪运来步马炮各队甚多”，将“谋为不轨”，恐自己“兵力甚薄”，会“陷于危险”，遂“率领本协乘夜急赴栾城”，准备“补充兵力，即行迎击”（详见《吴鸿昌致陆军部呈文》，《吴禄贞集》第231页）。

也是在当天的晚上，何遂在倪德勋等人的陪同下，带着吴禄贞和张世膺的遗体来到娘子关（他们走时尚未发现周维桢的遗体）。

同日，《申报》曾对吴禄贞遇刺身亡之事作了报道：“今晨一点二十分钟，时有旗兵多人入吴禄贞统制营内开枪击禄贞且割其首”；而六镇官兵听到军中枪声，遂“邀集各士官率兵多人赶至统制营内，拘获第一镇之旗兵三十人”②。

九月十八日（11月8日），何遂在仇亮、景梅九、倪德勋的陪同下，来

① 阎锡山：《掌握山西武力与太原起义前后》，《辛亥革命史料选辑》，湖南人民出版社1981年版，第252页。

② 《申报》1911年11月7日第4版。

到山西太原，都督阎锡山亲自出迎，好言相慰。并请他到督署，对他说："如今'燕晋联军'仍然存在，我比你年长几岁，也不客气，我就担任联军大都督，你就屈任联军副都督吧！"（见何遂《辛亥革命亲历纪实》）

九月十九日（11 月 9 日），阎锡山、何遂一行来到娘子关，带领将士致祭后，就将吴禄贞和张世膺的灵柩暂时简单地安葬在娘子关。

入葬之前，阎锡山见吴禄贞的头颅被割走，遂请了一位高明的木工做了一个木人头，安放在吴禄贞的颈腔上，然后放入灵柩安葬。周维桢的尸体是第二天在室外的草丛中发现的——估计是其受伤后忍痛追击刺客时被枪杀的，就简单地埋葬于石家庄车站旁。

同日，日本的《时事新报》亦对吴禄贞被刺身亡及相关消息作了报道："外务部昨接报告谓有满人一群于凌晨一点二十分钟入吴禄贞之营帐，先加以枪击，后复斩其首"；且"据第六镇军官报告，伊闻大惊，即率领多人前往援救，现已有旗兵三十人被获，该旗兵等系属于第一镇第三标者"①。

同日，第六镇第十二协协统吴鸿昌向内阁、军咨府、陆军部、资政院致电（即《吴鸿昌电》）②，略谓："吴禄贞被刺后"，其"招抚革军运到石家庄步马炮工部队甚多"，并"逼迫本协联合"进行破坏。本"统领不遂其欲，兵力又薄，深恐陷于危险"，"士兵震动"，"迫不得已"，乃"率领本协急到栾城县"，思"补充兵力，再行迎击"。后"侦知革军将存储石家庄之弹药、粮秣、被服等项，运送娘子关，兵力亦渐退"；本"统领垂夜率本协急进，现已复占石家庄。该处商民安静，兵心镇静，请释廑念"。

也是在这一天，时任湖北起义军战时总司令的黄兴，得知挚友吴禄贞遇刺噩耗，扼腕叹息，沉痛地说："惟军人能敌者，止有粤军，且感情亦善，因欲调鄂，与北方协力攻击，不幸吴禄贞又被刺于石家庄。"③

武汉前线的义军将士得知吴禄贞遇害的噩耗，群情激奋，拔剑斫地，在阵地上竖起了"为吴禄贞报仇雪恨"的旗帜，纷纷请求出师北伐。于是，在黄兴的指挥下，义军将士分三路进攻被清军夺取的汉口。

后来在武汉的舞台上，曾经上演过《吴禄贞》一剧。当演到吴禄贞遇

---

① （日）《时事新报》1911 年 11 月 9 日第 3 版。

② 吴鸿昌：《吴鸿昌电》，原存中国第二历史档案馆，今收入《吴禄贞集》之《复张绍曾电》附录，华中师范大学出版社 2011 年版，第 229～230 页。

③ 黄兴：《黄兴集》，中华书局 1981 年版，第 281 页。

刺时，台下的观众怒不可遏，竟情不自禁地将自己桌上的茶壶、茶杯向台上的“凶手”扔去。

时在武汉参加保卫战的好友王保民，闻知吴禄贞在石家庄被刺身亡的噩耗，非常悲痛，乃作挽诗一首①以悼之：

管乐有才空筹策，关张无命枉用兵。革命未成身先死，长使同志泪满襟。

当吴禄贞遇害身亡的噩耗传到延边时，延边各族父老兄弟自发地组织起来在北山学堂和“去思碑”前为烈士召开追悼会，以感念他“为边务督办遗爱在民”的恩情。人们或举着“白山峨峨，黑水洋洋，我公之德，山高水长；白山郁郁，黑水汩汩，我公之悲，山摧海泣”的诔词，或举着“一疏救民心不保，三年出塞爱长留”的挽联，或举着“延（吉）珲（春）赖公以存，凶闻相传，半壁河山齐下泪；英烈为国而死，招魂痛哭，百灵风雨尽增愁”的挽联，或举着“长白山政声宛在，斯民有口皆碑，三年来密布嘉谟，海岛咸钦鄂都护；石家庄血迹未干，我公之死何惨，万里外惊传噩耗，天涯同哭晋中丞”的挽联，或举着“龙蛇厄运直斯年，顿谢红尘作羽仙。双手运筹知将略，三年遗爱在辽天。入人凶计令人惜，爱国雄心万古传。回忆我公余血泪，怅然泣饮豆江边”的挽诗，痛哭流涕，披麻戴孝，络绎不绝地涌向灵堂，表达他们对这位曾经为保卫延边、开发延边作出过重要历史贡献的延吉边务督办的无限崇敬和怀念之情。

吴禄贞的同乡好友谢柄朴应邀出席了悼念活动，并应延边各族民众之托，将延边各界人士为追悼吴禄贞所写之祭文、悼诗、诔词、挽联收集起来，编成《延边哀挽录》附在其《吴绶卿先生遗诗》之后，一直流传至今。

《吴禄贞》中记载：“禄贞奔走革命十余年，未及见民国成立，赍资以殁，噩耗传出后，海内人士，没有不痛惜的，尤其是延吉边界的百姓，竟为失声痛哭。当开追悼大会时，自动前来的有数千人之多。归化中国的朝鲜人，也争着赠送诔词挽章、各种祭奠式的文字，表示哀思。”②

当吴禄贞遇刺身亡的噩耗传到天津，景夫人悲痛欲绝，当即便要自刎随夫君而去；然而，看着几个年纪尚幼的子女，又不忍心将他们抛下；遂擦干泪水，咬紧牙关，决心活下去，要将烈士的遗孤抚养成人。随后提笔填写

① 王保民：《吴禄贞首先参加革命的见闻录记》，《吴禄贞集》附录，华中师范大学出版社2011年版，第278页。

② 《吴禄贞》，《吴禄贞集》附录，华中师范大学出版社2011年版，第271页。

了一阕《诉衷情》词，以表达其对夫君的敬仰并抒发自己内心的悲苦：

当年初结秦晋好。始识英雄貌。披肝沥胆报国，岂敢辞辛劳？志未酬，身先亡。天地嚎！欲随君去，抚孤谁靠？

当吴禄贞被刺遇害的噩耗传到蒙古卓索图盟喀喇沁右旗札萨克的府邸时，好友贡桑诺尔布非常悲痛，曾作词一首，并将词题写在吴禄贞赠给他的照片背面，以表达其悼念之情：

皓月又东升，松吼苍龙，催人岁月太匆匆。阶台酒痕今宛在，气压崆峒。①

第五节　吴禄贞殉难之谜

1911 年 11 月 7 日凌晨，清王朝新任命的山西巡抚吴禄贞在石家庄正太铁路火车站陆军第六镇指挥部里突然被人杀害，身首异处；他暗中组织领导的“燕晋联军”和北方起义，亦因他的突然被刺身亡而流产，致使直隶的革命形势便急转直下。因此，吴禄贞被杀一案，顿时震惊全国。

九月十八日（11 月 8 日），朝廷已接到报告，得知吴禄贞的死讯。都察院监察御史赵熙当即上书朝廷，强调吴禄贞被杀，“京师人心惶惶，谓旗汉之争，祸将不解”②，应予高度重视，请求立即派人前往调查。清廷亦当即采取了应对措施：先电告内阁总理袁世凯吴禄贞被杀之事，随后即派江北提督段祺瑞“前往查办”，只是“确情尚未复奏”③。不久，段祺瑞被调往湖北任第二军总统官（即军长），随又兼任第一军总统官，并兼署湖广总督，镇压起义军，无法继续查办此案。

九月二十六日（11 月 16 日），都察院监察御史温肃上奏朝廷，在历数吴禄贞“昌言排满革命不讳”的“罪状”后强调：“该员身为统帅，谋危国家。若不明正其罪”，必将“是非不明，功罪颠倒”，且“人心去”；恳请皇上“迅奋乾断”，速派员查办，并将其“阴谋罪状宣布天下”，“则军心必为之一肃”④。朝廷当天即下旨内阁总理大臣袁世凯，让他派遣直隶总

① 转引自侯志：《吴禄贞与贡桑诺尔布救国图强的探析》，《松州学刊》2012 年第 2 期。

② 转引自李惠民：《吴禄贞殉难之谜探析》，《文史精华》2010 年第 3 期。

③ 清廷致袁世凯电，见张国淦《辛亥革命史料》，《吴禄贞集》，华中师范大学出版社 2007 年版，第 236 页。

④ 《宣统三年九月二十六日御史温肃奏折》，《吴禄贞集》，华中师范大学出版社 2007 年版，第 231 页。

督陈夔龙前往查办吴禄贞一案，并“迅速查明，据实复奏”①。据直隶总督陈夔龙后来在其《梦蕉亭杂记》中回忆此事时说：

> 奉军张绍曾占据滦州车站，威胁朝廷立宪。结纳新授晋抚吴禄贞，带领第六镇全军驻扎石家庄，据直晋交界之道，拟俟前驱赴太原受事讫，即回戈直赴北京。绍曾亦由滦赴京，两道夹攻都城，图不世之大举。石家庄军队并可阻截项城（袁世凯）入鄂之师，不能北上，以免后顾之虑。用计诚为狡毒。幸天夺之魄，禄贞忽为队下乱兵戕害，一说为项城遣人暗杀。后虽奉旨命余查办，卒莫得其实在情形。然先除此一害，绍曾势孤，气为之夺。②

由直隶总督陈夔龙的回忆可知，吴禄贞被刺一事，确实与当时的整个政局有莫大的关系，不仅袁世凯，而且朝廷亦很重视，并立即派朝廷大员前往查办，只是陈夔龙奉旨前往核查此案后，却“莫得其实在情形”。

正因吴禄贞被杀一案扑朔迷离，无论当时的新闻报道和人们的传言都众说纷纭，判若云泥；就是当年许多当事人的回忆和追记亦五花八门，莫衷一是。因此，一百多年来，吴禄贞之死都是一个“谜”。其间，虽然不少人曾经对其进行过探讨，试图解开这个“谜”，可都没有得出一种证据充分、令人信服的结论。

由于清政府在吴禄贞死后未抓到凶手，因而关于吴禄贞在石家庄的被刺身亡，社会上和学界说法甚多；然究竟为谁所杀，稍稍梳理一下，迄今为止，一共存在有九种说法：

其一，仇人寻仇杀吴说。宣统皇帝溥仪的叔叔、时任军咨大臣的载涛（1887—1970）曾于1964年发表《吴禄贞被刺真相》一文，批驳了袁世凯和清廷派人杀害吴禄贞的说法，并明确地说：“据我所知，既非袁之所为，亦非清政府所为，仅系个人间恩怨关系，被人报私仇恨所杀。”

其二，湖北革命军派人杀吴说。朱德澄在六国饭店捡拾湖北革命军命令、信函，见其中第三条要求：“吴禄贞亦须设法杀而去之。”③

---

① 《宣统三年九月二十六日内阁总理大臣寄直隶总督陈夔龙上谕》,《吴禄贞集》,华中师范大学出版社2007年版,第232页。

② 陈夔龙:《梦蕉亭杂记》,《近代稗海》(第1辑),四川人民出版社1985年版,第415页。

③ 《抄录朱德澄印刷传单》,《晚清宫藏辛亥革命档案汇编》,九州出版社2011年版,第136页。

其三，满族留日学生暗杀团杀吴说。吴禄贞被刺杀当天的《民立报》报道：“满学生暗杀团三人入吴禄贞营中数日，于十七日夜遂暗杀吴。”①

其四，山西民军派人杀吴说。据清廷官方报纸称：“顷据军咨府厅长陈其采自石家庄回京，面称置山西巡抚吴禄贞确系被新招者戕害。”②

其五，清政府杀吴说。据参与起义的同志回忆，“昨日军咨府会议，议决：表面上放他山西巡抚，好使阎锡山和他火拼。一方面派人暗杀他”③；“不幸于十一月六日被清廷贿买的周符麟和马惠田等所刺死”④。

其六，清政府与袁世凯合谋杀吴说。不少文献记载：袁世凯伙同段祺瑞暗中派对吴禄贞有深仇的周符麟和清政府派出的陈其采到石家庄谋杀吴禄贞；“二人会合后，用三万元的高价收买了吴手下的卫队长马步周，令他行刺于吴”⑤；“先夺吴禄贞驻保定第六镇之兵权，使之巡抚山西，及抵石家庄，良弼、段祺瑞等即秘令周符麟往刺之”⑥。

其七，袁世凯杀吴说。不少文献记载“吴的计划是以燕晋联军和滦州的第二十镇军队一起进兵北京，以响应武昌起义，这对袁世凯统治的北方是一个很大的威胁，为此袁派人以重金贿买了吴禄贞所亲信的卫队长”⑦；“吴禄贞亦被袁世凯派人刺杀于石家庄”⑧。

其八，为第六镇反动军官的集体事变。有学者认为：“吴禄贞殉难不是个别人进行的单纯暗杀，而是由六镇反动军官们共同发动的旨在反对吴禄贞举兵计划的突发事变。”⑨

其九，第一镇的满人士兵杀吴说。1911 年 11 月 19 日的《民主报》报

---

① 《民立报》1911 年 11 月 7 日(农历辛亥九月十七日)第 2 版。

② 《内阁官报》(51)，1911 年 11 月 9 日，文海出版社 1965 年版，第 485 页。

③ 孔庚：《先烈吴禄贞石家庄殉难记》，《辛亥革命史料选辑》(续编)，湖南人民出版社 1983 年版，249 页。

④ 刘仙洲：《辛亥革命前后保定革命运动回忆录》，《辛亥革命回忆录》(第 5 集)，文史资料出版社 1981 年版，380 页。

⑤ 李新、任一民：《辛亥革命时期的历史人物》，中国解放出版社 1983 年版，第 300 页。

⑥ 曹亚伯：《武昌起义真史》，《曹亚伯集》中册，华中师范大学出版社 2019 年版，第 526 页。

⑦ 吕良海、石芳勤、鲍映澜：《中国旧民主主义革命 80 年》，解放军出版社 1987 年版，第 415 页。

⑧ 冯玉祥：《冯玉祥回忆录》(中)，东方出版社 2011 年版，第 79 页。

⑨ 李惠民：《吴禄贞殉难之谜探析》，《文史精华》2010 年第 3 期。

道说：清廷派去监视吴禄贞的第一镇满兵发现吴禄贞联合山西民军将于 11 月 7 日进攻北京的计划后，遂于当日凌晨将吴禄贞杀死，然后退守正定。

关于这九种说法，前面的一至四种说法，仅仅只分别在载涛的《吴禄贞被刺真相》《兵部、陆军部档》《民立报》《内阁官报》中有记载，证据不足，类似孤证，故不被学人重视。第五至七种说法，无论社会上、还是学界提出者较多，尤其是第七种说法最多，几乎成为学界关于吴禄贞死因的定论，其中持此观点最有代表性的论著如左舜生的《辛亥革命史》（中华书局 1934 年版）、李剑农的《戊戌以后三十年中国政治史》（中华书局 1965 年版）、陈锡璋的《细说北洋》（台湾传记文学出版社 1978 年版）、曹亚伯的《武昌革命真史》（上海书店 1980 年版）、赵宗颇和夏菊芳的《吴禄贞传》（上海人民出版社 1982 年版）、李新和任一民的《辛亥革命时期的历史人物》（中国解放出版社 1983 年版）、赵宗颇的《论吴禄贞》（《上海师范学院学报》1979 年第 2 期）、赵宗颇的《吴禄贞史事考订》（《上海师范大学学报》1992 年第 1 期）、林民的《辛亥革命活动家吴禄贞》（《河北学刊》1982 年第 4 期）、伊杰的《吴禄贞死期辨正》（《晋阳学刊》1984 年第 4 期）、公孙訇的《吴禄贞死于谁手？》（《河北月刊》1985 年第 3 期）、李孝平的《辛亥忠烈吴禄贞》（《炎黄春秋》2002 年第 11 期）、邓宾善的《壮志未酬身先逝——记“民国大将军”吴禄贞》（《档案春秋》2008 年第 1 期）、赵源的《吴禄贞：牺牲在石家庄的辛亥革命志士》（《当代人》2008 年第 12 期）、胡奕军的《吴禄贞：志大心豪的辛亥悲情大将军》（《人物》2011 年第 8 期）等。

由前列持第七种说法最有代表性的论著来看，论著者主要生活于 20 世纪。进入 21 世纪以后，随着时间的推移、研究的进一步深入、材料的新发现以及研究方法的变换，又开始有学人对吴禄贞的死因进行重新审视，对以前的各种说法，重点是对第五至七种说法，尤其是对第七种说法提出了质疑。李惠民先生在《文史精华》2010 年第 3 期发表《吴禄贞殉难之谜探析》一文，利用已有的材料，对第五至七种说法重新作了深入、细致的剖析，同时还找到了时人和清廷档案中有关吴禄贞被刺身亡前后两天内周符麟并不在石家庄的有力证据，遂将由袁世凯派他赴石家庄收买原部属刺杀吴禄贞的说法推翻了，从而得出了“是袁世凯属下的六镇反动军官们自发进行的一次反对以吴禄贞起义为目的的兵变”——这就是前面所提到的第八种说法，并从四个方面对他提出的这一观点进行了论述。作者又强调指出，“客观历史从来不以人的意志为转移”，科学研究不能“以感情代替历史，以主观假设代替客观分析”，过去的研究“过分夸大了吴禄贞牺牲对中国历史的影响”。为了论证自己的观点，作者还从四个方面说明即使吴禄贞在石家庄不被刺杀，起义正常进行，最后也“并不完全具备必定胜利的条件”。

王永男博士在《理论月刊》2016年第1期上发表的《试探百年疑案：吴禄贞之死》一文，对吴禄贞的死因又提出了新的观点——这就是前面提到的第九种说法，则使关于吴禄贞死因的探讨得到进一步的推进和深化。

该文认为前四种说法“多为孤证”，学人一般不会赞成；而第五至七种说法的“提法较多”，尤以第七种说法为多，几成“定案”，但仍有值得“质疑”的地方；至于第八种说法，作者亦觉得其“仍有很大的探赜索隐的余地”，因而提出“与其说是六镇军官自发的反吴禄贞起义的兵变，不如说是驻扎在石家庄的以京旗一镇管带张光武为首旗兵‘自发’的刺杀行动，最后演变为兵变”——也就是前面所说的第九种说法。

其实，持第九种说法的人在当时就有不少，只是一直未引起学人们的注意，或未发现相关材料而已。比如除前面提到的《民主报》在1911年11月19日的报道中提到这一说法外，《申报》在吴禄贞被刺当天的报道中亦提到此说法：“今晨一点二十分钟，时有旗人多人入吴禄贞统制营内开枪击禄贞且割其首”；而六镇官兵听到军中枪声，遂“邀集各士官率兵多人赶至统制营内，拘获第一镇之旗兵三十人”[①]。时任清政府军机章京的许宝蘅当天得到吴禄贞被刺消息后，对当时的时局极为担忧，曾在其日记中写道：“十二时得报，知吴禄贞为第一镇兵所戕。第一镇扎驻石家庄之两营皆系旗兵，如此举动，真可骇人。吴所部之第六镇及太原新招之兵必致与第一镇交哄，从此危机更迫。”[②]两天后，日本《时事新报》亦登载消息云：“外务部昨接报告谓有满人一群于凌晨一点二十分钟入吴禄贞营帐，先加以枪击，后复斩其首”；第六镇军官闻知消息，遂“率领多人前往援救，现已有旗兵三十人被获，该旗兵等系属于第一镇第三标者”[③]。日本《时事新报》于11月10日再次登载消息说：“暗戕吴禄贞系部下之满人三十名。”[④]同日的《民立报》亦登载消息说：旗军官兵对吴禄贞近期采取的一

① 《申报》1911年11月7日第4版。

② 许恪儒:《巢云簃日记》(选刊二),《上海档案史料研究》(第3辑),上海三联书店2007年版,第243页。

③ 《时事新报》1911年11月9日第3版。

④ 《时事新报》1911年11月10日第2版。

系列举动本来就不满，当六日晚吴禄贞开会宣布第二天起义命令后，“旗兵闻信即杀之，以泄愤云”[①]。日本外务省《在清代公使来电要领》中亦记载云：“六日夜，在该地之吴禄贞及幕僚将校为满人联队所属士兵杀害。吴之部下第二十三联队为复仇，正准备与满人联队开战”[②]；之后“刺杀吴禄贞将军的满兵已被驱散”[③]等等。

王永男博士利用其所掌握和新发现的时人著作、日记、回忆录与当时的报刊、档案和日人的函电、报刊、档案以及相关的史料汇编、文史资料等历史资料，不仅从四个方面对其提出的观点进行了充分而又详实的论证，而且对此次刺杀吴禄贞行动的组织者——京旗一镇管带张光武其人的有关情况作了较为详实的探讨，包括组织刺杀后回乡躲避、事过多年后以此事夸耀于众、后被知情者举报在泰安被捕[④]、经山东高等法院审判确认后被判处“有期徒刑十年、剥夺公权十五年”[⑤]等等。当时官方最权威的报纸《中央日报》就曾对他的判决进行过报道：“本社二十三日济南专电，行刺吴禄贞烈士凶犯张光武，前在泰安被省府捕获，现经高等法院判处徒刑十年。”[⑥]最后还对吴禄贞遇害的原因作了较为详尽的探讨。

总之，王永男博士在这篇文章中为读者提供了十分丰富的新史料，又为读者作了较为详实的论证，物证、人证俱在，比较合情合理，在目前情况下——在尚未找到更加充分、有力的史料之前，其观点是可以让人信服和接受的。

至于刺杀吴禄贞的幕后决策者、指使者，学界谈及的主要有三个人。其中涉及最多的是袁世凯，几乎大多数论者，尤其是那些与吴禄贞关系密切，曾参与吴禄贞策划的此次北方起义的友朋，都持此观点，而执行者周符

---

① 《民立报》1911 年 11 月 10 日第 2 版。

② 日本外务省外交史料馆:《清国革命动乱之际该国当局遭难件》，冯天瑜、张笃勤著《辛亥革命史》，武汉出版社 2011 年版，第 36 页。

③ （英）莫理循:《〈泰晤士报〉驻华首席记者莫理循直击辛亥革命》，夏坤译，福建教育出版社 2011 年版，第 121 页。

④ 因刘汉民等人告发，张光武于 1929 年在老家山东泰安被捕。据《申报》1930 年 3 月 28 日所载《刺杀吴禄贞之张光武》一文说:“告发人刘汉民迭次质证，复据该县公民门梯云、刘寅宾、王建勋、黄延年、徐允中等先后公呈一致……同庄人张芹生及张令等口述该被告夸耀刺吴属实，省党部指委会及县党部报章多有登载。”

⑤ 《申报》1930 年 3 月 28 日第 3 版。

⑥ 《中央日报》1930 年 4 月 23 日第 3 版。

麟、马步周、张光武等人也都曾是袁世凯的部下。其次是荫昌，因荫昌与吴禄贞一直不谐，吴禄贞曾多次弹劾荫昌，荫昌对吴禄贞则恨之入骨；当武昌起义爆发后，荫昌奉命赴湖北督军镇压，在其赴鄂途中就曾对恽宝惠说："吴禄贞若到前方，必靠不住，当遇机除之。"①而张光武曾是其部属。第三个人就是载涛。京旗一镇隶属禁卫军，而禁卫军归军咨大臣载涛管制。在吴禄贞遇害当天，一镇旗兵与六镇官兵发生冲突，一镇旗兵就曾叫喊道："我们奉政府与军咨大臣并协统密谕来此为的是你们吴统制要造反，特来监视你们的，我们没有保护此地之责。如要再言先打死你们，再杀你统制。"②张光武为京旗一镇管带，自然会听命于他。

袁世凯与荫昌、载涛都是清廷重臣，都是为清廷效命的，不管他们个人出于什么目的要谋害吴禄贞，并一定要置其于死地，然而有一点却是共同的，那就是他们都不希望吴禄贞此时在北方发动起义，更不希望起义成功。基于此，这杀害吴禄贞幕后的黑手（决策者、指使者）是袁世凯，还是荫昌，抑或是载涛，已经显得不重要了。

第六节　身后哀荣

1912 年 1 月 1 日下午，在上海督军陈其美和湖北代表田桐、时功玖等人的陪同下，同盟会总理孙中山自沪抵宁，并于当晚 10 时宣誓就任中华民国临时大总统，发表《临时大总统就职宣言》和《告全国同胞书》，宣告"中华民国"成立。

民国元年正月初八日（1912 年 2 月 25 日），吴禄贞的遗孀景夫人捧着吴禄贞遗像，携全家老小自天津乘客轮抵达上海。

吴禄贞在赴石家庄领导起义前夕，为了家人的安全，已托友人将全家由北京护送到天津租界内安身。此次赴沪，景夫人带领全家先参加即将举行的吴禄贞等人的追悼会，稍作停留后便带领全家取道上海回云梦老家居住。

民国元年正月初十日（1912 年 2 月 27 日），以南京临时政府陆军总长兼参谋总长黄兴为首的 75 位吴禄贞的生前好友和社会名流，在上海《时报》上刊登了一则启事（即《发启召开吴禄贞追悼会启事》），其启文如下：

故燕晋大都督吴公绶卿，讳禄贞，于阴历去年九月十七日子时被刺

① 吴长翼：《八十三天皇帝梦》，文史资料出版社 1983 年版，第 222 页。

② 渤海寿辰：《辛亥革命始末记》，文海出版社 1969 年版，第 382～383 页。

于石家庄正太车站，副官周干臣维桢、参谋张华飞世膺死之。诸君为国捐躯，情形至为残酷。遗骸暴露，薄海同悲。顷吴公遗族捧公遗像自津来沪，凡我同人，尤深哀感。兹拟于三月十四日即阴历正月二十六日，在张园开会追悼，所有中外人士，热心志士，愿表同情者，即希届时同临。如有挽词、香花，请于开会日前赐交上海棋盘街经武公司代收，依次登报鸣谢。至吴公行状，另由各报披露。

发启人：黄兴、汤化龙、蓝天蔚、刘诚、王孝缜、李书诚、黄恺元、雷启隆、李宝楚、程明超、胡瑞霖、李人杰、刘一清、蒋作宾、孔庚、耿觐文、万声扬……

民国元年正月十六日至二月十二日（3 月 4～30 日），《民主报》连载由吴禄贞原部下、同乡好友谢柄朴整理的吴禄贞的遗诗（收入《西征草》和《戍边草》中的诗）。

民国元年正月十九日（1912 年 3 月 7 日），孙中山先生颁布了他就任临时大总统后的第一号抚恤令——《大总统抚恤吴、张、周三烈士令》，宣布分别按“大将军”“右将军”“大都尉”例给吴（禄贞）、张（世膺）、周（维桢）三位烈士发放抚恤金①。

民国元年正月二十六日（1912 年 3 月 14 日），是吴禄贞的诞辰日，黄兴等一千余人在上海张园举行了隆重的“吴禄贞追悼大会”。

是日，景夫人应邀携子女亦出席了吴禄贞的追悼大会。

中华民国南京临时政府大总统孙中山因故未能参加，特派代表前来参加并宣读了祭文（即《祭吴禄贞文》）：

维中华民国元年三月十四日，临时大总统孙文遣耿觐文、陈宽沅以清酌庶馐之仪，致祭于故燕晋联军大都督吴公禄贞之灵而告之以文曰：

荆山楚水，磅礴精英。代有伟人，振我汉声。鯱鯱吴公，盖世之杰。雄图不展，捐躯殉国。昔年东海，谈笑相逢。倡义江淮，建牙大通。契阔十年，关山万里。提兵燕蓟，壮心未已。滦州大计，石庄联军。将犁虏庭，建不世勋。猰貐磨牙，蜂虿肆毒。人之云亡，百身莫赎。泉下同袍，惟周与张。庶相民军，恢复旧疆。邦基始建，公目未瞑。敬奠椒桂，以酹忠魂。哀哉，尚飨。

此次追悼会由黄兴主持，黄兴还赠送了挽联（其挽联见下面山西省追悼

① 此令原载《临时政府公报》第 31 号，今收入《吴禄贞集》附录，华中师范大学出版社 2011 年版，第 259 页。

会）。

会上，还分发、赠送了由吴禄贞生前好友谢柄朴收集整理（即《西征草》和《成边草》的合集）的吴禄贞的遗作——《娱园遗诗》（亦称《吴绶卿先生遗诗》）。该诗集由清末状元张謇题写书名，由时任商务印书馆董事长、吴禄贞生前好友张元济作序。同乡好友程明超则写有《娱园遗诗序》和《题娱园遗诗十首》。

同日，山西太原亦隆重举行了“燕晋联军大将军吴公绶卿追悼会”，与会军民达上万人之多，各省均派有代表参加。主祭台两侧悬挂有黄兴撰写的大幅挽联：“李北平之将略，韩待中之边功，大厦正资材，公缓须臾，万里早空胡马迹；罗斯伯其激昂，来君叔其惨烈，二难同赴义，我悲后死，九原莫负故人心！”①

追悼会后，稍作停留，景夫人便携全家自上海赴湖北云梦老家居住。

民国元年正月二十九日（1912 年 3 月 17 日），上海《时报》刊载了孙中山这篇《祭吴禄贞文》（没有前面一部分，只有后面的主体部分）。1990 年，王耿雄等编辑《孙中山集外集》中就收有当时上海《时报》所刊此文；2015 年尚明轩主编、由人民出版社出版之《孙中山全集》（16 卷本）和 2017 年邱捷等编、由中华书局出版之《孙中山全集续编》（全 5 册）中，也都收有《时报》所刊此文。

刊载既有前面一部分，又有后面一部分的《祭吴禄贞文》全文的，出自当时的另一著名报纸——《新闻报》。

民国元年七月（1912 年 9 月），孙中山先生到山西太原视察三天，并于二十九日（21 日）上午九时乘专列离开太原，前往阳泉参观铁矿和煤矿，随后赴石家庄吴、张、周三烈士的殉难之地凭吊，且当天就夜宿石家庄太行饭店；当晚还召开了追悼会，祭奠吴禄贞将军，并以沉痛的心情诵读了《祭吴禄贞文》②。

同年，由谢炳朴、廉泉搜辑并由程明超增补编辑而成的吴禄贞遗诗——《吴烈士遗诗》刊行。除保留了程明超的序文和题诗外，尚载有廉泉所写之《吴烈士遗诗序》③一文。

---

① 载于《时报》1912 年 3 月 17 日。

② 公孙訇：《孙中山先生在直隶》，《社会科学论坛》1987 年第 1 期。

③ 廉泉：《吴烈士遗诗序》，《吴禄贞集》之《西征草》《成边草》附录，华中师范大学出版社 2011 年版，第 254～255 页。

民国二年十月初十日（1913 年 11 月 7 日），值吴禄贞烈士牺牲二周年之际，吴公祠和烈士陵园在河北省石家庄市正太火车站北侧落成。陵园内屹立着三座庄严肃穆的烈士墓塔，中间为吴公墓塔，张世膺、周维桢二位烈士的墓塔分立左、右。墓园一侧建有凭吊楼，其挽联为："迢迢石庄道上，凄绝凭吊楼头；槛外峰回路转，芳名万古不朽。"

当天，山西省政府和石家庄人民在这里举行了隆重的奉安大典——烈士们的灵柩被护送至此陵园内安葬，瞻礼者达万余人。孙中山先生曾派专使前来致祭。吴夫人景静淑携子、女亦前来参加了葬礼。

山西都督阎锡山还为吴禄贞的墓碑撰写了碑文——《故燕晋联军大将军吴公之碑》①，概述了吴禄贞的生平事迹，给予吴禄贞高度评价。

据《吴禄贞集》的编辑者称："此碑创立于 1913 年，由阎锡山署名，实出于当时民军通志局局长晋城郭象升手笔。郭象升字允叔，《郭允叔文抄》（卷下）载此文。原碑已毁。此次编稿时，由山西省政协文史资料研究委员会副主任、山西大学郝树侯教授校点。"②

民国三年（1914 年），吴禄贞和周维桢修纂的《（民国）延吉县志》（十二卷）由吉林省图书馆刊行，后被影印收入《中国地方志集成·吉林府县志辑 2》（凤凰出版社、上海书店、巴蜀书社 2006 年版）。

民国十九年（1930 年），"国民党中央党史史料编纂委员会"在南京成立，编撰有《吴禄贞传》（原收入台湾版《革命人物志》第二集，今收入《吴禄贞集》附录，第 262～271 页；又收入《张难先集·湖北革命知之录》，华中师范大学出版社 2011 年 7 月版，第 35～44 页）。

民国二十年（1931 年）九一八事变后，吴禄贞的好友钱作骧③赴江苏昆山看望、拜访老友曹亚伯，得知老友准备将吴禄贞的《调查延吉边务报告书》（三卷）重新刊刻行世，以满足同好们的愿望，颇为高兴，并欣然应邀

① 阎锡山：《故燕晋联军大将军吴公之碑》，《吴禄贞集》附录，华中师范大学出版社 2011 年版，第 260～261 页。

② 《吴禄贞集》附录，华中师范大学出版社 2011 年版，第 260～261 页。

③ 钱作骧，又作维骧，生卒年不详，字君白，湖南宁乡人。康广仁弟子。早年受其师影响，参与维新变法运动，曾被捕入狱。出狱后与齐璜、周震麟等创办宁乡驻省中学附设师范，为家乡培育人才。其间，从事革命活动，与吴禄贞、曹亚伯等关系密切。入民国，先后担任湖南省公立中等农业学校校长、湖南省都督府参谋处处长、安徽天长县县长等职。编有《国史教科书》。

为其作长跋一篇，即《跋吴禄贞延吉厅边务报告书三卷》①。

钱作骥，又作维骥，生卒年不详，字君白，湖南宁乡人。康广仁弟子。早年受其师影响，参与维新变法运动，曾被捕入狱。出狱后与齐璜、周震麟等创办宁乡驻省中学附设师范，为家乡培育人才。其间，从事革命活动，与吴禄贞、曹亚伯等关系密切。入民国，先后担任湖南省公立中等农业学校校长、湖南省都督府参谋处处长、安徽天长县县长等职。编有《国史教科书》。

曹亚伯（1875—1937），原名茂瑞，字庆云，因信奉基督教，礼名亚伯，也作亚白，湖北兴国州（今阳新县）人。早年肄业两湖书院。1904年与吕大森等创办科学补习所，为掩护革命，遂加入基督教。被聘为长沙宁乡驻省中学堂教师。长沙起义失败后，掩护黄兴等出走。1905年赴日，加入同盟会。1906年赴英国，向外人宣传中国革命。1912年归国，入黎元洪幕府，赞商机要。1914年加入中华革命党，奔走各党派之间。1917年筹资南下，参加护法运动。不久退居昆山，在上海创办亚林臭水厂。1921年任为总统府顾问，随孙中山北伐。因与胡汉民等不协，回昆山经营农业。1926年起兵响应北伐，曾被白崇禧关押，获释后愤而著《武昌革命真史》。晚年厌倦世事，专心向佛，曾创办良山佛教道社。九一八事变后，呼吁抗日救国。1937年卒于昆山。著作有《战中世界旅行记》《游川日记》等，今人整理有《曹亚伯集》（上、中、下）。

钱作骥和曹亚伯都是吴禄贞的好友，且同为推翻清王朝、建立中华民国并肩战斗过。钱氏《跋吴禄贞延吉厅边务报告书三卷》中对吴禄贞生平事迹的叙述，主要依据国民党中央党史史料编纂委员会所编撰之《吴禄贞》，后面则取诸野史、传闻，其中有颇多地方与实际事实不相符合，参见前面多处评述，此处不再一一述之。

民国二十四年（1935年），上海光华大学文学院院长兼无锡国学专门学院校务主任钱基博先生将其二十多年前所撰之《吴禄贞传》（又名《吴烈士传》）②，铅印单行本。

---

① 钱作骥:《跋吴禄贞延吉厅边务报告书三卷》,《张难先集·吴禄贞传》附录,华中师范大学出版社2011年版,第46～48页;因此文未见收入《吴禄贞集》附录,故全文移录于此。

② 见于傅宏星编撰之《钱基博年谱》附录一,华中师范大学出版社2007年版,第250页。

据傅宏星《钱基博年谱》记载，《吴禄贞传》（又名《吴烈士传》）一文撰写于 1913 年（谨案：应该写于 1912 年，见前《吴禄贞遗诗》），1935 年曾出单行本，1947 年 2 月 6 日刊载于《武汉日报·文史副刊》第 18 期，1956 年收入上海人民出版社出版之《中国近代史资料丛刊·辛亥革命》第 6 册，1991 年收入卞孝萱、唐文权所编由团结出版社出版之《辛亥人物碑传集》卷四，1999 年 2 月收入钱仲联主编、苏州大学出版社出版之《广清碑传集》。

1982 年 3 月 25 日，由河北省文物管理局和石家庄市文物保管所重建的吴禄贞陵园在风景秀丽的长安公园内落成——汉白玉墓塔正中镌刻着“故燕晋联军大将军绶卿吴公之墓”14 个镏金大字。吴禄贞之子吴忠黄、长女吴忠华、次女吴忠敏，长孙吴厚培，孙女吴怡、吴厚婉，外孙女徐小玉出席了落成典礼。

1982 年 4 月 12 日，石家庄市各界代表一百多人在墓前举行了隆重的扫墓仪式。吴禄贞的子女及孙辈亦出席了扫墓仪式。副市长靳茂儒出席仪式并介绍了烈士的生平事迹，吴禄贞之子吴忠黄先生则代表家属致词。

1983 年 12 月，延边朝鲜族自治州人民政府将位于延吉市河南街的延吉边务督办公署公布为州级重点文物保护单位。

1984 年 4 月 4 日，吴禄贞的幼女吴忠瑛女士自美国归来，在吴禄贞外孙女徐小玉的陪同下，到石家庄市长安公园为父亲扫墓；陪同她前往陵园扫墓的尚有省政协、统战部、侨办的负责人。

1991 年 11 月 7 日，“吴禄贞纪念园”在湖北省云梦县落成，并举行了隆重的揭幕式。县委、县人大、县政府、县政协的领导和吴禄贞的外孙女徐小玉女士出席了揭幕式。在揭幕式上，还将“吴禄贞纪念园”前的一条路命名为“吴禄贞路”。园内牌坊上的“盖世英杰”四个大字，由曾经参加过辛亥武昌首义的已经 105 岁高龄的喻育之老人所书写；“卿绥亭”内的纪念碑上，有先烈英姿飒爽的戎装浮雕像，像下则书有孙中山为吴禄贞所写的祭文。

无数事实证明，凡是为人民作出过贡献的人，尤其是英雄，人民就永远不会忘记他；凡是推动、促进过历史的发展、进步的人，历史也会永远记住他。吴禄贞如若地下有灵，亦可瞑目安息了！

第七章　吴禄贞的军事思想与文学创作

在湖北的民族民主革命志士中，以“湖北三杰”①最享盛名；而在“湖北三杰”中，又以青年军事家吴禄贞的职位最高、功绩最为突出，曾被孙中山先生誉之为“盖世之杰”②，后人曾写有一些著述来介绍、研究他。他同时诗文兼工，还是一位文学家，创作有不少诗文，在当时的民族民主革命志士当中，亦属于佼佼者，但关注的人却极少，更少有人对其进行整体、系统的研究。为给读者展现出一个全面、完整的“吴禄贞”，我们有必要对吴禄贞的军事思想和文学创作作一些粗浅的探讨，以抛砖引玉，引起人们的关注，从而促进对吴禄贞军事思想与文学创作的深入研究。

第一节　吴禄贞的军事思想

吴禄贞早年曾投笔从戎，入湖北新军工程营当兵，不久即转入湖北武备学堂学习，开始接触西方现代军事知识，业余时间则喜欢钻研《西法类编》等兵书。1898年以优异成绩肄业，被派赴日本留学，先后入东京成城学校、陆军士官学校，系统学习西方现在科学文化知识和日本及西方现代军事理论与军事技能。在校期间，学习勤奋刻苦，成绩优异，有“士官三杰”③之誉。1900年夏，奉孙中山先生之命，曾利用学校放暑假的时间，回国参与策划和领导自立军起义，并和秦力山具体领导和指挥了大通起义。起义最后虽然因为孤军无援而失败了，但却是吴禄贞后来从事军事斗争的具体实践，并积累了经验。毕业回国后，吴禄贞一直从事军事教学和军事的领导工作。在其生活的后期，更是升任威震一方的军事长官。在其十余年的军

---

① 湖北三杰：指陈宧（1870—1939）、蓝天蔚（1878—1922）和吴禄贞（1880—1911）。

② 孙中山：《祭吴禄贞文》，《吴禄贞集》附录，华中师范大学出版社2011年版，第259页。

③ 士官三杰：指吴禄贞和同期炮兵科的张绍曾与第二期工兵科的蓝天蔚；几年后人们又称蒋方震与蔡锷、张孝准为“士官三杰”。为了以是区分，人们又称吴禄贞与张绍曾、蓝天蔚为“前士官三杰”，而称蒋方震与蔡锷、张孝准为“后士官三杰”。

事实践活动中，吴禄贞不仅表现出杰出的军事指挥才能，而且逐步形成了他的军事思想。

纵观吴禄贞的军事思想，主要表现在以下几个方面：

首先，注重实地考察，重视地理环境对武装起义的作用。

自同盟会成立后，革命党人以武装起义推翻清王朝的腐朽专制统治，建立中华民国的军事斗争掀起了高潮。而在什么地方（区域）举行武装起义，怎样才能少流血而获得武装起义的成功，就必须对将要举行起义的地方（区域）的各方面的情况非常熟悉，了然于胸，做到心中有数，这也是每一位领导者必须做到的，否则起义就很难成功。吴禄贞一直打算在中国的北方举行武装起义，并积极筹划。为了做好起义准备，他曾利用身份和工作之便，先后赴东蒙古四旗、西北和东北实地考察，对这些地方的历史、政治、经济、军事、文化和地理形势等各方面的情况作深入细致的了解，且每到一地，都留下了可供人们参考的重要文献资料。比如考察东蒙古四旗时写有《经营蒙古条议》和《东四盟蒙古实纪》；考察西北时写有《沿途日记》《西征草》；考察东北时则写有《延吉边务报告》和《戍延草》等。如果有人在这些地方（区域）举行起义经营这些地方，这些文献资料都将发挥其重要作用。

其次，重视对武装起义具体地点的选择。武装起义在哪一座城镇举行，它的地理位置是否适合——起义爆发后起义军是否进退有据，在这座城镇举行起义对周边的影响力如何，等等，都是一位领导者需要了解、考虑和熟悉的。1900 年夏秋之际，保皇派和民主革命派曾商议联合在长江流域举行勤王起义（后改称“自立军起义”）。长江流域有数省，城镇众多，在哪几座城镇举行起义最合适、最有利，值得认真思量。吴禄贞根据所学兵法，对此次起义的整体布局提出了自己的看法：“默相天下大势，自以生产楚地，悉江汉间情势，谓夏口（汉口）兵冲要地，襟带江河，依阻湖山，左控庐、淝，右连襄、汉，南北二途，有如绳直，一旦骤有变，则河洛震惊，南服俱阻。”①因其见解独到，思虑周全，故得到大家的一致认同。于是，此次的自立军起义就以汉口为中心，形成了鄂、湘、皖联动的总体布局。虽然此次起义由于种种原因最终失败了，但其总体思想和布局却是没有问题的。又如自立军前军安排在安徽大通，亦是一个很好的选择：安徽大通曾

① 钱基博：《吴禄贞传》，严昌洪等主编《张难先集》，华中师范大学出版社 2011 年版，第 45 页。

有“江南大通，靠山临江，上接两湖，下通苏杭”的民谣流传，表明大通具有长江下游交通枢纽的位势。自立军起义将前军设在大通，就是采用的以两湖为后盾，控御长江下游的方略。

如果要在西北地区举行起义，吴禄贞就认为具体地点应该选在凉州。在吴禄贞看来：“（凉州）就现时军事上之观察，对内防外皆为要冲，何者？自兰州至古浪五六百里间，为长狭之谷地，至此则一望平原，正当谷道之口，实属兰州之门户。此地一失则山道崎岖，皆用兵之所，此对于兰州为保障之要地者。一也。凉州为河西中权，北可控制蒙古，南可防御青番两处，一有蠢动，则此处为必争之要地。若镇守得人，则足以制其死命，而不至糜烂甘省之全局。此对于蒙古、青海为防守之要地者。又一也。凉州位置介兰、肃二州之间，地势平坦，人烟稠密，物产殷富，采买称便。新疆有事，则此地为转运至要区，而亦宁夏、兰州、固原等处兵队之好集合场地也。此对于新疆为策应之要地也者。又一也。有此三者，则此地为军界平时所亟宜研究也明矣。”

再次，坚持“知己知彼，百战不殆”的方针，认真做好艰苦细致准备工作，关键之时制敌取胜。早在 1898 年 11 月，吴禄贞以优异成绩从湖北武备学堂肄业，被选派赴日留学，同批选派赴日留学的尚有 19 人。那时，赴外国留学尚未形成社会风气，尤其是去日本留学，不少同学存在疑虑和抵触情绪，吴禄贞便鼓励他们说：“临阵用兵，必须知己知彼，方能百战百胜。”并强调指出：“欲雪甲午之耻，亦惟有先了解和学习日本人的长处，方能有济。”①听吴禄贞如此劝说，同学们觉得很有道理，皆认同其观点，这才服从了张总督的选派。

1907 年 7 月，徐世昌总督接受吴禄贞“筹边之道，贵在知边”②的建议，派吴禄贞率队至延吉调查边务。其时，日本侵略者不遵守国际公法和外交惯例，采取突然袭击的非常手段，在我国东北制造了所谓的“间岛问题”，一时间，边境“风声鹤唳，谣言四起，人心惶惶，莫知所措”③。正

① 吴忠亚：《吴禄贞的一生》，中国人民政治协商会议湖北省云梦县委员会文史资料研究委员会编《云梦文史资料》1985 年第 1 辑，第 6 页。

② 转引自邓宾善：《壮志未酬身先逝——记“民国大将军”吴禄贞》，《档案春秋》2008 年第 1 期。

③ 吴忠亚：《吴禄贞的一生》，中国人民政治协商会议湖北省云梦县委员会文史资料研究委员会编《云梦文史资料》（1985 年第 1 辑，吴禄贞专辑）。

在率队勘测、考察边务的吴禄贞一行人目睹了日本侵略者的强盗行径。他们经过一番调查了解得知：日本人自称是“奉命越江”，并在这一带设立军政机构（即“朝鲜统监府间岛派出所”），以“保护韩民”，实则没有什么凭据，只是找借口要强行将此地占为己有而已。吴禄贞心里清楚，边务问题，不仅是外交问题，更是军事（实力）问题。搞清楚入侵者的目的后，吴禄贞以“国家疆土，寸土必严”①的爱国立场，立即采取了果断措施：一面将此事禀告东三省总督徐世昌，并由徐总督转禀朝廷，早做准备，并通过外交途径进行交涉；一面会见地方官员张兆麟经历，叮嘱其广贴告示，晓谕军民，照常治理民事，不用惊慌，无论日人如何逼迫，切不可擅自离开任所；一面会见延吉驻军吉强军统领胡殿甲，请其将四个营的兵力暗中调至沿江布防；一面又亲往夹皮沟（今吉林省吉林市桦甸市夹皮沟镇）拜访了生活在这里的、由威震一方的抗日名将韩登举领导的、保护金矿的地方民团（俗称“马贼”），并说服韩登举及其部下加入反对日本侵略军的阵营中来了。不仅如此，吴禄贞还与张兆麟经历和胡殿甲统领商量好，特别安排部分吉强军和巡警到龙井村（日本“朝鲜统监府间岛派出所”所在地）驻防，名义上是保护斋藤季治郎，实则是对其予以监控，以防不测。

在一切准备工作完成后，吴禄贞正式邀约日本“朝鲜统监府间岛派出所”所长斋藤季治郎当面交涉；经过一番激烈的唇枪舌剑，斋藤季治郎在事实面前理屈辞穷，败下阵来。斋藤知道中国有备，故在相当长一段时间内不敢再采取过激行动。

随后，吴禄贞带领勘测、考察小队由吉林省城出发，途经敦化县、延吉厅、珲春城，沿图们江北岸东进，直达长白山脉的顶峰，然后北至夹皮沟，再由那里返回省城。他们不畏艰险，冒着酷暑，跋山涉水，穿林越涧，风餐露宿，历时七十三天，行程二千六百余里，终于完成了对中朝边界的延吉、汪清、和龙、珲春等地的山山水水、村村寨寨的仔细勘测、考察。同时，详尽地记载了二十一种图例，最终以五十万分之一的比例绘制成了《延吉边务专图》，后来还写出了十多万字的《调查延吉边务报告书》。此图及报告书后来转送外务部，成为中国对日谈判的有力证据，奠定了对日谈判获胜的基础。当1909年初日本再次提出“中韩界务问题”时，吴禄贞在好友周维桢的协助下，代表清政府外务部，以《调查延吉边务报告书》为基础，同时吸取了宋教仁的《间岛问题》和匡熙民的《延吉厅领土问题之解

① 转引自安龙桢：《吴禄贞传略》，《学问》2003年第9期。

决》的精华，完成了长篇《为外务部代拟驳复日本之节略》。于是，清政府外务部以此长篇节略驳复日本政府，以详尽确凿的证据，尤其是韩国出版的《朝鲜通文馆志》《朝鲜地理小识》，日本参谋部的《满洲志》，守田利远的《满洲地志》和俄国出版的《满洲地志》等有关书籍，证明延吉一带，自古就是中国的领土，日本所提之伪证，全被推翻，使其无以置辩。故自此节略发出后，日本政府不再重弹所谓“间岛”归属未定的老调了。这正如吴禄贞所说：“筹所以治边之策，以为必示人以不可攻而后人不攻，必示人以不可欺而后人不欺。”①

又次，在战略战术上，吴禄贞主张采取“兵来将挡，水来土掩”“针锋相对”方法，以威慑侵略者。当日本侵略者在东北边境蓄意制造“间岛问题”时，正带领一个小队在边疆勘测、考察边务的吴禄贞身遇其事，他没有惊慌，更没有退避，而是迎难而上。在经过一番充分准备后，吴禄贞邀约日本“朝鲜统监府间岛派出所”所长斋藤季治郎在桦树林子附近帽儿山的德圣观大庙（又称“老武庙”，在今延吉市河南街林机厂院内）相见，当面与其交涉；一番激烈的唇枪舌剑之后，斋藤季治郎在事实面前理屈辞穷，败下阵来。斋藤季治郎走出山庙时，只见帽儿山下，布尔哈通河畔，龙旗飘扬，刀枪林立，漫山遍野都是韩登举精神抖擞的民团武装——从安图古洞河、娘娘库至延吉只隔一道岭，数十里路程，按照事前的约定，韩登举率领民团似从天而降，斋藤不禁吓出一身冷汗，灰溜溜地回到龙井村。在归途中，斋藤季治郎曾对部下说：“中国尚有人在，如吴禄贞者，不可欺也！”②

延吉边务督办公署设立后，吴禄贞作为督办公署的会办，后来又升任督办，更是实施自己一贯的策略，尽心尽力地做好边务工作，“针锋相对”，有理、有节、有力地开展对日斗争：其一，凡是重要的关隘，尤其是在日本人声称“归属未定”的地方，吴禄贞都派人修建了“戍边楼”，并派重兵把守，这不仅可以随时监视日本人的动向，亦可以让日方知晓中国早已严阵以待，不敢轻举妄动。其二，日方时常利用“韩奸”出来危害地方和边民，吴禄贞便派人暗中侦察，一旦发现他们在为非作歹，就立即将他们抓获，进行严厉处罚，情节恶劣的则予以坚决镇压。其三，每当发现日本宪警肆意抓捕当地韩民或边民，吴禄贞便下令想方设法将他们从日本宪警手中抢夺过

① 吴禄贞：《延吉边务报告·叙言》，《吴禄贞集》，华中师范大学出版社 2011 年版，第 71 页。

② 罗正伟编：《梁州革命先烈事略·吴禄贞》，载《辛亥革命》第 6 册，第 361 页。

来，予以保护起来，这让那些韩民或边民深受感动，亦主动与汉民携起手来，共同反抗日本侵略者的入侵。其四，为了应对斋藤季治郎的不断骚扰和挑衅，吴禄贞在延吉设立了边务巡警总局和珲春分局；而为了解决巡警来源的困难，培养一批训练有素、独当一面的巡警人员，以便更好地维持地方治安、防止突发事变，又创办了警务学堂，并选录华民和韩民子弟同入学堂深造，使他们成为延边第一批自己培养的巡警。其五，鉴于当时延吉军民的实际需要，也是为了与斋藤季治郎相抗衡，吴禄贞从天津专门聘请了一位名叫李绍良的医官来到延吉，筹建延吉公立“边务医院”（后改名“延吉官医院”）。延吉“边务医院”创办后，在保障延边军民的身体健康，应付对日斗争中不断出现的伤病员的救治方面，发挥了重要作用，迫使斋藤开办的“龙井间岛慈惠医院”曾一度关闭。其六，斋藤季治郎派日本军宪偷偷将从韩国会宁起至六道沟止大约九十余里的地方，沿途钉上木桩，桩上将中国地名都换上“会宁驿间岛某某社”，企图暗地里将中国的领土划入韩国界内。吴禄贞侦知这一情况，怒不可遏，派人连夜将这些木桩拔去。日本驻华大使提出抗议，说吴禄贞用兵力毁坏里程标本。没想到，吴禄贞在下令各派办处拔去木桩的同时，已经重新钉立有华名及里数的标志，并有照片为证，使得日人的阴谋破产。

日本侵略者在无法坚持其对“间岛”领土①的要求后，遂改为坚持他们对韩民有所谓的“保护权”。针对这一新的情况，吴禄贞立即写了《吴协统意见书》（吴禄贞出任延吉边务督办时，尚兼有陆军协统衔，故有此题目）。其中，阐明了吴禄贞对新阶段对日交涉的总看法，对日方提出的所谓“保护权”问题，更有其深刻的见解——坚决否定日方对韩民有所谓的“保护权”。他一针见血地指出：“今若认其有保护权之后，彼将今日增兵，明日设吏，一以保护韩人为辞，甚且由此推行有韩民之区……皆可阳借保护之名，阴行侵占之实。喧宾夺主，得寸进尺，我于彼时再行抗言，其周折必较尤甚。则许其保护，即无异授以进取之阶，必致渐失国权，予人口实。是则界务虽清，亦不过空负主人之虚名而已。”②

最后，重视武装力量的建设。在吴禄贞看来，国家军队和地方武装都是重要的武装力量，都是国家和地方的安全保障，必须加强建设。他在东北任职期间就非常重视国家军队和地方武装的建设。1907 年 7 月，当日本

① 吴禄贞:《吴协统意见书》,《吴禄贞集》,华中师范大学出版社 2011 年版,第 213 页。
② 吴禄贞:《吴协统意见书》,《吴禄贞集》,华中师范大学出版社 2011 年版,第 213 页。

侵略者突然侵入我国延吉制造所谓“间岛问题”时，吴禄贞首先前往会见驻扎此地的吉强军统领胡殿甲，知道他们遇到粮饷困难，立即设法为他们解决，又鼓励官兵们以国家利益为重，团结一致，抵抗日寇的入侵，使官兵们受到感召，都表示愿意效命；然后将四营吉强军官兵分派到各个关隘和重要地方驻守。随后，吴禄贞又驰往夹皮沟拜见素有爱国之心的民团（俗称“马贼”）首领韩登举，晓之以理，动之以情，并成功说服他们加入反抗日本侵略者的阵营中来。正是由于有这两支武装力量的存在，才使得日本“朝鲜统监府间岛派出所”在延吉不敢肆意妄为。

延吉边务督办公署设立后，吴禄贞被任命为会办。上任伊始，吴禄贞就建议设法从别处多增派军队来延吉，以防患于未然。因上层担心“贻人口实”，会引发事端，没有同意他的建议。吴禄贞见状，便再建议采用屯田戍边的方法，在三道湾创办屯田军一营，以备长远之计获得上级的批准。

1909 年 3 月，吴禄贞被任命为“延吉边务督办公署”督办，刚一到任，为加强延吉的防务，巩固边陲，又多次向朝廷禀告，请求拨款一百万两银子，编练陆军一镇（两个旅）。然一贯患有“恐外症”的清政府，却以“增兵恐引起交涉”和国库“经费支绌”、无银两可拨为由（见《清宣统朝外交史料》），不予批准。吴禄贞见朝廷既不愿增兵，又不肯拨付经费，知道依靠朝廷是没有希望的。于是，他经过慎重考虑和盘算，并四处奔波，筹集经费，自建新军一镇，又创设屯田军一标，“镇统吴自兼，屯田标统”为同盟会员柏文蔚①，“以此作为外事交涉的后盾，并以备万一”②。

不仅如此，他又很重视警察队伍的建设，使他成为保卫地方平安的重要地方武装力量。为了应对斋藤季治郎的不断骚扰和挑衅，吴禄贞还在延吉设立了边务巡警总局和珲春分局；而为了解决巡警来源的困难，培养一批训练有素、独当一面的巡警人员，以便更好地维持地方治安、防止突发事变，又创办了警务学堂，并选录华民和韩民子弟同入学堂深造，使他们成为延边第一批自己培养的巡警。由此可见吴禄贞对武装力量建设的重视。

第二节　吴禄贞的古文创作

吴禄贞的一生十分短暂，仅在这个世界上生活了 32 个春秋。然而，他

---

① 柏文蔚著、文明国编：《柏文蔚自述・五十年大事记》，人民日报出版社 2011 年版，第 22 页。

② 金元山、王晓兵：《中日“间岛交涉”与宋教仁、吴禄贞》，《日本研究》1993 年第 1 期。

在从事紧张、危险的民族民主革命活动之余，还为后人留下了数十万字的珍贵的文字财富。这些珍贵的文字财富大多为政论性著作、政论性文章和往来信函、电文，其中以《致徐世昌函》《延吉边务报告》《为外务部代拟驳复日本之节略》《经营蒙古条例》《东四盟蒙古纪实》《致清内阁电》等为代表。它们无不表现出吴禄贞献身民族民主革命事业，为实现革命理想而置个人安危于度外、不屈不饶、顽强奋斗的革命精神和强烈的爱国忧民的思想情怀。

其《致徐世昌函》，三千余言，写于光绪三十三年（1907）。当时，清政府迫于日本政府的压力，准备答应日本政府派兵过江（图们江）驻扎的无理要求。时任清政府陆军正参领兼吉林帮办的吴禄贞得知消息，立即给东北三省总督徐世昌写了这封信函。在信函中，吴禄贞坚决反对让日军过江驻扎，并从四个方面阐明了不可让日军过江驻扎的原因；接着从五个方面向徐总督提出我国应该采取的紧急应对措施；随后又从三个方面说明一旦同意日军过江驻扎将带来的隐患；最后，吴禄贞针对此事提出了五点意见。此信函考虑问题十分细致、周全，表现出作者强烈的爱国主义思想。

其《延吉边务报告》，是光绪三十四年（1908）四月吴禄贞针对日本政府提出的“间岛”为朝鲜领土，并“已派朝鲜统监带兵前往保护”的荒谬言行和险恶用心，向清政府提供的一部证明“间岛”自古以来就是中国领土的长篇报告书。该报告除“叙言”外，共分为“延吉厅疆域之历史”“延吉厅建设之沿革”“延吉厅之地理”“韩民越垦之始末”“吉韩界务之始末”“日韩谬论之纠正”“日人经营延吉之原因”“日人经营延吉之政策”八章，三十八节，计十三万多字。该报告“调集官私书籍数十种，勾稽图志亦数十种”；又“上考史乘，中稽界碑，下采舆论”；更“旁考列国之舆图，翻译西人之记载，证以日韩之邦志，断以国史及诸名家之著录，荟萃成编”①。正因为该报告既是吴禄贞“聚官私书数十种”，“考证图史，钩稽册籍”，“旁征博采”而成；又是吴禄贞等人在“冒暑就道，跋涉山川，穷极边塞”，进行实地勘测、调查、考察，“躬所阅历，见闻尤确”的基础上完成；而且铁证如山，条分缕析，“持论严正，侃侃不挠”②，所以，日本政府在事实面前，也不得不低头，承认“间岛”为中国的领土。吴禄贞的

① 吴禄贞：《延吉边务报告·叙言》，《吴禄贞集》，华中师范大学出版社2011年版，第71～72页。

② 陈昭常：《延吉边务报告·序》，《吴禄贞集》，华中师范大学出版社2011年版，第70页。

好友钱作骧就曾说：“绶卿在日本，于朝鲜颇有研究，又新得宋教仁所著《间岛问题》一书，故能原原本本，详言其故，卒之折冲樽俎，使日人退让，而延吉厅约数县之疆土，得以保存，非伟男子而能若是乎？”①

其《为外务部代拟驳复日本之节略》是吴禄贞于宣统元年（1909）初，代外务部所拟、逐条驳复日本政府关于“中韩界务问题”的长篇节略。它约一万三千余言，是所谓“间岛问题”交涉中，清朝政府驳复日本政府的最后也是最重要的外交文件。光绪三十四年（1908）十二月间，日本驻华公使伊集院照会清政府外务部，对所谓“中韩界务问题”提出种种诡论和伪证，企图从根本上否认延吉为中国领土，并对我国此前提出的论证，全部予以推翻。面对日方的诡辩，震于日方的压力，清政府惊慌失措，遂急调吴禄贞入京计议。宣统元年（1909）二月十七日，清政府外务部正式发布这个长篇节略，驳复日本政府。“节略”以大量、翔实的证据，逐一推翻和驳斥了日本政府提出的诡论，用铁的事实向世界证明，延吉一带自古就是中国的领土。故王芸生在其所著之《六十年来中国与日本》中述及此事时指出：“此节略……在历史及学术上均有重大价值，对当时交涉尤为有力。盖此节略发出后，日本即不再坚持所谓‘间岛’非中国领土矣。”②

早在光绪三十二年（1906），吴禄贞准备游历、考察西北的陕西、甘肃、新疆、蒙古时，便开始研究东四盟③和蒙古；至宣统二年（1910）春，吴禄贞被授命为镶黄旗蒙古副都统后，更是集中精力考察、研究东四盟和蒙古，相继完成了他的重要著作《经营蒙古条议》和《东四盟蒙古纪实》。

其《经营蒙古条议》，大约写于光绪三十二年（1906），包括“经营蒙古之意见”“政治之改革”“兵事之必要”“移民之政策”“宗教之改革”“教育之必要”“设立银行之必要”“银行之计划”“铁路之计划”“交通之计划”“工艺之振兴”“牧畜之改良”“森林之培育”“沙陀之改良”

① 钱作骧:《跋吴禄贞延吉厅边务报告书三卷》,《张难先集》,华中师范大学出版社2011年版,第48页。

② 见《吴禄贞集》,华中师范大学出版社2011年版,第195页注解。

③ 东四盟:又称“三市一盟”,指的是内蒙古东部的赤峰市(昭乌达盟)、通辽市(哲里木盟)、呼伦贝尔市(呼伦贝尔盟)和兴安盟。它们行政上属于内蒙古自治区,属于沈阳军区管辖范围。清末时,东北三省有不少居民迁徙到内蒙古东部地区谋生和定居,使得这个地区的民俗、方言、生活习惯都发生了巨大变化:既有蒙古风情,又有东北民俗,形成了一种特殊的东蒙—东北地区的民俗文化。故过去广义的东北地区就包括辽宁省、吉林省、黑龙江省和内蒙古东部的三市一盟。

“矿产之开采”“马贼之安置”“盐法之改良”等十七节，计三万七千余字。他主要是强调蒙古所处位置之重要，为清政府或新的民主共和国全面建设、治理蒙古提供咨询建议。

其《东四盟蒙古实纪》，大约写于宣统二年（1910），包括“蒙古之制度”“蒙古之宗教”“蒙古之人民”“蒙古之风俗”“蒙人之生计”“蒙人之牧畜”“蒙人之交易”“蒙人之愚顽”“蒙人之性质”“蒙古之医术”“蒙古之兵队”“蒙古之家庭并嗜好”“蒙古王公及官员对于人民之虐政”“蒙汉之畛域”“蒙古之富”“蒙古之贫”“蒙古之外感”“蒙古之道路”“蒙古之钱法”“蒙古之沙陀”“蒙古之草甸”“蒙古之森林”等二十二节，计二万五千余言。它主要是向国人介绍蒙古的政治、制度、宗教、经济、军事、牧业、林业、农业、医疗、交通、文化和蒙人的风俗、生活习惯以及自然生态环境等方面的情况，为当政者全面了解与综合治理蒙古提供借鉴。

其《致清内阁电》，一千余言，写于宣统三年（1911）九月。电文中历陈武昌起义后全国的形式以及清政府派兵南下围攻武昌起义军所造成的惨烈状况，用其说明“压制之力愈大，而反抗之祸愈烈”的道理；最后明确要求朝廷将“督师无状”的陆军大臣荫昌“严行治罪”，并“明降谕旨，大赦各省革党，速停战争，庶可以息兵革之祸，而救危亡之局”。从表面上看，吴禄贞的这份电文完全是站在清政府的立场说话，而实际上是要为武昌起义军争取时间，缓解压力，取得战争的主动权，以夺取革命的最后胜利。

吴禄贞的这些著作、文章、信函和电文，不仅能以政治家的立场、军事家的眼光和政论家的胸怀为之，使其具有丰富的思想内容和情感；而且能以文学家的笔调出之，使其具有极强的文学性和可读性。请看下面这段文字：

> 是以欲蒙古终为我有，不得不练重兵；欲练重兵，当有一切之预备。屯驻镇隘，何处宜大兵，何处宜小队，则军区之分划不可不筹；饷糈设备，必量地之所产分道转运，则粮道之计划不可不筹；军需之接济，军队之援应，资山道以运送，既迟时日，又糜款项，则铁道之计划不可不筹；兵贵神速，消息不灵，则军令之宣布，警报之通告，彼此恒不相应，则变通之计划不可不筹；盗贼充斥，易后兵戎，苟善用之，则可练成劲旅，则马贼之安置不可不筹；国事方殷，财政支绌，必使兵闲常备，似此少数之财何以求众多之军，则屯田之政策不可不行；蒙民疲

弱，无可与为，非大可振作，缓急无可相需，则义务兵之法律不可不行。[①]

作者在这段文字中强调，我国只有作好充分准备，才能完全掌控蒙古，才能防止外国的窥视与进犯。在行文中，不仅采取了长句与短句相间的方法，读起来朗朗上口，铿锵有力；而且运用排比句的句式，一口气贯串下来，既使文章显得极有气势，又使理由充分，无可辩驳，让人信服。

又例如：

现有鄂中父老多人哭诉前来，鄂垣倡乱，本少数革党所为；自官军占领汉口，始以巨炮轰击；继则街市被焚，烟焰数日未熄。兵骄将悍，纵肆杀戮，奸淫掳掠，无所不为，商民外窜一空。即被伤之兵，亦无不盈口珍宝。此等举动，施之外国战地，借以灭其种耗其财，犹为公法所不许，况在本国财赋荟萃之区，热民生命财产，忍令妄遭荼毒，此岂朝廷用兵本意乎？现又闻由京运二十四生的大炮四尊，预备攻城，残酷实无人道；武汉人民，哭声震地等语。部下将士闻之坠泪。禄贞桑梓所关，尤为心痛。[②]

作者这段话的用意在说明“压制之力愈大，而反抗之祸愈烈”；而最终的目的，从表面上看是要求朝廷将“督师无状”的陆军大臣荫昌“严行治罪”，并“明降谕旨，大赦各省革党，速停战争，庶可以息兵革之祸，而救危亡之局”；实际上是要为武昌起义军争取时间，缓解压力，取得战争的主动权，以夺取革命的最后胜利。语言通俗流畅，句式富于变化，亦采用长句与短句相间、骈散结合的方式，增强了表达的效果。

再请看：

图们南绕，白山东迤，大陆中开，方四千里，剖判隰原，经划疆理，神皋隩区，山河表里。述延吉厅之地理第三。

我皇初元，韩民越垦，月戴耰锄，云屯锸畚，田许牛蹊，户闻犬警，圣德同仁，弃捐不忍，受以氓廛，籍诸国境，纳税输租，结庐成井，庇宇望恩，假田忘返，东隅虽失，桑榆未晚。述韩人越垦之始末第四。

---

① 此段话引自《经营蒙古条议·兵事之必要》，见《吴禄贞集》，华中师范大学出版社2011年版，第11页。

② 此段话引自《致清内阁电》，见《吴禄贞集》，华中师范大学出版社2011年版，第224页。

……

日人墟韩，思拓其土，摭拾唾余，横肆簧鼓，土门豆满，臆说分歧，间岛之名，昔无根依，爰据载籍，敢告职司。述日韩谬说之纠正第六。

平原膴膴，膏腴之薮，五金累累，矿藏之母，摄缄固扃，为大盗守，投骨于地，噬争群狗，利之所趋，恐居人后，地不自治，民不我有，物腐虫生，其来已久。述日人经营延吉之原因第七。①

以上的四段话，全部用以四字句式，不仅分别简括地介绍了延吉的地理形势、韩人越垦之始末、对日韩谬说的纠正和日本企图侵占延吉的原因；而且文字简洁，概括力强，音韵铿锵，朗朗上口，简短有力，便于记诵，充分展示了作者深厚的文学功底和驾驭语言的能力。

总之，吴禄贞留给后人的著作和文章主要是政论。这些政论不仅观点鲜明，内容丰富，充满强烈的爱国主义思想情感；又条分缕析，证据充足，论说充分，具有很强的感染力和说服力；而且文字简洁明快，句式灵活流畅，极富文学色彩，既可当政论著作来读，亦可当文学作品来读。

第三节 吴禄贞的诗歌创作

吴禄贞不仅是一位青年军事家和政论家，还是一位革命诗人。他的诗词创作从少年时代即已开始，在去世前，曾自己编定有《西征草》和《戍延草》两集。去世后，其好友谢柄朴将前两集合刻编印为《吴烈士遗诗》，计 58 首。今天我们能见到的吴禄贞创作的诗词作品，大约六十首。吴禄贞的这些诗词作品，主要创作于他生活的后期；他生活的前期虽然也有诗词创作，但由于时局的动荡以及忙于民族民主革命活动，大多已经散佚，留存至今的则极少。

吴禄贞自少年时期投笔从戎起，就希望自己也能像古代的英雄豪杰一样，出将入相，干出一番大事业来，既能彪炳史册，又能光宗耀祖，故写了不少表达自己远大理想、抒发自己豪情壮志的诗词作品。请看其少年时期所作之《无题》云：

开卷喜读战国策，需笔爱草从军赋。安得一战定三韩，投笔从戎争先赴。

---

① 以上四段话出自《延吉边务报告 · 叙言》，见《吴禄贞集》，华中师范大学出版社 2011 年版，第 72 页。

此诗写于光绪二十二年（1896），时诗人年仅 17 岁。当时，湖北新军工程营成立，诗人毅然抛弃科举仕进之路，投笔从戎，报考、并被录取成为一名工程营士兵。全诗虽然只有四句，28 个字，却将少年吴禄贞胸怀大志，敢于斗争，敢于胜利，盼望自己能像古代英雄豪杰一样驰骋疆场，建功立业，报效国家的大无畏精神充分表现出来。

光绪三十二年（1906）秋，吴禄贞挣脱牢笼，前往西北考察，这种表达远大理想和雄心壮志的作品就更为突出。如其《过荥阳观楚汉战迹吊项羽》写道：

征途跃马走荥阳，东京西索水茫茫。形胜巍然多绝壁，楚汉纷争古战场。秦皇并六国，遽使英雄成霸业。漫笑风云争竖子，项王毕竟人中杰。书不读、剑不学，只凭豪气凌霄汉，汉高闻名胆为落。鸿门会上何其雄，八千子弟气如虹。七十二战无不利，天下无敢撄其锋。荥阳城外楚歌激，不信汉军环四壁。大声狂呼战无罪，英雄独立乌江泣。呜呼！堪叹项王失败处，万人何足称劲敌。潇潇京索水声悲，土晕苔花般战迹。愿率中原强健儿，为君一扫伤心迹。

此诗是吴禄贞由豫入陕，途经荥阳，凭吊楚汉相争的古战场时所作。项羽（公元前 232—公元前 202 年），名籍，字羽，秦下相（今江苏宿迁西南）人。他是中国军事思想“勇战派”的代表人物，与“谋战派”的代表孙武等人齐名。项羽出身楚国贵族，在秦末农民起义中，同叔父项梁斩杀会稽太守殷通，举兵反秦，并迅速崛起。巨鹿（今河北省邢台市平乡县）之战后，率军入关中，以五诸侯灭暴秦，威震海内。秦亡后，仗势分天下，册封十八路诸侯，自立为“西楚霸王”。项羽不仅勇武出众，气魄盖世，还留下了千古名作《垓下歌》。公元前 203 年 12 月，项羽在垓下（今安徽省宿州市灵璧县东南）被韩信、彭越和布英合力打败。不久，项羽率八百楚军突围至乌江（今安徽省马鞍山市和县乌江镇），前无法进，后无法退，乃自刎身亡，时年 31 岁。诗中不仅热情赞颂了项羽的辉煌战绩，将当时项羽敢于斗争、敢于胜利、叱咤风云的英武形象，写得栩栩如生；而且对项羽的不幸失败深表同情和惋惜，将项羽走途无路、宁死不屈的英雄气概描绘得淋漓尽致。我们完全有理由说，诗人在这里就是借歌颂项羽这位古代英雄来表达自己的雄心壮志的。

又如其《戏步项王垓下歌韵》云：

人生三万六千日兮为一世，拔刀断水兮令东流逝！海枯石烂兮奈我何，我兮我兮奈此天地何？

项羽的《垓下歌》，虽只有短短的四句，却写得气势磅礴，气吞山河，是传诵千古的名作。吴禄贞的这首诗，虽然也只有短短的四句，思想内容却极其丰富。诗中说：人生在世不过百年，大丈夫就应该乘势而起，驰骋疆场，干一番大事业，绝不能让大好光阴像江水一样白白流逝；作为一名革命者，不仅要有远大的理想和抱负，而且在任何艰难困苦的情况下，都不能动摇。诗中既抒发了革命者“只争朝夕”的革命精神，又表明了革命者要与清朝统治者斗争到底的坚强决心，可说是革命者对统治阶级的公开宣战。

再如其《渑池观秦赵会宴纪念碑有感》曰：

秦并六国启雄图，虎视关中何逐逐。兵如刺蜚言循环，诸侯无敢不宾服。秦赵争冲酣战久，忽报渑池会杯酒。大开函谷置高宴，巩固邦交是耶否？呜呼！秦人虎狼不可知，会中衷甲将何为？怀王入关不得归，遗民三户楚人悲。相如会上佩长剑，受辱恐为君国玷。忽闻赵王为鼓瑟，怒发冲冠赤浮面。坐上瑟声尚未已，相如进缶秦王耻。请为吾君鼓一曲，两国原来称敌体。呜呼！赵瑟秦缶今何在？土台石碑留故址。爱国须如蔺相如，恨未躬逢拔剑起。

此诗是诗人到达渑池（今河南省三门峡市渑池县），观赏完战国时秦昭王与赵惠王会盟纪念碑后所作。诗中叙述了当年秦王兵雄民富，国力强盛，虎视关中，迫使六国“无敢不宾服”的威风；他举行“渑池之会”并非为了巩固秦赵的邦交，而是为了威逼赵国并使之臣服的史实，着力刻画了蔺相如在会上身佩长剑，见秦王命赵王为之鼓瑟以羞辱赵王，乃“怒发冲冠赤浮面”，毅然上前逼迫秦王为赵王击缶以羞辱秦王的大无畏英雄形象。此诗的最后两句，更是揭示了诗人歌颂、赞扬蔺相如的深刻含义——革命者就要像蔺相如那样，当君主、国家、民族、人民的利益受到威胁或损害的时候，就必须将自己的生死置之度外，挺身而出，与强敌作坚决的斗争。诗如其人，吴禄贞后来在与日本政府进行“间岛问题”交涉的过程中，就是这么去做的。

吴禄贞是从农村走出来，并经受过时代苦难的革命志士，当他看到国家衰弱破败、经济凋敝，人民贫困苦难、流离失所之时，一种高度的责任感，一种深沉的忧虑，不禁油然而生。如其《过硖石山狂吟》写道：

硖石山上秋风起，西征壮志何时已？道路崎岖限戎马，缩地神方思费子。昂头西望玉门关，班超事业何足齿！誓将蹈遍中央亚细亚，乌拉山头树界址。回马再上喜玛峰，大阐释迦牟尼之禅宗。东方大陆起蛟龙，请看亚雨压欧风。漫笑狂吟无足道，从来时势英雄造。雄图争说铁木真，我何人斯发啸。

此诗是诗人登硖石山（今河南省三门峡市陕县东南）时所写。诗人留学归国后，满怀激情，希望能施展自己的才华，报效祖国，却处处受到清政府的阻碍和限制；如今，自己不顾道路的艰险崎岖，奋力前行，登上硖石山，遥望西北，只见雄关险道重重，河山莽莽一片。每当想到自己美丽的国家正在被帝国主义列强蚕食、瓜分，而腐朽的清政府却仍然屈膝忍让，一种深深的忧虑就油然产生。诗人多么希望能有铁木真那样的英雄出现，成就雄图大业。

又如其：

秋柳成行似晚烟，残黄落叶实堪怜。无情莫怨西风起，恨未相逢二月天。

西出潼关道，青青柳似烟。迎风时起舞，媚态有谁怜？

——《华阴道咏秋柳》（二首）

晚烟漠漠已深秋，暮鸟喧鸣声带愁。策马不知前路远，灯光数点望城楼。

——《夜望华州口占》

十年乍领间中趣，天地阴阳一任之。春色一园雨过后，边风万里燕旧时。封侯空博深闺怨，持节常吟出塞诗。旧梦新愁谁遣得，对君须尽酒千卮。

小园雨过草离离，绿叶斜阳满树枝。三十功名同慷慨，少年意气尚淋漓。尊前北海常留客，海外东坡且赋诗。假我春光无限好，莫教惆怅负花期。

——《雨过程子端北园小饮即席限韵》（二首）

诗人无论是在四处奔波、探索新路的艰难旅途，还是在京中与家人、朋友团聚的幸福时刻，无时不在忧虑着国事。国家的前途命运总是让他牵肠挂肚，耿耿于怀。每当看到外敌横行，山河残破，清廷腐败，国是日非，风寒叶黄，飞鸟哀鸣，老百姓日夜挣扎在生死线上的时候，诗人那种深沉的忧虑就自然而然地从诗歌的字里行间流出。

再如其《步王梧生先生已酉守岁原韵》（十首之九）写道：

风人雅旨托于诗，三复流连有所思。时事是非千古定，缠绵忠爱几人知。高情宁有饥寒惧，顾影谁怜冰雪姿。寄语穷愁孟东野，象虽毁齿豹存皮。

此诗写于宣统元年（1909）除夕。这一年，吴禄贞被朝廷任命为陆军协统、延吉边务督办。吴禄贞到任后，不仅在各重要地点设立派办所，建立戍边楼，严防外敌入侵；又积极整顿防营，训练新军，保护边防安全；还修筑道路，便利交通，兴办学校，教育边民子弟，将延吉治理得井然有序。吴禄贞在延吉卓有成效的建设业绩，让日本侵略者感到害怕，使他们没有可乘之机，便不断挑恤、生事，对清廷施加压力。清政府亦屈服于日本强盗的淫威，下令将延吉边务公署撤销，免去吴禄贞的职务，调回京师。在诗中，吴禄贞对清政府一味忍让、妥协的做法表示出极大的愤慨，对时事表示出重重忧虑。

每当诗人看到外国列强在中国横行霸道，国家日益贫弱破碎，人民日益穷困苦难，而统治阶级仍然在花天酒地、醉生梦死、勾心斗角、尔虞我诈，完全不关心国家的前途命运和人民的疾苦时，就异常痛心和愤怒。如其《过华岳狂吟》写道：

策马过华岳，我气何熊熊。手把三尺剑，砍断仙人峰。问我何为者，恨汝无神功。西陲正多事，汝独如痴聋。不能诞英灵，为国平西戎。累我天山路，长征雁寒风。既辜生灵望，未免负苍穹。待我奏凯歌，再拜告天公。

诗人在途经华山时，自然想到沙俄这些年来不断在我国新疆边境出没，侵占我国领土，这个隐患不除，我国边防将永无宁日。可腐朽的清政府却视而不见，不闻不问。每当发生冲突，便将祖国神圣的领土拱手割让给侵略者。每当想起这些，诗人就怒发冲冠，感到无比愤慨。在诗中，诗人采用拟人化的手法，对华岳山灵的装聋卖傻、昏庸无能进行了痛斥。很明显，诗人这里是在借题发挥，将华山这座庞然大物比喻成屈膝投降的清政府，斥责清政府昏庸腐朽，丧权辱国，无以面对全国人民；明确而庄严地宣告：人民一定会用革命的手段，推翻清王朝的专制统治；并坚信，胜利属于人民群众，革命一定会获得最后的成功。可以说，他表达出了全国人民的共同心愿。

再看其《放歌步谢大虎文原韵》中说：

水上飘泊鸥与鹭，家在水云乡里住。振翼不必到南溟，万里培风镇古戍。巍然长白望昆仑，辽海黄河悲回诉。笑彼西燕又东劳，处处寒云横野渡。乾坤逼仄复逼仄，大夫升沉遑问数。伤心漆室哀逸马，堪恨苍鹰逐孤鹜。图们不尽水滔滔，筹边且学邯郸步。敌楼夜夜惊烽火，旌旗朝朝卷风露。俯仰华彝几战争，胜败操持岂无故。笔阵可能敌万人，舌锋时亦当武库。尺地寸土肯让人，匣底龙泉光欲吐。安得一战定三韩，貔貅百万争先赴。自古和戎非良策，一误不可况再误。边人未归征人恨，大地河山待鼓铸。君不见茫茫瀛海接青天，细流何用殷勤注。罢戍长歌归去来，一去掉头不回顾。去逐鸥鹭狎烟波，云梦潇湘指归路。一竿闲钓云天月，三昧拂言细参悟。开卷不读战国策，懦豪莫草从军赋。梦访庄生姑射游，醒伴逍遥广漠树。王侯将相傀儡耳，尘土功名何足慕。

光绪三十四年（1908），由于吴禄贞在延吉的治理井然有序，让日本侵略者感到害怕，使他们没有可乘之机，便不断挑衅、生事，对清廷施加压力。清政府屈服于日本强盗的淫威，竟于是年八月下令免去吴禄贞延吉帮办的职务，将他调回京师，这是吴禄贞的第一次罢戍。吴禄贞刚一离开延吉，日本强盗就在边境不断制造事端，且行为肆无忌惮。清政府无奈，只得于宣统元年（1909）四月，让吴禄贞再回延吉，并任命他为延吉边务督办。吴禄贞再回延吉后，对延吉进行了全面的治理整顿，面貌焕然一新。但是，就因为吴禄贞卓越的治理边疆的才能，使他成为日本强盗企图侵吞我国延吉的心头大患和眼中钉。于是，日本政府一面造谣中伤，说吴禄贞故意破坏中日邦交；一面又通过外交途径，指责吴禄贞“就任以来，其行动往往有故意激成事端之嫌”，要求清政府对吴氏进行“严加戒饬”（见《清宣统朝外交史料》第八卷）。腐朽的清政府竟然不识日本强盗的险恶用心，于宣统二年（1910）二月撤销延吉边务公署，免除吴禄贞督办的职务，再次将吴禄贞召回北京。这则是吴禄贞的第二次罢戍。此诗就写于吴禄贞第二次被罢戍之时。诗中对强敌压境，对日寇妄图侵吞我国领土越来越猖狂的行动表示出了深深的忧虑；而对腐败无能的清政府只图苟安一时，不计长远，置祖国的前途命运于不顾的做法，表示出极大的愤慨。诗人虽然说：“罢戍长歌归去来，一去掉头不回顾。去逐鸥鹭狎烟波，云梦潇湘指归路。一竿闲钓云天月，三昧拂言细参悟。开卷不读战国策，懦豪莫草从军赋。”显得颇为沮丧悲观，但从后来诗人的实际行动就可以看出，这只是当时的愤激之词而已。

在吴禄贞的诗词中，表达、抨击腐朽朝廷、黑暗社会这类思想内容的诗作尚有《步王梧生先生已酉守岁原韵》（十首之六）：

乘轺持节去悠悠，万里临边玉塞秋。肯使蛇龙据山泽，直教狐兔匿林邱。一丝知否牵全局，大错何堪铸九州。孤愤满腔郁谁语，竟思披发大荒游。

通过十多年的革命活动，尤其是在延吉的革命斗争实践，使吴禄贞深深地体会到：要取得革命的胜利，仅靠单枪匹马是不行的；必须依靠团体、依靠众人的力量。因此，他特别珍惜同志之间的团结与友谊。如其《潼关望黄河》：

走马潼关四扇开，黄河万里逼城来。西连太华成天险，东望中原有劫灰。夜烛凄凉数知己，秋风激烈感雄才。伤心独话兴亡事，怕听南飞塞雁哀。

此诗写于光绪三十二年（1906）赴陕途中，是一首怀念昔日战友的抒情之作。两年前，诗人在战友们的鼓励、支持下，怀着“不入虎穴，焉得虎子”的雄心，告别黄兴、宋教仁、陈天华等战友，北上入京。临别之际，战友们互道珍重，并相约南北呼应，以完成革命大业。回想自己入京之后，处处受到牵制和压抑，一筹莫展。与战友南北呼应的约定，不知何日可践。如今，自己不得已西走潼关，看到塞雁已经南飞，而自己却不能够难返故乡完成大业，不禁愁肠千转，感叹万端，更加怀念昔日的战友。诗中采用借物抒怀的方式来表达自己此时复杂的心情，读来情深意切，真挚感人。

又如其：

斗韵新诗迅织梭，胡天风月尽收罗。一篇宝剑怀元振，雨字金兰感戴和。烽火三年筹笔驿，归装重整负书驼。临歧笑指图们水，万里著波好濯磨。

——《罢戍将归留别图们江乃叠前韵寄侗伯》

连袂今五载，临歧酒一樽。佳诗翻旧恨，别泪洒新痕。边塞山流黯，阳关日月昏。前途须努力，相对泣无言。

——《步干臣送别原韵即以留别·时干丞留延将之官珲春》

东劳西燕长征客，携手河梁酒一樽。同是天涯春黯淡，偏逢歧路月黄昏。白云片片关山道，芳草离离雨雪痕。水溢松江千里阔，前途一笑欲无言。

——《步干丞韵留别虎文·时文以法官留延》

翳天古树开春路，接地浮云绕翠峰。烽火全消孤塞月，天地远注一松江。气凌五岳支干派，影压三韩岭万重。小驻旌旗怅离别，携将秀色壮行踪。

——《留别长白山》

世人都道从军好，可怜塞上英雄老。莽莽海东天，征衫血汗斑。伤心关塞月，照彻人离别。何处是家乡，江流送夕阳。

——《菩萨蛮·咏老兵》

宣统二年（1910）二月，吴禄贞第二次罢戍，奉命回京。在即将告别、离开延吉之际，吴禄贞满怀深情地写下了一系列诗篇。其中有的是写给自己忠实部下的，有的是写给戍边老兵的，有的是写给自己亲密战友的。既诉说了友朋的恋恋不舍、依依惜别之情，又强调指出如今仍然是“边塞山流黯，阳关日月昏”之时，激励同志们要以国事为重，“前途须努力”；还反复表明了自己虽然暂时与同志们分别，却不会忘记在一起生活战斗过的长白山、图们江和亲密的战友。字里行间流露出他对祖国大好河山和亲密战友们的挚爱深情。这些诗都写得情深意切，令人感奋不已。

吴禄贞对祖国山河、对战友的挚爱深情在《留别戍边楼》一诗中表现得特别突出：

突兀楼台长白隈，郁葱佳气荡余灰。临风几度烽烟急，把酒犹惊羽檄来。万叠峰峦迎我笑，三年幕府为谁开。只今空有白云在，黄鹤飘然去不回。

逶迤连绵的长白山是一道天然的屏障，雄伟壮丽的戍边楼依偎在长白山的怀抱之中，他就像是这天然屏障上的一双双监视敌人的眼睛。充分利用这可攻可守的地理形势建造戍边楼，曾倾注了诗人的许多心血，更凝聚着诗人忠心报国的愿望和理想。与它朝夕相处了三个寒暑的戍边楼，到处都留下了他巡视的足迹，也见证了他的喜悦和焦急。这里的一山一水、一草一木，无不唤起他自豪和美好的回忆。然而，“只今空有白云在，黄鹤飘然去不回”，如今自己要被迫离去，这就等于要中断自己的事业，要舍弃自己的理想，怎么能不让他怅然若失，恋恋不舍呢？短短一首七律，却将诗人热爱自己的事业，热爱祖国的大好河山，热爱自己的亲密战友的深情表现得淋漓尽致。

吴禄贞还曾写过不少描绘祖国美丽风光，歌颂祖国大好河山，表达自己无限热爱之情的诗词作品。如其《虎牢关》写道：

山峰耸翠接云寰，传闻此是虎牢关。北倚黄河南汜水，有如一线环其间。晋人城北事郑国，几次戍兵称要厄。中原逐鹿古战场，悲风十里余腥血。战死鬼雄何足慨，茫茫白骨今犹在。默祝忠魂古健者，同我再上龙沙塞。

此诗写于光绪三十二年（1906）秋。虎牢关，又称“汜水关”，因避唐高祖的祖父李虎的忌讳，亦称之为“武牢关”，在洛阳以东，今河南荥阳市市区西北部 16 公里的汜水镇境内。它作为洛阳的东边门户和重要关隘，因西周穆王曾在此牢虎而得名。其南连嵩岳，北濒黄河，山岭交错，地势险要，自成天险，是通往关中的要道；又有“一夫当关，万夫莫过”之势，乃历代兵家的必争之地；因此，古代很多重要的军事活动皆集中于此，使其成为著名的古战场。吴禄贞赴陕途中，登临高峻险要、雄伟壮丽的虎牢关，放眼远眺，一股自豪感油然而生。

又如其《洛阳行》曰：

> 洛阳伟业不复见，夕阳停马生悲叹。东廛西涧南洛北伊河，几朝官阙于此建。歌舞楼台今若何，可怜荆棘埋铜驼。空余青山青史在，美人豪杰双蹉跎。北邙之上北风起，沧海桑田变不已。繁华如梦竟成空，我来唯怨东流水。

此诗写于光绪三十二年（1906）赴陕途中。洛阳城位于洛水之北，水之北谓之“阳”，故名“洛阳”；又称之为“洛邑”“神都”。境内山川纵横，东临嵩岳，南望伏牛山，西靠秦岭，北依王屋山——太行山，又据黄河之险，自古就有“八关都邑，八面环山，五水绕洛城”的说法。洛阳立河洛之间，居天下之中，既享中原大地敦厚磅礴之气，又具江南水乡妩媚风流之质。自夏王朝开始，先后有商、西周、东周、东汉、曹魏、西晋、北魏、隋、唐、后梁、后唐、后晋等 13 个朝代在此建都，拥有 1500 多年的建都史，是中国历史上建都最早、朝代最多、历时最长、跨度最大的城市；曾先后有 100 多位帝王在此指点江山，因此有“千年帝都”之称，与西安、南京、北京并列为中国四大古都。吴禄贞置身其中，情不自禁地为祖国的壮丽河山感到十分的自豪与骄傲。然而，由于朝代更迭，历年战乱不止，如今“歌舞楼台今若何”“沧海桑田变不已”，以致“繁华如梦竟成空”“空余青山青史在”，使诗人也不得不“夕阳停马生悲叹”。

再如其《戍边楼落成登临有感》云：

> 筹边我亦起高楼，极目星关次第收。万里请缨歌出塞，十年磨剑笑封侯。鸿沟浪靖金瓯固，雁碛风高铁骑愁。西望白山云气渺，图们江水自悠悠。

此时大约写于宣统元年（1909）。吴禄贞就任延吉边务督办之后，为了监视、了解敌人的动向，带领战友们在中朝边境上，建造了不少戍边楼。当戍边楼落成之时，他登上高山环绕的戍楼，放眼远眺，只见峰峦起伏，林木葱郁，戍楼林立，江水奔腾，祖国的大好河山，固若金汤。祖国的边疆多么美丽啊！此时此刻，他意气风发，豪情满怀，为自己能够成为一名战士横刀跃马守卫边疆，使祖国的边疆安然无恙而感到无比自豪。从诗的字里行间，让我们看到了一个胸怀远大、英姿飒爽的青年将领的形象。

综观吴禄贞的诗词创作，其《西征草》“既具有我国边塞诗传统的朴实雄浑的风格”，“又不像唐代边塞诗的色调单纯和悲壮”，它所“表达的复杂心情”，“正是他那个时代充满矛盾斗争的现实生活的反映”。其《戍延草》继续保持了《西征草》的风格，所表现的内容，则“是一个爱国军人在那政治腐败的黑暗社会里历尽坎坷的真实写照”。“如果说《西征草》表现了吴禄贞昂扬向上、一往无前的少年意志，甚至有些略带狂妄的纯真、幼稚的话”；那么，《戍延草》便“显得更加成熟、深沉”。总的说来，吴禄贞的诗词表现出一种“直抒胸臆，感情纯坦真率，语言朴实无华，意兴所至，往往刚锋毕露。那凌霄豪气，远拟陆（游）、辛（弃疾）遗响，近附孙（中山）、黄（兴）义节”的显著特点①。时人廉南湖曾说：“烈士善将兵，初无能诗名，然尝周历燕、晋、秦、辽，穹戍塞北，崎岖关山，放怀高歌，以抒写其胸中郁陶，称山河雄伟之势，加之天性雄烈，于物无不容。”“故其为诗，尤雄直悍快，肖其为人，不肯嗫嚅作儿女态。”②商务印书馆董事长张元济先生早年亦认为：“绶卿不必以诗传，而能使后之读者想见其为人。”③

第四节　吴禄贞的其他文学创作

除了前面所谈到的古文和诗歌创作之外，吴禄贞尚有其他的文学创作，比如奏章和日记（即《沿途日记》）。

在封建时代，奏章（亦称“奏折”“奏本”“折子”）是朝野大臣向朝廷最高统治者——皇帝言事、表达个人意见的一种书面方式。而二十世纪初，随着电报的发达和广泛使用，一般情况下，已多改用“电报”，这样来得更加快捷、简单、方便。然遇重大事情、且不是那么紧急，则仍使用“奏章”的形式。吴禄贞作为曾经的地方大吏（延吉边务督办、署理山西巡抚）、军事高级长官（镶黄旗蒙古副都统、陆军第六镇统制），自然熟悉、而经常需要使用这种文章形式。惜今《吴禄贞集》中不见收录有所写

① 李洛川：《吴禄贞遗诗检读后记》，见《吴禄贞集》，华中师范大学出版社 2011 年版，，第 284 页、288～289 页。

② 廉泉：《吴烈士遗诗序》，《吴禄贞集》，华中师范大学出版社 2011 年版，第 255 页。

③ 张元济：《吴烈士遗诗序》，《吴禄贞集》，华中师范大学出版社 2011 年版，第 254 页。

奏章。而笔者有幸阅读到由吴禄贞领衔，并联络当时在京中任职的哈汉章、卢静远、易迺谦、文华、富尔逊、图国盛等留日士官生向朝廷呈递的《为已故大学士张之洞官鄂最久，功德在民，请建专祠事折》①，因《吴禄贞集》中未收，故全文移录于此：

镶红旗蒙古副都统臣吴禄贞等跪奏，为已故大学士张之洞官鄂最久，功德在民，请建专祠，吁恳天恩，俯准建立专祠，恭折仰祈圣裁事。

窃原任大学士张之洞，以翰林起家，初掌文衡，叠膺疆寄，洊陟纶扉。去岁因病出缺，海内人士均以老成凋谢，同声惋惜，宦迹所历，追悼弥殷，皇上笃念荩臣，恤谥有加，已属无可赘渎。

惟该故大学士，敭历中外四十余年，自同治七年视学湖北，光绪十三年总督湖广，先后官鄂二十余年，在官最久，政绩最著，所以系人民之去思者亦特深。自该故大学士入阁后，学界立有"抱冰堂"，军界有"广雅堂"，以表甘棠之念。闻该故大学士卒于位，则皆私设木主，春秋致祭，犹采贤臣祀典功德在人与建专祠之例，函商臣等同乡京官，以为宜具奏请旨建立专祠。上副朝廷之褒崇，下永人民之讴颂。

臣等窃维该故大学士历事先朝，公忠廉正，内赞大计，外镇兼圻，与故直隶督臣李鸿章，皆以宣勤最久，勋望相埒。凡所设施，类能先天下而独忧，登斯民于衽席。

溯自粤匪倡乱，湖广屡被蹂躏，克复以后，故抚臣胡林翼，竭力支拄，恃以供给中原，虽战守有资，而疮痍未复。该故大学士莅位任，鉴外辱之纷乘，图内力之充实，休养生息，民团渐苏，其为政务以开濬利源，使政费有出，事业无废，而民不觉扰累。

比年以来，湖北以小省而负担义务特重，皆故大学士扩张官营事业，为收入大宗，辅以消费各税，故贫民之加担有限，公家之岁入骤增。近因税源纳诸中央，官业日即收缩，财用告匮，新政渐停，益知故大学士之苦心焦思，为鄂民筹教养之资者，其功德终不可谖也。平生事迹不可殚书，谨就臣等闻见所及，分条汇述，为我皇上陈之：

一曰学政。教育一端，该故大学士最所置重，自视学湖北，即建经

① 《为已故大学士张之洞官鄂最久，功德在民，请建专祠事折》，中国第一历史档案馆藏《录副奏折档·光绪朝职官类》；转引自孔祥吉《日本档案中的张之洞与革命党——以吴禄贞事件为中心》，《福建论坛》2010 年第 5 期。

心书院，讲明经术。及在总督任内，首建两湖书院及武备、自强各学堂，规模宏远，成就甚众。值兴学命下，复广建师范、实业、方言诸学。省垣之内，广厦如林。犹恐地方教育未能普及，力筹赔款而以各州县认捐款项拨还，就地办学。于是，鄂省境内立校始遍，岁选茂异，分赴东西洋就傅，费赀颇巨，造士之多亦甲于天下。京内外举行新政，率皆借财为用，此其办学之明效也。

一曰军政。光绪二十一年湖北陆军改用新法。该故大学士首注意于将才、军器，广置军学，资遣出洋学生，以资教练。创设枪炮厂、无烟药厂，植中国军械专厂之初基；又购置兵轮、鱼雷艇，以重江防。长江上下恃以镇摄（慑），此其练兵之实绩也。

一曰实业。通商以来，武汉浸成巨阜（埠），而输入日增，漏卮难塞。该故大学士创建纺纱织布、缫丝、制麻各厂，以抵制外货；设劝业、善技、益智各场，以启迪民智。修水利以防氾滥，铸银币以资运转，倡办京汉各路以利交通，开采煤铁诸矿以辟地利。凡有兴作，不避艰巨，此其振兴实业之惠政也。

他如建言定策，条陈时政，利赖所及，更仆难终。而最关大局者，尤在庚子变乱，保护东南平和之举，维持半壁，转危为安，其功固在朝廷而不限于一隅，然全鄂人民，获免涂炭，以是尤思该故大学士不置。此次请修祀典，实出于爱戴至诚。前两江总督臣张人骏奏请于江宁建立该故大学士专祠，业经奉旨俞允，而鄂民受惠尤深，感恩弥笃。臣等夙托门墙，克聆绪论，念以养以教之功，怀树木树人之计，凡所尽节于朝廷，多承故相之熏育，众情怀德，江汉同深。

叠经在籍绅民函商臣等，意见佥同，合无仰恳天恩，俯准于湖北省城，捐建该故大学士专祠，由地方官春秋致祭，以隆报事而顺舆情。出自逾格鸿施，谨合词恭折具陈，伏乞皇上圣鉴训示。谨奏。

这篇奏章是在张之洞去世一年之后，吴禄贞等人应湖北士绅之请，具折上奏朝廷的。张之洞早年曾官湖北学政，中晚年又出任湖广都督十数年，建树颇多。故奏章中不仅称赞张之洞“先后官鄂二十余年，在官最久，政绩最著，所以系人民之去思者亦特深”；而且还从学政、军政、事业三个方面具体而又充分地肯定了张之洞在湖北的突出贡献，使湖北成为“以小省而负担义务特重”的先进地区，因而“鄂民受惠尤深，感恩弥笃”，且“爱戴至诚”，是张之洞去世后对其政绩评价最高的奏章之一。从中亦可看出吴禄贞等弟子对张之洞在他们归国以后所给予的各方面关照的真挚的感激之情。

如果我们从另外一个角度来阅读、欣赏这篇奏章，就会感到其文笔流畅，文字朴实无华，叙事简洁明了，且时常短句、长句相间，阅读起来朗朗上口，抑扬顿挫，完全可以称得上是一篇简短平实的新体散文。

《沿途日记》（不分卷，钞本2册），是吴禄贞和同乡好友周维桢于光绪三十二年丙午（1906年）考察西北期间合作所记。《沿途日记》今藏于日本京都大学图书馆人文科学研究所东亚人文情报学研究中心，由兰州大学历史文化学院民族学博士聂红萍整理。

《沿途日记》的内容比较丰富，具体记载了“作者于丙午年十月初二至十一月十一日（1906年11月17～12月26日），从陕西醴泉至甘肃凉州的每天行程，以及沿途接送官员、交通商贸、形势地理、物质供给等情况”①。

《沿途日记》的价值是多方面的，其主要表现在以下几个方面：

其一，具有甚高的史料价值。而在这一点上，又表现在以下几个方面：第一，使一百多年来史学界一直没有定论的“吴禄贞西行最远抵达何处”的问题得到明确答案。关于吴禄贞此次赴西北考察最远抵达何处的问题，已有的文献记载皆说法不一。《故燕晋联军参谋周君碑铭》中记载说：吴禄贞和周维桢“历山西、陕西入甘肃，遍览玉门、嘉峪形势……至肃州、奇台而返”②。按其中的说法，吴、周二人最远的行程是到了奇台（今新疆昌吉回族自治州奇台县）。而国民党中央党史史料编纂委员会所编写之《吴禄贞》中却说：吴禄贞一行自西安抵达甘肃兰州后，就被陕甘总督升允以“沿途滋扰的罪”，将“他押解回京”③。按其中的说法，吴、周二人最远的行程只到达甘肃兰州。今据吴、周二人所写之《沿途日记》可知，他们二人此次西北考察的最远行程是抵达凉州府城（今甘肃省酒泉市凉州区）。由此可见，前二说均误，或者说均不准确。

---

① 聂红萍：《〈沿途日记〉与吴禄贞西北考察》，《暨南学报》（哲学社会科学版）2019年第2期。

② 《故晋联军参谋周君碑铭》，《吴禄贞史料集（石家庄文史资料第十二辑）》，中国人民政治协商会议河北省石家庄市委员会文史资料委员会，1991年，第157页。

③ 国民党中央党史史料编纂委员会：《吴禄贞》，《吴禄贞集》附录，华中师范大学出版社2011年版，第265页。

第二，吴禄贞和周维桢在陕甘境内考察的待遇变化极大。吴禄贞和周维桢从陕西醴泉一路至甘肃兰州，沿途皆受到地方官员的热情接待，每到一地，“宿大公馆，食用一切先已预备齐整”①。不仅如此，当“沿途州县探知（吴、周）自东来办差”，遂“迎送拜谒纷纷，每力辞之不得”；以致吴、周不得不“由此昼眠夜走，不按站行，庶免应酬杂沓之习”②；更有甚者，抵达兰州后，“探访者纷纷，多不近情”，吴、周只得“概谢绝”③。自从在兰州拜见陕甘总督升允并受到其刁难之后，吴、周“自兰州西去”，沿途再也不见有地方官员接待，每到一地，“旅店不备饭食，非自炊无以果腹”；再也没法“宿大公馆”，只能宿于沿途条件很差的客店、车店，常常是“宿客拥挤，无栖息所，徘徊檐下。寒风逼人，层冰满道，重裘不暖，饥肠欲鸣，静候卅分钟之久，始觅得偏室一所”④；有时旅店条件“荒陋”，不仅“饮食茶水皆须自炊自爨”，而且“店内桌几皆无，荒榻一具，浮尘寸许，无坐卧处，朝夕昏晨，趺坐车里，虽两膝麻木，亦徒唤奈何”⑤。

第三，较早地记录了甘肃省聘请德国工程师在兰州修建黄河铁桥之事。《沿途日记》中记载：

> 出西关渡黄河，浮桥宽约三百米，下建廿四艘，旁系巨缆，两岸以铁柱镇之，系明代洪武时所造。闻每年冬至后三九之日，河冻即成冰桥。车马皆踏河而过，冰融后再敷设。现闻将建铁桥，聘外国工程师，估工需十万余两。⑥

关于兰州建造黄河铁桥的大致情况是：光绪三十二年丙午五月（1906年7月），甘肃省与德国泰来洋行正式达成修建兰州黄河铁桥意向；同年九月二十一日（1906年10月28日），中德双方达成一致意见，并签订了《总办甘肃全省洋务总局彭英甲等与德国泰来洋行喀佑斯拟定包修兰州黄河铁桥合同》。随之，修建兰州黄河铁桥的筹备工作全面展开，历时三年，至宣统元年己酉七月初四日（1909年8月19日）正式建成通车。该桥有6墩5

① 日本京都大学图书馆人文科学研究所藏《沿途日记》丙午年十月初五日。
② 日本京都大学图书馆人文科学研究所藏《沿途日记》丙午年十月廿三日。
③ 日本京都大学图书馆人文科学研究所藏《沿途日记》丙午年十月廿五日。
④ 日本京都大学图书馆人文科学研究所藏《沿途日记》丙午年十一月初九日。
⑤ 日本京都大学图书馆人文科学研究所藏《沿途日记》丙午年十一月初八日。
⑥ 日本京都大学图书馆人文科学研究所藏《沿途日记》丙午年十月三十日。

孔，全长234米，宽7.5米，与济南道口铁桥、郑州铁桥同列为黄河上的“三大桥梁”。1928年，为纪念孙中山先生，将此桥改名为“中山桥”，沿用至今。

其二，军事上亦具有颇高的价值。《沿途日记》中记载：

（凉州）就现时军事上之观察，对内防外皆为要冲，何者？自兰州至古浪五六百里间，为长狭之谷地，至此则一望平原，正当谷道之口，实属兰州之门户。此地一失则山道崎岖，皆用兵之所，此对于兰州为保障之要地者。一也。凉州为河西中权，北可控制蒙古，南可防御青番两处，一有蠢动，则此处为必争之要地。若镇守得人，则足以制其死命，而不至糜烂甘省之全局。此对于蒙古、青海为防守之要地者。又一也。凉州位置介兰、肃二州之间，地势平坦，人烟稠密，物产殷富，采买称便。新疆有事，则此地为转运至要区，而亦宁夏、兰州、固原等处兵队之好集合场地也。此对于新疆为策应之要地也者。又一也。有此三者，则此地为军界平时所亟宜研究也明矣。

（凉州）杨（洋）芋所产最盛，农民多食之，可买数十万斤……（小麦）每年约可买二万石……各种杂粮亦可数万石……煤炭每日可买万斤……马可买二千匹，驴可买四五千匹，骡可买五六百头，上者值百金……（驼）上等约值四十两，可买五六百匹……牛产番地，价廿两，约可买千头。羊多而佳，每头需钱千文，数万不难致也……以上各物征发时皆不止此数。①

吴禄贞和周维桢的此次西北考察，就是为以后在西北实行革命大举而做准备的，因此一路上特别注意从军事角度考察、分析各地情况。在他们看来，“凉州”“介兰、肃二州之间”，无论是“对内防外”，都是一处兵家“必争之要地”。且此地“地势平坦，人烟稠密，物产殷富，采买称便”。一旦新疆或蒙古“有事”，此地不仅是“宁夏、兰州、固原等处兵队之好集合场地”，而且成为物资的“转运至要区”，其中还为军事行动提供了不少有价值的信息，所以建议“军界平时所亟宜研究”此地。

除“凉州”之外，在吴禄贞和周维桢看来，醴泉城“西关外即属乾州地，出城里余地势高亢，驻此可控扼一切”②；平番城“据金羌河之北，地

① 日本京都大学图书馆人文科学研究所藏《沿途日记》丙午年十一月十一日。

② 日本京都大学图书馆人文科学研究所藏《沿途日记》丙午年十月初二日。

势平衍。东北通宁夏，西南通西宁，诚甘省河西交通之枢纽”①；平番县境之哈家嘴至徐家磨一带“房屋均土筑，皆作广大之院落，行军时可得宿营之便”②；古浪至靖边驿“南北两山渐次开阔，天畴平旷而成河西之大平原，惟路侧间多堑谷，队伍运动须留意”③，等等都是从军事角度来考察的，这里就不再一一展开论列了。

其三，对沿途各地的商业、店铺、货物流通、物价等皆有详细的调查记载。如十月初七日（11 月 22 日）所记：

> 一下钟，至窑店镇，出长武境，交甘肃泾州地。镇上市面甚好，银钱、花布、酒饭各店均齐全。卖肉者每斤大钱八十文，卖麦者每斗二百四十文，馍则每斤仅大钱十四文，较之陕属市价便宜多矣。缘年岁收成尚好故也。镇民约百余户，为泾属较旺之区。大略货店各物，布由三原来，湖北所销行者。纸由蒲城来，洋广杂货则由西安省来。
>
> 途见骆驼动以百计，大半运甘省棉烟至三原各字号分销，运布庄回甘。每头大者可载三百廿斤，小者可载二百四十斤。驮夫日用不过二三十文，麸料草又较骡马略减，计每头一日喂草四五斤可饱，外需盐二两，麸料并不常用，故驼行之利胜于骡马行。至买驼一头，亦有价银四五十两者。

又如：

> 据车夫言，兰州棉烟发陕西三原，驮运每重三百四五十斤，脚价每百斤银六两左右；骡运每重二百斤，脚价七两左右；车运每重四五百斤，脚价五两左右。缘车行极慢，驼次之，骡则较速，可以赶站，得好行价也。计兰州每日出烟在二百箱以上。

这是十月十一日（11 月 26 日）吴禄贞和周维桢自甘肃泾州城出发，至泾州王村镇之营房宿营，经考察了解到的情况。它专门记载了此地“棉”“烟”的来源、去向以及运送工具、方式与价格。

像类似的反映当时陕甘经济状况、社会情况的记载实在是太多，举不胜举，不再赘述。

其四，日记中对沿途的物产、民情风俗亦颇多记载。如十月初二日（11 月 17 日），吴禄贞、周维桢一行自醴泉县出发，抵达乾州（今咸阳市

---

① 日本京都大学图书馆人文科学研究所藏《沿途日记》丙午年十一月初五日。

② 日本京都大学图书馆人文科学研究所藏《沿途日记》丙午年十一月初一日。

③ 日本京都大学图书馆人文科学研究所藏《沿途日记》丙午年十一月初九日。

乾县）城住宿，一路所见：

> 九下钟醴泉起程。城内商务不旺，西关内有土税统捐分局一所。西关外即属乾州地，出城里余地势高亢，驻此可控扼一切。此外大势平衍，麦苗广而秀。本地瓦窑甚多，销行本处及外县。油榨房以甘河为最多，然出油之区为造油之地，油成后外贩而去，亦商业大宗也。
>
> 十一下钟过西陵寨，居民约三数十家，平原旷野，皆系产麦之区，亦膏腴地。过风章，由醴而乾适中之地也。出产麦之外，棉花为多，粮食以玉米、小谷为大宗。玉米即南方所语包穀是也。地方工价。长工每年约十余串文，短工日则七八十文左右，钱以整百计算，不用折扣。民情尚厚，惟食鸦片者多，读书人少。食盐每斤价卅文上下，均由县城官盐店零购，盐店则由咸阳总盐局分销，凡乾、醴、兴平、武功一带，均以咸局为总运之所。地中水井极多，灌溉称便，膏腴之所由来也。

从日记中所记可知：这一带属平原地区，物产亦很丰富：粮食则以小麦、“玉米、小米为大宗”，又盛产棉花；还是“出油（此指食油）之区”和“造油（此指榨油）之地”——而“油”主要“外贩”，是此地的“商业大宗”。此地虽民风淳朴，然“食鸦片者”却颇多，可见出其风俗习惯。

又如十月十五日（11 月 30 日），吴禄贞、周维桢一行自平凉府隆德城出发，下午五时抵达静宁州城（今甘肃省平凉市静宁县）住宿所见：

> 合州约二万余户，民风朴质。出产以小麦、扁豆、豌豆为大宗。麦一斗磨上面可廿五斤，下面可卅斤，斗重卅二斤。扁豆能造粉条，销行固原、平凉一带。牲畜羊极多，以千万计。牛次之，驴又次之，骡更次之。
>
> 有三骑马者，前后两男子着衣冠，不甚楚楚。中一少妇，面覆黑帕齐胸间，头梳新髻，如仰瓦形，如鞋底状，卧于发顶，长八寸许，询悉此新嫁娘也。本地新妇适人，无论贫富不乘轿不坐车，以一马送之，而妇将婚之前，男家给女家银十两二十两不等，备嫁奁衣物用，余无多耗，风俗可谓朴矣。两男子即送嫁人也。

这是作者当天所记日记中的两段文字：第一段文字写静宁州既是产粮区——“以小麦、扁豆、豌豆为大宗”，且“扁豆能造粉条，销行固原、平凉一带”；又是畜牧区，所养牲畜以羊、牛、驴、骡为多。第二段文字则主要记载的是平凉静宁地区关于男女婚嫁的风俗。

又如十月十七日（12 月 2 日），吴禄贞、周维桢一行在自甘肃省静宁州城（今平凉市静宁县）向西行进途中写道：

午尖，有绣球白泡菜，味甚佳。此物惟鄂中襄、郧、宜、施一带有之，称绝品。今于此地得之，不禁有故乡蓴鲈之感矣。

日记中提到的“襄、郧、宜、施”系指湖北省的襄阳、陨阳、宜昌、恩施府。“蓴”，即“蓴菜”，又作“莼菜”，是一种睡莲科的水草，嫩茎叶作蔬菜，主要生长于湖北西部和江苏、浙江太湖流域。“鲈”，即“鲈鱼”。宋代陈景沂在其《全芳备祖后集》卷二十七之《蔬部》中云：“晋张翰，吴人，为大司马东曹掾，见秋风起，乃思吴中菰菜莼羹鲈鱼，曰：‘人生贵适志，何能羁官数千里以要名爵乎。’遂命驾而归。”此后，“蓴羹鲈脍”便简称“蓴鲈”，常用作辞官归乡的典故。由这则日记可以推测，这一带所住居民大多为湖北襄阳、陨阳、宜昌、恩施等地人，故一直保留着泡“泡菜”的习惯。

其五，其文学价值亦甚高。每日所记日记均不长，然文笔流畅，文字朴实，言简意赅。如作者在从邠州城出发，前往陕西长武县城（位于咸阳市西北部，陕甘交界）的途中写道：

出北门城后小河一道，即泾水也。上由兰州来，下入渭河。水清而浅，宽二三丈不等，旁系小舟一，即来往过渡处，惟不能行上下船。邠地多平，纵约五六十里，横约七八里。道由左边行，对岸炊烟透起，古柳横堤中，有人家不少。有鸡声自天际来者，仰而望之，土山壁立，高不下数百丈。其间窑户洞开，有覆以瓦檐者，有堆以麦草者，若烟若雾。亦犬亦牛，均悬之壁间，如履平地，鸡则三五逐之其间。下面竖以板梯，计三数十级。盖穴居风景如是也。

这是作者对陕西渭水和陕甘窑户穴居情景的文字描绘。虽文字不多，却自然流畅，平实简洁，就像一段描写风景的优美散文，读后给人留下无穷的韵味和思绪。它完全可说是两幅优美的风景图画：《渭水渡口图》和《陕甘窑户穴居图》。又如：

此地不产棉花，惟小米烟土尚多。间有大米，自凤翔来，每斗价大钱八九百文。麦每斗三百余文。斗计重四十斤。民俗食鸦片者十之二三，现经李令署事两年，诸务认真，民间多务正业。警察一项，闻办理尤为得法。

这是作者抵达甘肃省泾州（今平凉市泾川县）瓦云驵住宿，对此地进行一番考察后得出的总体印象，文字虽不多，其内容却极其丰富，透露出来的信息甚多，言简而意赅，可见出作者驾驭文字的能力。又如：

五下钟，又十里，过营房，有古庙一座。夕阳在山，柳路影黯。闻犬吠声急，询此地多狼，向来居户稀少，尝有食人马牛羊驴驼之事。如今人居较稠，狼患渐少。狼畏打枪，又畏犬，虽以小犬逐之，狼必逃而逸，此犬声即逐狼也。

这是作者十月十一日（11 月 26 日）自甘肃泾州城出发，至泾州王村镇之营房住宿时，经了解后所记载的一段日记。这段日记的长句很少，主要由短句组成，读起来颇有简短有力，有抑扬顿挫之感。又如：

（兰州）北门外有北塔山，为甘省名胜，往游之。出城门过黄河，河横廿四舟以为浮桥，旁系巨缆，两岸以铁柱镇之。闻每年冬至后三九之三日，河冻即成冰桥。俟来春解冻后，浮桥如故，甚稳适可渡。

这段文字是作者十月二十六日（12 月 11 日）出兰州城，过黄河浮桥，往游北门外名胜之地——北塔山后所记。整段文字仅几十个字，却将黄河浮桥的建造结构和此浮桥在每年三九严寒“河冻”与每年春天“解冻”后的情形以及人们过往浮桥的情况交代得清清楚楚，可谓文字朴实，言简意明。

吴禄贞和周维桢二人合作所记之《沿途日记》，前后虽出自二人之手，整部日记也只有 23000 余字，却保持了文笔流畅，文字平实，言简意赅的一致风格。像以上所举例子，可说是俯拾皆是，故不再赘述。

主要参考文献

一、文献、著作类：

[1] 渤海寿辰. 辛亥革命始末记［M］. 台北：台湾文海出版社，1969.

[2] 卞孝萱，唐文权. 民国人物碑传集［M］. 北京：团结出版社，1995.

[3] 文明国. 柏文蔚自述［M］. 北京：人民日报出版社，2011，

[4] 蔡冠洛. 清代七百名人传［M］. 北京：北京图书馆出版社，2008.

[5] 陈夔龙. 梦蕉亭杂记［M］. 民国十四年（1925 年）陈氏自刻本.

[6] 陈旭麓，方诗铭，魏建猷. 中国近代史词典［M］. 上海：上海辞书出版社，1982.

[7] 程翔章，程祖灏. 樊增祥年谱［M］. 武汉：华中师范大学出版社，2017.

[8] 曹亚伯. 曹亚伯集（上、中、下）［M］. 周月峰，张阳，郭靖. 武汉：荆楚文库编纂出版委员会/华中师范大学出版社，2019.

[9] 丁鸿臣. 四川派赴东瀛游历阅操日记［M］//王宝平. 晚清东游日记汇编 2：日本军事考察记. 上海：上海古籍出版社，2004.

[10] 丁士源. 梅楞章京笔记［M］. 北京：中华书局，2007.

[11] 丁文江，赵丰田. 梁启超年谱长编［M］. 上海：上海人民出版社，1983.

[12] 傅宏星. 钱基博年谱［M］. 武汉：华中师范大学出版社，2007.

[13] 冯自由. 革命逸史（1～6）［M］. 北京：中华书局，1981.

[14] 故宫博物院明清档案部. 义和团档案史料（上）［M］. 北京：中华书局，1959.

[15] 郭廷以. 近代中国史事日志［M］. 北京：中华书局，1987.

[16] 郭廷以. 中华民国史事日志［M］. 台北：近代史研究所，1979.

[17] 胡鄂公. 辛亥革命北方实录［M］. 北京：中华书局，1948.

[18] 金梁. 近世人物志［M］. 北京：北京图书馆出版社，2007.

[19] 江庆柏. 清代人物生卒年表 [M]. 北京：人民文学出版社，2005.

[20] 黄兴. 黄兴集 [M]. 湖南省社会科学院. 北京：中华书局，1981.

[21] 康有为. 康有为全集 [M]. 姜义华，张荣华. 北京：中国人民大学出版社，2007.

[22] 刘成禺. 世载堂杂忆 [M]. 钱实甫. 北京：中华书局，1960.

[23] 刘体智. 异辞录 [M]. 北京：中华书局，1988.

[24] 皮明庥. 湖北历史人物辞典 [M]. 武汉：湖北人民出版社，1984.

[25] 荣孟源，张伯锋. 近代稗海（第一辑）[M]. 成都：四川人民出版社，1985.

[26] 陈旭麓. 宋教仁集（上、下）[M]. 北京：中华书局，1981.

[27] 孙中山. 孙中山全集 [M]. 中国社科院近代史所. 北京：中华书局，1981.

[28] 上海图书馆. 汪康年师友书札（一）（M）. 上海：上海古籍出版社，1986.

[29] 尚明轩. 孙中山传 [M]. 北京：北京出版社，1979.

[30] 唐才质. 自立会庚子革命记 [M] //杜迈之等. 自立会史料. 长沙：岳麓书社，2009.

[31] 王承仁，曹木清，吴剑杰. 中国近百年史辞典 [M]. 武汉：湖北人民出版社，1986.

[32] 吴长翼. 八十三天皇帝梦 [M]. 北京：文史资料出版社，1983.

[33] 吴禄贞. 吴禄贞集 [M]. 皮明庥，虞和平，吴厚智. 武汉：华中师范大学出版社，2011.

[34] 吴文治. 中国文学史大事年表 [M]. 长沙：岳麓书社，1996.

[35] 吴永. 庚子西狩丛谈 [M]. 刘治襄记. 鄢琨. 长沙：岳麓书社，1985.

[36] 魏绍昌，管林，刘济献. 中国近代文学辞典 [M]. 郑州：河南教育出版社，1993.

[37] 阎锡山. 阎锡山早年回忆录 [M]. 台北：台湾传记文学出版社，1981.

[38] 章开沅. 辛亥革命辞典 [M]. 武汉：武汉出版社，1991.

[39] 章开沅，林增平. 辛亥革命史（上、中、下）[M]. 北京：人民出版社，1981.

[40] 中国人民大学清史研究所.清史编年[M].北京：中国人民大学出版社，2000.

[41] 张难先.张难先集[M].严昌洪，张铭玉，傅蟾珍.武汉：华中师范大学出版社，2011.

[42] 张难先.湖北革命知之录[M].北京：商务印书馆，1945.

[43] 柳和诚.张元济年谱[M].北京：商务印书馆，1991.

[44] 赵宗颇，夏菊芳.吴禄贞传[M]. 陈旭麓.中国近代史丛书.上海：上海人民出版社，1982.

[45] 张之洞.张之洞全集[M].苑书义等.石家庄：河北人民出版社，1998.

[46] 张之洞.张之洞诗文集（增订本）[M].庞坚.上海：上海古籍出版社，2015.

[47] 张之洞.张之洞教育文存[M].北京：人民教育出版社，2007.

[48] 张之洞.张文襄公公牍稿[M]//高时梁.中国近代教育史资料汇编·洋务运动时期教育.上海：上海教育出版社，1992.

[49] 张之洞.张文襄公全集[M].北京：北平文华斋刊本，1928.

二、论文类：

[1] 陈从阳.《蒲圻志》中清末留学生史实匡补[J].湖北科技学院学报，2019（1）：1-6.

[2] 陈少白.兴中会革命史要[M]//中国史学会.辛亥革命（第1册）.上海：上海人民出版社，1957.

[3] 邓宾善.壮志未酬身先逝：记“民国大将军”吴禄贞[J].档案春秋，2008（1）：43-46.

[4] 樊建莹.吴禄贞与“间岛交涉”[J].许昌师专学报（社会科学版），1991（4）：53-57.

[5] 高筹观.湖北起义首领孙武传[M]//《辛亥革命史丛刊》编辑组.辛亥革命史丛刊（第7辑）.北京：中华书局，1987.

[6] 何达.吴禄贞血洒石家庄[J].文史月刊，2002（2）：9-18.

[7] 侯志.吴禄贞与贡桑诺尔布救国图强的探析[J].松州学刊，2012（2）：49-51.

[8] 黄飞英，黄建东.共和未成身先死　一腔孤愤血映红：辛亥革命元勋吴禄贞将军小传[J].党史文汇，2011（12）：37-39.

[9] 靳大经.吴禄贞经略延边的历史功绩[J].社会科学战线，1991

（3）：224-229.

［10］金元山，王晓兵.中日“间岛交涉”与宋教仁、吴禄贞［J］.日本研究，1993（1）：39-42.

［11］孔祥吉.日本档案中的张之洞与革命党：以吴禄贞事件为中心［J］.福建论坛（人文社会科学版），2010（5）：76-87.

［12］李惠民.吴禄贞殉难之谜探析［J］.文史精华，2010（3）：59-64.

［13］李立新.辛亥革命英烈吴禄贞［J］.社会科学战线，1993（4）：208-213.

［14］聂红萍.《沿途日记》与吴禄贞西北考察［J］.暨南学报（哲学社会科学版），2019（2）：124-132.

［15］彭贺超.宣统三年的永平秋操［J］.历史档案，2014（2）：97-102.

［16］朴美玉.吴禄贞与延吉边务督办公署［J］.兰台内外，1997（6）：50-51.

［17］王腊成.吴禄贞与“武昌花园山聚会”［J］.湖北文史资料，2001（4）：32-36.

［18］王鹏辉.吴禄贞的社会交游与清末革命［J］.清史论丛，2015（2）：123-149.

［19］王永男.试探百年疑案：吴禄贞之死［J］.理论月刊，2016（1）：64-69.

［20］吴桂龙.吴禄贞出国留学及毕业回国时间补考［J］.史林，1989（1）：24-26.

［21］吴忠亚.吴禄贞的一生［M］//中国人民政治协商会议湖北省云梦县委员会文史资料研究委员会编.云梦文史资料（第1辑，吴禄贞专辑），1985.

［22］吴忠亚.吴禄贞与辛亥革命［M］//政协武汉市委员会文史学习委员会编.武汉文史资料文库第7卷（历史人物）.武汉出版社，1999.

［23］徐风晨.吴禄贞与延吉边务交涉［J］.东北师范大学学报（哲学社会科学版），1983（1）：77-83.

［24］张珊.论大通自立军起义：兼论自立军起义的性质问题［J］.安徽大学学报（社会科学版），1979（4）：73-82.

［25］曾伟希.清末吴禄贞致樊增祥信函［J］.文献（季刊），2011

（3）：86-90.

［26］赵宗颇.吴禄贞是立宪派，还是革命派［J］.上海师范大学学报（哲学社会科学版），1982（3）：102-109.

［27］赵宗颇.吴禄贞与两湖革命［J］.上海师范大学学报，1987（2）：20-24.

［28］赵宗颇.吴禄贞史事考订［J］.上海师范大学学报，1992（1）：60-64.

后　记

随着《吴禄贞评传》书稿最后一个标点符号的完成，我们一直忐忑不安的心情，终于逐渐平静下来。

看书细心的读者，如果他既阅读了我们编著的《吴禄贞年谱》，又阅读了我们撰写的《吴禄贞评传》，就会发现，对于刺杀吴禄贞的真凶和幕后“黑手”，两书有着不同的说法：前书根据史学界以前多数学者的看法，明确指出是正在孝感行辕督师镇压武昌民军的清政府内阁总理大臣袁世凯，为达到自己的目的而花巨金收买吴禄贞的仇敌、原第六镇协统周符麟和吴禄贞的侍卫队长马步周所为；后书则在获得新的史料的基础上，指出真凶不是周符麟和马步周，而是京旗一镇的管带张光武，且幕后“黑手”也由原来的明确指称袁世凯，变成了内阁总理大臣袁世凯与陆军大臣荫昌、军咨大臣载涛三人中的某一人。

为什么会出现这样的情况呢？ 要说这不正常也正常。 随着时间的推移，新史料的不断被挖掘披露，有些历史事件，尤其是那些过去存疑的历史事件的结论，必然会有一些改变与不同，甚至是截然不同。

自然，我们目前得出的这一结论，也不一定就是定论；随着时间的推移，新史料的不断发现，也许还会有变化，这自然是正常的。 我们真诚地希望后学者能够不断发现新的史料，使吴禄贞被刺杀一案具有更加充分、更加具体、更加准确、更加令人信服的结论。

程翔章

2021 年 10 月 8 日